Peter Z. Malkin

Ich jagte Eichmann

SERIE PIPER
Band 1806

Zu diesem Buch

Malkin war Mitglied jener Truppe des israelischen Geheimdienstes MOSSAD, die Nazi-Kriegsverbrecher suchte. 1959 bekommt sie einen Hinweis, daß Adolf Eichmann – der Organisator der »Endlösung« – unter falschem Namen in Buenos Aires lebt. Ungemein spannend schildert Malkin, wie sie Eichmanns Aufenthaltsort fanden und die Entführung vorbereiteten. Als EL-AL-Crew verkleidet, gelang es den Agenten, Eichmann zum Flughafen und zu einer israelischen Maschine zu bringen. Schon vorher hatte er ein strenges Verbot übertreten und sich auf stundenlange Gespräche mit dem Mann eingelassen, der als das personifizierte Böse galt. Das Beunruhigende, so Malkins Fazit, an Eichmanns Geschichte: »Wenn wir genau hinsehen, ist dennoch am schockierendsten, daß er uns so vortraut vorkommt.«

Peter Z. Malkin, von 1950 bis 1976 MOSSAD-Agent, Experte in der Terrorismus-Bekämpfung.

Harry Stein, Autor und Redakteur bei der amerikanischen Ausgabe von »Esquire«.

Peter Z. Malkin / Harry Stein

Ich jagte Eichmann

Der Bericht des israelischen Geheimagenten, der den Organisator der »Endlösung« gefangennahm

Aus dem Englischen von Dietlind Kaiser

Mit 13 Abbildungen

Piper
München Zürich

Die Originalausgabe erschien 1990 unter dem Titel
»Eichmann in my hands«
bei Warner Books Inc., New York.

ISBN 3-492-11806-2
Neuausgabe 1994
2. Auflage, 7.–12. Tausend August 1994
(1. Auflage, 1.–6. Tausend dieser Ausgabe)

Umschlag: Federico Luci
Gesamtherstellung: Clausen & Bosse, Leck
Printed in Germany

Für Fruma

Mit Ausnahme von Peter Z. Malkin, Isser Harel und Amos Manor sind die Namen aller Personen, die an den in diesem Buch geschilderten Operationen beteiligt waren, aus Sicherheitsgründen geändert worden.

Die Stimme des Erzählers im ganzen Buch ist die von Peter Z. Malkin.

Inhalt

Vorwort 9
Wiedersehen in Jerusalem 11

1. Kapitel Widerstand der Machtlosen 19
2. Kapitel Die Saat der Macht 27
3. Kapitel Aus dem Alten Testament 31
4. Kapitel Aus dem Schatten der Bürokratie 41
5. Kapitel Der Krieg beginnt 47
6. Kapitel Dienststelle Eichmann 55
7. Kapitel Eine neue Armee 65
8. Kapitel Ein neues Leben 81
9. Kapitel Ein »guter« Deutscher 91
10. Kapitel Spion 97
11. Kapitel Israelis in Deutschland 113
12. Kapitel Blindekuh 127
13. Kapitel Das Ziel 131
14. Kapitel Der Plan 145
15. Kapitel Buenos Aires 171
16. Kapitel Der Weg zur Garibaldi-Straße 189
17. Kapitel In der abgeschirmten Wohnung 195
18. Kapitel »Un momentito, señor« 217
19. Kapitel Der ideale Gefangene 229
20. Kapitel Eichmann in meiner Gewalt 243
21. Kapitel Der Kopf eines Mörders 257
22. Kapitel Die Erklärung 269
23. Kapitel Die Flucht 283
24. Kapitel Nach der Rückkehr 293

Nachwort 309
Danksagung 311
Bibliographie 312

Vorwort

Fünfzig Jahre sind erst seit dem Holocaust vergangen; mehrere zehn Millionen können sich daran erinnern, und noch immer sind Überlebende in unserer Mitte. Und doch scheint der Holocaust in einem geradezu gespenstischen Ausmaß schon in der Geschichte zu verschwinden. Für viele, vor allem unter den Jungen, hat das Grauen jener Jahre anscheinend weniger emotionales Gewicht als der Burenkrieg oder die Ermordung von Julius Caesar. Selbst für viele, die damals lebten, sind Namen und Orte, die mit dem Völkermord der Nazis eng verbunden waren, vage geworden, vertraut und doch ohne besonderen Sinn, Namen wie Heydrich und Streicher, Orte wie Babi Yar, Sobibor, die Gettos von Lodz und Wilna und Warschau.

Ausgenommen Adolf Eichmann: Dreißig Jahre nach seiner Hinrichtung verbindet sich mit seinem Namen immer noch das Schreckliche. Er war der Kriegsverbrecher Nummer eins, der in der Nachkriegszeit aufgespürt wurde. Bezeichnenderweise umgibt aber selbst den Fall Eichmann etwas Verschwommenes: War nicht der berüchtigte Obersturmbannführer nur ein Rädchen in einer riesigen, unpersönlichen Maschine? Und darüber hinaus: War der Nazismus nicht eine Verirrung, dergleichen wir nie wieder erleben werden?

Wir verstehen recht gut, warum Eichmann kaum je in direkten Bezug zu unseren eigenen Moralvorstellungen gesetzt wurde. Denn nach den Maßstäben des normalen Alltagslebens war er keineswegs ein auffällig grausamer oder gedankenloser Mensch, und wenn er heute unter uns leben und beispielsweise eine Schuhfabrik leiten würde, gälte ihm vermutlich stille Achtung: ein verläßlicher Ehemann und Vater, der zu angemessenen Preisen hervorragende Schuhe herstellt, ein Mann, auf den die Gemeinde stolz sein kann. Aber genau daran liegt es, daß Eichmanns Geschichte eigentlich beunruhigend wirken müßte, vor allem in Zeiten wie den unseren, die keine verbindliche Moral kennen. Denn sie handelt nicht nur von dem unfaßbar Bösen, das die Vollstrecker des Nazismus getan haben – ein Gebiet, auf dem wir uns behaglich mit den Opfern identifizieren können –, sondern auch von der verblüffenden Fähigkeit solcher Menschen, die uns keineswegs ganz unähnlich sind zur Selbstrechtfertigung; von der Mühelosigkeit, mit der scheinbar normale Menschen sich im Interesse der Ideologie oder des schlichten Ehrgeizes ihrem besseren Selbst entziehen.

Die Geschichte hat Adolf Eichmann treffend als ein Ungeheuer gebrandmarkt, einen Menschen, der keinem der Impulse – sei es Mitleid, Reue oder Achtung für die Heiligkeit des Lebens – nachgab, durch die wir uns als Menschen definieren. Wenn wir genau hinsehen, ist dennoch am schockierendsten, daß er uns so vertraut vorkommt.

Peter Z. Malkin und Harry Stein

Wiedersehen in Jerusalem

Kurz nach Mittag an einem glühendheißen Tag im Juli 1961 reihte ich mich in eine lange Menschenschlange ein, die sich um ein großes, niedriges Gebäude in der Innenstadt von Jerusalem wand. Das ehemalige Gemeindezentrum, bekannt als Beth Ha'am (Haus des Volkes), war vor kurzem in einen Gerichtssaal umgewandelt worden, so groß, daß er 750 Zuschauer faßte, dazu Reporter aus vierzig Ländern, eine Tribüne für Fernseh- und Wochenschaukameras und, auf dem Platz des Angeklagten, einen geräumigen Kasten aus kugelsicherem Glas. Diesen Kasten hielten viele für eine geniale Erfindung zur Personensicherung, aber er stand von vornherein auch für etwas anderes: für die Isolierung Adolf Eichmanns vom Rest der Menschheit.

Während ich wartete, fielen mir die Sicherheitsvorkehrungen um das Gebäude herum auf. Ein drei Meter hoher Maschendrahtzaun war um den ganzen Komplex herumgezogen worden. Grenzpolizisten gingen auf dem Dach und auf dem Grundstück Streife, mit schußbereiten Maschinenpistolen. Selbst jetzt, zur Mittagessenszeit, war das Gebäude in Flutlicht getaucht, was die Temperatur schier unerträglich machte. Nach etwa zwanzig Minuten war mein Hemd klatschnaß, nach fünfundvierzig Minuten hämmerte es in meinem Kopf. Um mich herum beschwerten sich die Leute: Was war hier los, wann würde die Tür aufgehen? Eine Gruppe von Schulkindern, die ihr Lehrer hierher gebracht hatte, damit sie miterleben konnten, wie Geschichte gemacht wurde, verfiel in Apathie.

Auch mich machte die Hitze nicht gerade interessierter. Nichts hätte mir ferner liegen können als die Geschichte; ich war nur widerstrebend hergekommen, weil ich mich dazu verpflichtet hatte. Während jetzt in dieser Hochofenhitze die Minuten verstrichen, war ich überzeugter denn je, daß mein Kommen sinnlos war. Über ein Jahr war vergangen. Bestimmt erinnerte sich Eichmann nicht mehr an den Wortwechsel in Buenos Aires.

Meine Lebensgeister wurden nicht viel wacher, als sich die Schlange endlich voranschob und ich mich in einer Kabine in der Halle wiederfand, wo ich einer gründlichen Leibesvisitation unterzogen wurde. Dabei mußte ich wirklich nicht daran erinnert werden, daß ich selbst auf heimischem Boden keine Identität, keine offizielle Stellung hatte, denn meine Arbeit war ein Staatsgeheimnis. Zum Teufel, wenn ich den Scheißkerl hätte umbringen wollen, dann hätte ich es schon damals getan!

Deshalb überraschte mich weitere zwanzig Minuten später die eigene Nervosität, als ein erregtes Murmeln durch die Menge ging. Ich beugte mich auf dem Sitz vor, schaute über die Richterbank hinweg nach links. Da war er, wurde gerade in den Kasten geführt.

Der Anblick machte mich benommen. Die Ärzte hatten zwar die Behauptung seines Anwalts widerlegt, er habe seit dem Prozeßbeginn vor drei Monaten zwei Herzinfarkte erlitten, sie hatten jedoch funktionelle Herzrhythmusstörungen diagnostiziert. Aber weder dies noch die Fotos von ihm hatten das Ausmaß seines körperlichen Verfalls ahnen lassen. Er war fünfzehn Pfund leichter als damals, seine Wangen waren dunkle Schatten, und der blaue Anzug, den ein israelischer Schneider für ihn angefertigt hatte, hing schlotternd um die magere Gestalt; die Haut war wachsgelb geworden. Als ich ihn so sah, war ich bereit zu glauben, was Eichmanns zweiter Anwalt kurz zuvor behauptet hatte: der fünfundfünfzigjährige Angeklagte sei besessen von der schon Jahre zurückliegenden Prophezeiung einer argentinischen Zigeunerin, er werde seinen siebenundfünfzigsten Geburtstag nicht überleben. Und doch trat er nicht auf wie ein geschlagener Mann. Er setzte sich an den Tisch im Kasten, ohne die blauuniformierten Polizisten zu beiden Seiten zu beachten – wie alle Bewacher Eichmanns waren sie nichteuropäischer Herkunft –, und ordnete sofort die Papiere vor ihm zu sauberen Stapeln. Er verwandelte, mit den Worten eines Beobachters, den Glaskasten in »eine winzige Insel pingeliger Bürokratie«. Und Augenblicke später, als er zu sprechen begann, wußte ich: Er hatte sich auch sonst nicht verändert. In beinahe schmerzhafter Deutlichkeit war alles wieder da: die erstaunliche Selbstbeherrschung dieses Mannes, sein Gefühl der Sicherheit, seine unerträgliche, schier unglaubliche moralische Begriffsstutzigkeit.

Es war der achte Tag von Eichmanns Kreuzverhör, und das Gericht verhandelte seit der Morgensitzung über die Verantwortung für den Mord an einer Gruppe von hundert Kindern, die aus Lidice deportiert worden waren. Lidice war das tschechische Dorf, das 1942 als Vergeltung für die Ermordung von Eichmanns unmittelbarem SS-Vorgesetzten Reinhard Heydrich durch die SS dem Erdboden gleichgemacht worden war.

Ja, räumte Eichmann trocken ein und stand auf, um die Frage zu beantworten, die ihm der Ankläger Gideon Hausner gestellt hatte, er erinnere sich an die fraglichen Ereignisse, jedenfalls an das Attentat. »Aber an die Sache mit den Kindern erinnere ich mich nicht.« Schließlich habe er sich, fügte er hinzu, mit Fragen des Transports beschäftigt, nicht mit denen von Leben und Tod.

Eichmann schien mit dem Wissen geboren zu sein, daß Ausdruckslosigkeit die beste Tarnung ist. Selbst auf dem Gipfel seiner persönlichen Macht, in den Monaten und Jahren, in denen er quer durch Europa reiste und seine grausige Arbeit mit einem Eifer und einer Begeisterung verrichtete, die sogar seine fanatischsten Zeitgenossen verblüffte, hatte er oft Zuflucht hinter dem Schutzmantel der Bürokratie gesucht.

Aber Hausner, der israelische Oberstaatsanwalt, faßte nach. Er zitierte eine Aussage, nach der Eichmann die Kinder aus Lidice persönlich für die »Sonderbehandlung« – ein beliebter Nazi-Euphemismus für Massentötungen – bestimmt habe, und hielt dabei einen Brief an den Angeklagten hoch, in dem ihn ein Untergebener damals darum gebeten hatte, den Befehl, die Kinder in das Todeslager zu schicken, zu bestätigen.

Eichmann saß einen langen Augenblick da und hörte sich die Übersetzung an.

»Schauen Sie her!« forderte Hausner und wedelte mit dem Brief. »Wollen Sie behaupten, daß Krumey [der Untergebene] nicht gewußt hat, wer in dieser Angelegenheit zuständig war?«

Eichmann erhob sich langsam in seinem Glaskasten. Obwohl er ruhig dastand, verriet er seine Nervosität, indem er an der Unterlippe nagte. »Vielleicht hat er an eine andere Abteilung geschrieben, keine Antwort bekommen und dann an mich geschrieben«, bot er an.

»Aber die Kinder hatten nichts mit der Transportfrage zu tun! Warum hat sich Krumey an Sie gewandt? Warum an Sie?«

»Krumey sitzt in Deutschland im Gefängnis«, erwiderte Eichmann gleichmütig. »Fragen Sie ihn.«

Natürlich war das alles nicht überraschend. Fast drei Monate lang hatte der Staat Israel durch die Aussagen von Augenzeugen, etliche so grauenhaft, daß sie jedes Fassungsvermögen überstiegen, sehr genau den systematischen Terror der Nazis dargestellt und dann bestimmte Taten in direkten Zusammenhang mit Befehlen des Angeklagten gebracht. Die Welt hatte erfahren, daß es Eichmann gewesen war, der den Entwurf der ersten Gaskammern in Auftrag gab; und Eichmann war es auch gewesen, der das Täuschungsmanöver eingeführt hatte, mit dem die Opfer fügsam gemacht worden waren und das ihnen auf dem Weg in den Tod auch noch die Würde verweigerte; Eichmann war es gewesen, der unbeirrbar das nationalsozialistische Programm durchführte und selbst jene Juden zu den Öfen deportieren ließ, die seine Vorgesetzten verschont hätten. Es ist eine Tatsache, daß Eichmann noch ganz am Ende, als andere versuchten, ihre Haut zu retten, ausdrückliche Befehle von oben ignorierte, die der Liquidierung ein Ende setzen sollten. Das war der Mann, der auf den Ausruf eines von seinem Gewissen gequälten Untergebenen: »Gebe Gott, daß unsere Feinde nie die Gelegenheit bekommen, dem deutschen Volk dasselbe anzutun!« kühl erwiderte: »Werden Sie nicht sentimental...«

Eichmanns Verteidigungsstrategie war nach dem üblichen Muster gestrickt: er habe nur Befehle ausgeführt, ein Argument, das logisch auf die Spitze getrieben besagen würde, im Dritten Reich sei niemand außer Adolf Hitler an irgend etwas schuld gewesen; die Vorstellung von persönlicher Verantwortung sollte damit außer Kraft gesetzt werden.

Trotzdem war mir jetzt als Zuschauer nicht wohl bei der Art, in der Hausner auf ihn losging. Wie er in der schwarzen Robe durch den Gerichtssaal streifte, wie eine kahl werdende, bebrillte Fledermaus, einmal tobte, dann wieder voll spöttischer Verachtung war, pausenlos anklagend mit dem Finger in die Luft stieß oder die Faust ballte und sich selbst über die berechtigten Einsprüche von Eichmanns Anwalt, dem rundlichen Dr.

Robert Servatius, aufregte, wirkte er wie ein Mann, der vor allem darauf aus ist, seinen Ruf zu mehren. Gab uns die Tatsache, daß wir Opfer gewesen waren, einen Freibrief, weniger als gerecht zu sein?

Hausner, nicht zufrieden damit, Eichmann der beispiellosen Verbrechen zu überführen, für die er eindeutig verantwortlich war, hatte sogar versucht, mit wenig Beweismaterial den Anklagepunkt zu konstruieren, Eichmann habe 1944 mit eigenen Händen einen jüdischen Jungen getötet, der bei einem Obstdiebstahl im Garten von Eichmanns Haus in Budapest erwischt worden war. Wie jeder wußte, der Eichmann kannte (und die drei Richter kamen schließlich zur selben Überzeugung), war das ein Anklagepunkt, dem es an Glaubwürdigkeit fehlte. Der Mann hatte zweifellos unbarmherzig und gewissenlos gemordet, aber ausschließlich aus der Entfernung. Wie dem SS-Chef Heinrich Himmler wurde ihm schlecht beim Anblick von Blut.

Dadurch, daß Eichmann als blutrünstiger Henker dargestellt wurde, erwies man der Wahrheit einen schlechten Dienst; denn sie war vielschichtiger und noch grausiger. Selbst als er in dem Glaskasten saß, begriff er nicht, daß er Unrecht getan hatte.

Es ist eine Tatsache, daß sich Eichmann für einen Ehrenmann hielt. Ja, er war grausam und unbarmherzig, das gab er zu, wenn er es – nach seinem Verständnis – sein mußte, aber er war es nie aus Willkür. Selbst jetzt, während er sich gelassen anhörte, wie er des Massenmordes beschuldigt wurde, wehrte er sich entrüstet gegen jede Unterstellung, er sei bei seinen Verhandlungen mit führenden Juden, die er so meisterhaft für seine entsetzlichen Vorhaben benutzt hatte, nicht »korrekt« vorgegangen. Für ihn war das der Kern der Sache. Die Folgen seiner Überzeugungen, die Taten selbst waren für ihn zweitrangig.

Vor wenigen Wochen war ich beim Durchblättern der Zeitungen nachhaltig an diese Seite des Mannes erinnert worden. Seine Version seiner Gefangennahme war eben zum erstenmal in einer Londoner Boulevardzeitung erschienen, und dem Bericht zufolge überschüttete er diejenigen von uns, die sie durchgeführt hatten, mit Komplimenten, nannte die Operation »tadellose Arbeit«, »makellos und mit Präzision« ausgeführt. Ich begriff sofort, daß das eine Geste war, die auch auf mich abzielte.

Bezeichnenderweise hatte Eichmann in Wahrheit keinen Anhaltspunkt. Er wußte über das, was sich hinter den Kulissen abgespielt hatte, nicht viel mehr als die Journalisten der populären Presse Israels, die uns ein Jahr lang als Helden gefeiert hatten, oder diejenigen im Ausland, die uns für die israelische Version grimmiger, gesichtsloser Männer in Regenmänteln hielten. Tatsächlich war die Aktion, Eichmann der Gerechtigkeit zu überantworten, weniger ein Muster an forscher, militärischer Präzision als eine abenteuerliche Improvisation mit ungewissem Ende. Was Eichmann nicht begriff – wenn man bedenkt, wer er war, konnte er das ja auch nicht verstehen –, war vor allem, daß wir in der Operation einen ethisch begründeten Auftrag von fast biblischer Bedeutung sahen. Und dieser Auftrag hat etliche von uns verändert.

Obwohl ich als Jude mit dem Wissen aufgewachsen war, daß Menschen, die kein Gewissen plagt, so leicht zu Ungeheuern werden können, war das zuvor immer Theorie gewesen. Ich gehörte zu den vielen, die in den Nachwehen des Holocaust begriffen hatten, daß Sanftmut und Abscheu vor Ungerechtigkeit seit Jahrhunderten dazu beigetragen hatten, uns auf dem Stand eines naiven Volkes mit der Mentalität von Unterdrückten zu halten. Darüber hinaus hatte ich mich in meiner Jugend, wie so viele, deren Leben von Verlust gezeichnet worden war, daran gewöhnt, bestimmte Gedanken und Gefühle in Schach zu halten. Vielleicht war ich emotional verkümmert, aber ich war wenigstens schmerzfrei. Ich gehörte zu den Menschen, denen nicht wohl ist beim Gedanken an Ernsthaftigkeit, ganz zu schweigen von irgendeiner Art von Selbstprüfung.

Durch mein Zusammentreffen mit Eichmann hatte sich das alles geändert. In der Tarnung professioneller Verantwortung war ich dazu gezwungen worden, auch mich mir zu stellen. Bis dahin war ich schon lange Jahre ein Agent gewesen, dem nichts weiter abging; nun mußte ich endlich damit anfangen, ein ganzer Mensch zu werden.

Jetzt, im Gerichtssaal, schaute ich aufmerksam zu, während der Angeklagte sich mit gebeugtem Kopf beim Anhören der Übersetzung die Antwort auf eine weitere Frage überlegte. Doch dieses Mal, als er den Blick hob, sah er zufällig in meine Richtung. Er hielt jäh inne, ließ sich Überraschung anmerken, dann eine Art Bestürzung. Einen langen Moment ließen unsere Blicke uns nicht los.

»Angeklagter!« rief Hausner in die Stille. »Sie müssen die Frage beantworten!«

Eichmann wandte sich ihm zu und begann zu sprechen.

Ich hörte noch einen Augenblick zu, dann stand ich auf und ging zum Ausgang. Ich hatte den Mann gesehen, den ich hatte sehen wollen, den einzigen Menschen in dieser gewaltigen, historischen Versammlung, der eine leise Ahnung davon hatte, wer ich war.

1. Kapitel
Widerstand der Machtlosen

Zu den zentralen Gestalten in meinem Leben – und ganz bestimmt in dieser Geschichte – gehört eine junge Frau, an die ich dennoch wenig Erinnerungen habe. 1933, als der Großteil unserer Familie unser Dorf in Ostpolen verließ, um nach Palästina auszuwandern, war ich viereinhalb Jahre alt. Zurück blieb meine Schwester Fruma, denn Ausreisevisen waren Mangelware. Fruma war dreiundzwanzig, verheiratet, und hatte selbst schon Kinder. Irgendwie würde sie es später schon schaffen, uns nachzukommen.

Es war das erste Mal, daß wir länger als zwei Tage voneinander getrennt waren. Meine Eltern hatten vier Kinder, aber mir, dem Jüngsten, war es immer so vorgekommen, als wären wir zwei Kinder und würden von vier Erwachsenen umsorgt. Jakob war nur zwei Jahre älter als ich, aber zu Yechiel klaffte ein Abstand von fünfzehn Jahren. Er war schon alt genug, unserem Vater bei der Arbeit zu helfen, Weizen bei den Bauern der Gegend zu kaufen, der an die Mühlen im Ort verkauft wurde. Und Fruma, die nebenan wohnte, ging ständig bei uns ein und aus und glich eher einer zweiten Mutter, so um uns bemüht wie die eigene, und dabei weniger einschüchternd.

Ich erinnere mich nur an Bruchstücke aus diesen frühen Jahren: an bestimmte Gesichter, an das Gefühl, an verschiedenen Orten zu sein, an zufällige Augenblicke, die so außergewöhnlich lebendig sind, daß ich manchmal glaube, ich hätte sie erfunden. Aber ich kann mich auch an ein Gefühl der Wärme und Geborgenheit erinnern, das ich seitdem nie wieder empfunden habe.

Im Mittelpunkt der nachhaltigsten Erinnerungen steht Fruma. Es ist später Nachmittag, und beim Spielen hinter dem Haus mit Jacob und Frumas Sohn Takele, unserem besten Freund, falle ich hin und schlage mir den Kopf an. Gleich darauf hält mich Fruma fest in den Armen, schaukelt mich hin und her, leise singend. Ich schaue durch die Tränen zu ihr auf und sehe ihre großen blauen Augen und unter dem kastanienbraunen Kopftuch ihre blonden Haarsträhnen.

Noch eine Erinnerung: Moshele, der Schwager meiner Schwester, der Dorfdandy in seiner eleganten Tunika und mit den gewienerten Stiefeln, erzählt spät an einem Winterabend in unserem Haus Geschichten. Alle Erwachsenen lachen. Obwohl es nicht ganz einfach ist, ihm zu folgen, weil er jeder Person eine andere Stimme gibt, erlauben uns die Eltern, bis zum Ende aufzubleiben. Meine Schwester steht mit dem Rücken zur Wärme der Ofenwand, mit leuchtenden Augen, die schönste Frau, die ich mir vorstellen konnte.

Und noch eine: Ich laufe meiner Mutter und Fruma weg, hin zur Dorfkirche, die mich sehr anzieht. Ihr Inneres ist so anders als unsere karge Synagoge aus Holz. Am meisten fasziniert mich der nackte, blutende Mann am Kreuz. Als sie mich finden, ist meine Mutter wütend; auf der Straße schüttelt sie mich heftig und droht mir, ich würde einmal wie Piatnik, der Dieb, enden. Meine Schwester bringt mich nach Hause, erklärt mir wieder einmal, wie das mit den Polen und den Juden ist, und erzählt mir die Geschichte von Piatnik.

So seltsam es klingt, in späteren Jahren erinnerte ich mich nicht einmal an den Namen unseres Dorfes; vielleicht deshalb, weil meine Eltern in Palästina nicht gern darüber redeten, vielleicht auch, weil ich es nicht hören wollte, wenn sie doch einmal darüber sprachen. Aber ich werde nie meine fast mystische Verbindung mit Piatnik, dem Dieb, vergessen. In einer Zeit und an einem Ort, wo solcher Aberglaube äußerst ernst genommen wurde, kam ich zur Welt, als er sterbend neben dem Brunnen in der Dorfmitte lag, mit zwei tiefen Stichwunden in der Brust.

Für Juden gehörte es zum Alltag, sich vor den Polen zu fürchten. Es war klar, daß wir ihnen ausgeliefert waren. Sogar unsere Redeweise war verschlüsselt und doppeldeutig. Wir sprachen nie vom Steuereintreiber, sondern von dem »Mann mit den Papieren«, wir sagten »gelb«, wenn wir »Gold« meinten – der Widerstand der Machtlosen. Man wußte nie, wann »sie« losschlugen, und erst recht nicht, warum. Noch als Erwachsener hatte mein Bruder Yechiel Narben, die daher rührten, daß ein polnischer Bauer ihn mit einem Knüppel bewußtlos geschlagen hatte, weil er ihm mit seinem Karren auf der staubigen Straße nicht schnell genug Platz gemacht hatte. Damals war Yechiel elf Jahre alt gewesen.

Eine letzte polnische Erinnerung: Als ich eines Abends mit Jacob aus unserem Cheder, der kleinen Schule, in der wir Hebräisch lernten und die Heiligen Schriften lasen, nach Hause ging, sahen wir plötzlich einen leuchtendorangen Himmel. Als wir in die Dorfmitte kamen, stand unsere Synagoge in Flammen. Einer unserer Nachbarn, Baruch der Bonbonverkäufer, ist dabei ums Leben gekommen.

Aber das war fast zweitrangig. Am deutlichsten nämlich habe ich von jenem Abend in Erinnerung, daß sich meine Eltern stritten. Sie zankten sonst nie. Meine Eltern hingen so aneinander, wie ich das zwischen Mann und Frau kein zweites Mal erlebt habe. Obwohl sie zu bösem Sarkasmus fähig war, setzte meine Mutter meinem Vater nie damit zu; sie bekam ihren Willen immer durch sanfte Hartnäckigkeit. Schließlich konnte mein Vater, dem die Illusion zugestanden war, er habe das Sagen, ihr nichts abschlagen. In jener Nacht aber schrie meine Mutter ihn an. Er könne ruhig bleiben, sie bringe uns alle weg. Mein Vater, zunächst beherrscht, schrie zurück, dann stürmte er aus dem Haus.

Im Bett aneinandergekuschelt, entsetzt, ungläubig, bekamen Jacob und ich alles mit.

In meiner Erinnerung ist es nur einen Sekundenbruchteil später, aber nach dem, was ich heute weiß, muß es mindestens zwei Monate später gewesen sein, daß Jacob und ich an einer Schiffsreling standen, von den Leuten hinter uns geschubst und gedrängelt, während wir mit zusammengekniffenen Augen auf das ferne Palästina schauten. Die größeren Leute, die sich um uns drängten, schienen völlig die Beherrschung verloren zu haben, schrien vor Freude, brachen in Gesang aus; ich empfand nur Verwirrung. Als ich durch die flimmernde Mittagshitze auf die Landschaft blickte, sah ich nichts als Braun: steinige, hellbraune Berge und hie und da ein eingestaubtes Steinhaus oder ein krummer, ausgetrockneter Baum. Wo waren die üppigen Dschungel und tropischen Wälder? Wo waren die sagenhaften Vögel? Wo waren Milch und Honig?

Beim Näherkommen konnten wir erkennen, was sich im Hafen tat: Arabische Träger, barfuß, mit bis zu den Knien aufgerollten Hosen, liefen hin und her, dazwischen Händler mit Orangen und zahllose andere Leute, von denen nur der Himmel wußte, welche Geschäfte sie betrieben, die jedenfalls in heftige Auseinandersetzungen verwickelt schienen. Wir hätten ebensogut auf einem anderen Planeten gelandet sein können.

»Jacob«, sagte ich leise und griff nach seiner Hand, »mir gefällt es hier nicht. Ich will nach Hause.«

Meinem Bruder muß die Aussicht auf diese neue Existenz noch furchterregender vorgekommen sein als mir. Der gute Jacob gehörte zu den Jungen, die in dem Land, das wir hinter uns gelassen hatten, besondere Hochschätzung genossen: Schon früh hielt man ihn für sehr begabt; seine große Leidenschaft war das Studium der Heiligen Schriften.

»Still, Peter«, beruhigte er mich sanft. »Hab Vertrauen zu Gott.«

Es gab vieles, was mich beunruhigte. Warum war Jacob und mir aufgetragen worden, verschiedene Nachnamen anzugeben? Warum mußte mein Vater vorgeben, er sei ein Rabbi? Und vor allem, wo waren Fruma und ihre Kinder?

Ich erfuhr die Antworten erst nach und nach, als ich mit dem neuen Land und seiner Geschichte vertraut wurde. Die Briten, die nach dem Ersten Weltkrieg das Mandat über Palästina bekommen und dort die Macht hatten, schränkten die Einwanderung von Juden rigoros ein. Nur durch ihren unglaublichen Einfallsreichtum – mehr als nur ein paar kleine Tricks – war es unserer Mutter gelungen, Ausreisepapiere zu beschaffen, und selbst mit diesen Mitteln hatte sie nur fünf bekommen. Irgendwie, so meinte sie, würde sie einen Weg finden, daß Fruma und ihre Familie später nachkommen konnten.

In der nächsten Stunde sah ich zum ersten Mal britische Polizisten, als ein halbes Dutzend von einer Barkasse aus an Bord unseres Schiffes kam. Es verblüffte mich, daß diese erwachsenen Männer Shorts trugen. Bald wurde jedoch deutlich, daß sie das Gegenteil freundlicher Lässigkeit waren.

An Land, als wir uns den Weg durch das Chaos des Hafens in die engen Straßen von Haifa bahnten, unser Gepäck auf dem Rücken eines gemieteten Esels, drängten und prügelten Polizisten sich mit ihren kurzen Stöcken durch die Menge.

»Wo ist der Unterschied?« murrte mein Vater. »Sind die hier etwa besser als die in Polen?«

Wir waren unterwegs zum Osthang des Karmel. Mein Vater hatte entfernte Verwandte, die dort wohnten, und meine Mutter hatte ihnen unser Kommen angekündigt. Deshalb bestürzte uns das, was dann geschah, mehr als alles andere zuvor. Als wir nach einem zermürbenden Dreistundenmarsch durch die Hitze und die Wüste das winzige Gebäude aus Beton und Stein erreichten, begrüßte uns die Dame des Hauses, eine gewisse Kusine Ruchele, mürrisch und streng, eine Drahtbrille auf der spitzen Nase. Ruchele, die vor etwa zwanzig Jahren allein nach Palästina gekommen war, und ihr Mann hatten sich dafür entschieden, mit ihrem kleinen Kind hier zu wohnen, weil sie leidenschaftliche Anhänger des sozialistischen Zionismus waren, und sie konnte es kaum erwarten, uns mitzuteilen, wie sehr sie alles verachtete, was wir in ihren Augen repräsentierten. Wir waren jetzt im Land Israel, ein Staat mußte aufgebaut werden. Hier war kein Platz für Schmarotzer.

Als sie mit ihrer Tirade zu Ende war, führte sie uns ins Haus und wies uns ein Zimmer zu, das etwa sechs Quadratmeter groß war. Für uns fünf waren drei Betten hineingequetscht worden, und die Hitze war mörderisch. Ruchele trug uns auf, nur im Flüsterton zu sprechen, damit wir ihr Baby nicht weckten.

Einen langen Augenblick saßen wir auf den Betten und starrten uns schweigend an. Dann stand mein Vater auf, entsetzlichen Schmerz im Gesicht. »Ich mache einen Spaziergang«, sagte er.

Wortlos rannte ich hinter ihm her.

Mein Vater war kein besonders mitteilsamer Mensch. Ich bin mir nicht sicher, ob er in seinem Leben auch nur einmal die Worte »Ich liebe dich« ausgesprochen hat. Jetzt aber nahm er meine kleine Hand und drückte sie sanft. Das bedeutete dasselbe.

Wir gingen schweigend zehn Minuten lang. Unsere abgetragenen Schuhe knirschten auf der verkrusteten Erde. Schließlich setzte er sich auf einen großen Stein. »Wir müssen weg von hier«, sagte er. Sein Blick galt dem ganzen Berg, wenn nicht dem ganzen Land.

Ich starrte ihn an und wartete auf mehr. Es kam nichts.

»Papa«, sagte ich leise, »was tun wir hier?«

»Wir arbeiten.« Er schnaubte. »Es ist so, wie Ruchele sagt, wir werden arbeiten.«

»Was ist mit Fruma?«

»Sie werden bald nachkommen. Mit Gottes Hilfe kommen sie.«

»Soll ich auch arbeiten? Und Jacob?«

»Mach dir keine Sorgen, Peter, du kommst bestimmt gut zurecht. Du bist tapferer, als du glaubst.« Er machte eine Pause und schenkte mir ein kleines Lächeln. »Denk an Piatnik, den Dieb.«

Ich dachte darüber nach. Wußte er mehr als ich? Ich hielt mich für überhaupt nicht tapfer. Ich war doch nur ein kleiner Junge.

Mein Vater nahm eine Zigarette aus der Tasche und zündete sie mit einem polnischen Feuerzeug mit langem Docht an.

»Papa, erzähl mir von Piatnik, dem Dieb.«

»Piatnik, der Dieb, war ein Adliger. Ich habe seinen Vater flüchtig gekannt.«

»Aber warum haben sie ihn umgebracht? Er war kein Jude.«

Er zog lange an der Zigarette. »Er war gut zu den Juden. Er war ein guter und tapferer Mann. Er wollte uns vor dem warnen, was kam.«

»Er hat uns geholfen?«

Er nickte. »Wenn Piatnik noch am Leben gewesen wäre, hätten sie die Synagoge nicht niederbrennen können.« Er machte eine Pause, warf einen Blick auf das karge Land um uns herum und schaute dann mich an. »Er hat sein Leben gegeben, weil er das Richtige tun wollte. Es lohnt sich, so etwas zu versuchen.«

2. Kapitel Die Saat der Macht

1933 stand der kleine SS-Scharführer Adolf Eichmann, der eben die militärische Ausbildung abgeschlossen hatte, am Anfang einer spektakulären Karriere in der Nazihierarchie.

Eichmann war 1906 in Solingen als erstes von fünf Kindern geboren worden. Als er acht war, zog sein Vater, ein Buchhalter, mit der Familie nach Linz, wo er Direktor der Elektrizitätsgesellschaft wurde. Karl Eichmann, ein unnahbarer Mensch, streng und äußerst fromm, viele Jahre lang Mitglied des evangelischen Kirchengemeinderats, stand einem spartanischen und lieblosen Haushalt vor, in dem vor allem auf Sparsamkeit und Ordnung geachtet wurde. Sein ältestes Kind Adolf war unsicher und zurückhaltend. Als mittelmäßiger Schüler machte er wenig Eindruck auf seine Altersgenossen in Linz, wo eine Generation früher der junge Hitler zu Hause gewesen war.

Einen ernsten Einschnitt in Eichmanns Kindheit hätte der Tod seiner Mutter 1916 bedeuten können, als er zehn war. Bezeichnenderweise machte ihm dies aber, seinem eigenen Bericht zufolge, wenig zu schaffen. Er nahm einfach zur Kenntnis, daß sein Vater bald darauf wieder heiratete und das Leben weiterging wie bisher. Über vierzig Jahre später registrierten die israelischen Vernehmungsbeamten erstaunt den unterschwelligen Groll, mit dem Eichmann noch immer über seinen Vater sprach. Dem Glauben, in dem er erzogen wurde, stand

Adolf Eichmann so feindselig gegenüber, daß er, der so zur Fügsamkeit neigte, es rundweg ablehnte, den Eid vor Gericht auf eine Bibel zu schwören.

In den Jahren nach der deutschen und österreichischen Niederlage im Ersten Weltkrieg machte sich Eichmanns Gefühl hilfloser Wut in extrem militaristischem Gehabe Luft. Schon als Junge marschierte er an der Seite kampferprobter ehemaliger Soldaten in Paradeformation mit und bemühte sich um die Aufnahme in den traditionsverhafteten paramilitärischen Fechtverein der Universität, in dem hurrapatriotische Unzufriedenheit den Ton angab.

Einer seiner Geschichtslehrer war Dr. Leopold Poetsch, dessen fanatischer Nationalismus schon den jungen Hitler aufgestachelt hatte. Jetzt bestärkte Poetsch Eichmann in der Überzeugung, Deutschland habe den Krieg nicht auf dem Schlachtfeld verloren, sondern hinter den Linien, sei von linken Verrätern und habgierigen Juden um den Sieg betrogen worden, eine Auffassung, die sich angesichts der bedrohlichen Ungewißheit der Zeit viele Jugendliche zu eigen machten.

Zweifellos war Eichmanns Antisemitismus anfangs eher eine Theorie als tatsächliche Abneigung. Sein engster Jugendfreund war ein Jude namens Harry Sebba. Aber mit seiner politischen Leidenschaft wuchs auch seine Begeisterung für den Nationalsozialismus. Obwohl der Rassismus der Nazis nicht nur primitiv, sondern auch auf abenteuerliche Weise widersprüchlich war – vor Zuhörern aus der Arbeiterklasse wurden die Juden »kapitalistische Blutsauger« genannt, vor den Reichen Kommunisten und Revolutionäre –, übernahm ihn Eichmann Ende der zwanziger Jahre vorbehaltlos. Zweifel waren ja nach Auffassung der Nazis ohnehin nicht erlaubt, forderte doch die Wiederherstellung der Größe Deutschlands die Eliminierung aller »schwachen« Charakterzüge, darunter auch Mitleid oder die Verpflichtung auf Anstand.

Fast sofort rückte die Parteiarbeit in den Mittelpunkt von Eichmanns Leben. Als sich die Wirtschaftskrise verschlimmerte und er seine Stelle als Reisevertreter für eine Ölgesellschaft verlor, nutzte er die Gelegenheit, Österreich zu verlassen, und schloß sich der SS an, zunächst im Lager Lechfeld, dann bei Dachau. Er belog seinen Vater, behauptete, er sei wegen seiner Parteiaktivitäten von einem jüdischen Inspektor entlassen worden. Obwohl die SS-Ausbildung brutal war, genoß Eichmann sie. Sein Leben lang zeigte er stolz die Narben an seinen Ellbogen und Knien, die von Drillübungen herrührten, bei denen er über Stacheldraht hatte kriechen müssen, und er prahlte damit, daß er seit jenem Jahr von jeder Schmerzempfindung frei sei.

Nach dem Abschluß seiner Ausbildung meldete sich Eichmann freiwillig zum SD, dem Sicherheitsdienst der SS, in den er im relativ bescheidenen Rang eines Scharführers aufgenommen wurde, der dem eines Feldwebels entspricht. Aber jetzt war Hitler an die Macht gekommen, und in den frühen, begeisterten, chaotischen Tagen des Dritten Reichs war für einen ehrgeizigen jungen Mann, den kein Gewissen belastete, alles möglich. Anfang 1935 stieß ein Untergebener von SS-Chef Himmler bei der Suche nach einem Kandidaten für die Mitarbeit in einer »Abteilung Juden« – so nannte man das neue Referat, das Daten über den Besitz deutscher Juden sammeln sollte – auf Eichmann. Der junge SS-Mann identifizierte sich sofort rückhaltlos mit seiner Aufgabe und stürzte sich auf das Studium jüdischer Geschichte und Kultur. In erstaunlich kurzer Zeit war er in hohen Nazikreisen als Fachmann für Judenfragen bekannt. Mehr als das, Eichmann zeigte dabei schon jetzt den eifrigen Einfallsreichtum, den er später auch auf die Vernichtung der Juden wandte, und es ist aktenkundig, daß dies für ihn mehr als alles andere höchste persönliche Befriedigung bedeutete.

1937 besuchte er Palästina. Er sollte Kontakte knüpfen zum Großmufti von Jerusalem, Haj Amin el Husseini, einem fanatischen Antisemiten, und sich aus erster Hand über die jüdische Gemeinde im Heiligen Land unterrichten, mit der er als der »Fachmann für Judenfragen« der Nazis eines Tages zu tun bekommen würde.

»Ich war kein bloßer Befehlsempfänger«, antwortete er Jahre später auf die Frage, ob er eher Verwalter als Urheber gewesen sei. »Wenn ich das gewesen wäre, dann wäre ich ein Trottel gewesen. Ich war ein Idealist.«

3. Kapitel
Aus dem Alten Testament

1937 war ich acht Jahre alt und lebte in einem Zustand dauernder Verwirrung. Drei Jahre war ich jetzt in Palästina, und es schien so, als hätte ich mich den Umständen angepaßt; ich stolzierte angeberisch herum, benahm mich großspurig und war dem Anschein nach furchtlos. Doch in meinem Innern hatte ich noch viel von dem naiven, sensiblen Kind aus dem Stetl, das ich zuvor gewesen war.

Wie ich mich gab, das war schlicht und einfach eine Frage der Anpassung an die Umstände. Es hatte nicht lange gedauert, bis ich begriff, wie rauh diese neue Welt war – und was dazu gehörte, in ihr zu überleben. Ein paar Wochen nach unserer Ankunft nahm meine Mutter Jacob und mich auf das Neubaugelände von Haifa mit, wo mein Vater und Yechiel Arbeit als Ziegelmacher bekommen hatten. Es war eine mühselige Plage: Fünfzehn-Stunden-Tage, unter einer brutalen Sonne Sand schleppen, Steine klopfen, Zement mischen, nicht nach Stunden, sondern nach Ziegelsteinen bezahlt – es wirkte auf mich wie eine schaurige Szene aus dem Alten Testament, in deren Mittelpunkt mein Vater stand. Noch mehr aber entsetzte mich das Verhalten des Chefs. Er war groß, hatte ein rotes Gesicht, schwitzte wie ein Schwein und trieb die Arbeiter pausenlos mit Beschimpfungen an. Als schließlich ein Mann, zu dem er besonders grob war, den Mund aufzumachen wagte, warf ihn der

Vorarbeiter mit einem heftigen Schlag ins Gesicht zu Boden. »Hier bin ich der Chef, du fauler Scheißkerl!« brüllte er. »Wag es ja nicht, mir zu widersprechen!«

Ich stand mit offenem Mund dabei. Ein Jude, der einen anderen Juden schlug! Wie war das möglich? Was war das für eine Welt?

Natürlich spiegelte sich die Wirklichkeit dieser neuen Umgebung bald auch im Leben meiner Familie wider. Wir zogen in eine kleine Wohnung in Haifa, und meine Mutter mußte jetzt auch arbeiten, damit wir die Wohnung bezahlen konnten. Sie verkaufte in einem winzigen Laden in der Nähe des arabischen Marktes Feinkost. Mein Leben hatte sich immer um das Zuhause und den Cheder gedreht. Nun aber waren Jacob und ich vom Schulschluß am Nachmittag bis abends um neun ohne erwachsene Aufsicht.

Für meinen Bruder änderte das nicht viel, jedenfalls am Anfang. Jeden Tag kehrte er pflichtschuldig in die leere Wohnung zurück und verbrachte die Stunden zufrieden mit dem Talmudstudium. Aber für mich waren die Straßen unwiderstehlich.

Was für Straßen waren das! Unsere Gegend in der Altstadt war eine historische Schatzgrube, wo die aufeinanderfolgenden Kulturen im Verlauf der Geschichte eine über der anderen gebaut hatten – unter den Türken die Araber, unter ihnen Überreste der Kreuzfahrer, und so weiter bis zu den Römern und Griechen und noch Früheren! Da gab es auf fünf Quadratkilometern mehr dunkle Gassen, trockene Brunnen, Schächte und unterirdische Gänge als irgendwo sonst auf der Welt.

Es dauerte nicht lang, bis ich mich einer Gruppe anschloß, die jeden Tag nach der Schule die Gassen durchstreifte, auf alte Mauern kletterte, die aufgelassenen Keller und Lagerräume erforschte, auf kopfsteingepflasterten Straßen unter einem dichten Baldachin aus aufgehängter Wäsche Piraten, Cowboy und Fußball spielte. Diese Jungen hielten sich für sehr ausgekocht, und obwohl ich jünger und kleiner war, hatte ich mir in den Kopf gesetzt, mit ihnen mitzuhalten. Wenn wir kein Geld für Bonbons hatten, klauten wir sie einfach an einem Stand, oder wir ließen einen von uns in einen Lagerkeller hinunter, um leere Säcke zu holen, die wir dann dem Händler verkauften, dem sie gehörten.

Weil ich bis dahin ein braver Junge gewesen war, mußte ich mir nun Begründungen zurechtlegen. Ich wußte ja, daß Stehlen Unrecht war, aber allen anderen schien es nicht viel auszumachen; dazu kam, daß ich, weil ich klein und schnell und drahtig war, besonders geeignet dazu schien.

Als ich schließlich einmal aufmuckte, lag das nur daran, daß ich in die Ecke getrieben worden war. Eines Tages beschloß der Anführer der Bande – dem guten Fußballspieler machte keiner diesen Platz streitig –, daß ich, der Kleinste und der Jüngste, nur bei ihnen bleiben durfte, wenn ich eine Mutprobe bestand. Ich sollte mit einem langen Stock mit fünf Nägeln am Ende einer Süßigkeitenverkäuferin, die für ihre Wachsamkeit bekannt war, einen Schokoladenriegel stehlen. Ich tat, was von mir verlangt wurde, aber plötzlich sah sie mich, packte den Stock und zog mich heran – erwischt!

Statt der Wut, auf die ich gefaßt war, lag auf ihrem Gesicht ein besorgter Ausdruck. Warum ich das getan hatte, wollte sie wissen. Wenn ich so versessen darauf war, warum hatte ich sie dann nicht einfach darum gebeten? Und sie drückte mir den Schokoladenriegel in die Hand.

Es stellte sich heraus, daß sie selbst erst vor kurzem aus Polen eingewandert war und daß ich sie an ihren Sohn erinnerte, den sie durch eine Diphterie verloren hatte.

Als ich das dem Jungen meldete, der mir den Befehl gegeben hatte, war er trotzdem unbeeindruckt. »Mach's noch mal«, sagte er.

»Wozu? Sie schenkt mir den Riegel ja doch.«

Er dachte kurz nach. »Dann kannst du nicht in der Bande bleiben. Und sprich mit keinem von uns.«

Den größten Teil der Nacht lag ich gequält wach: Ich durfte nicht zu der Bande gehören. Ich durfte nicht einmal mit einem aus der Bande sprechen! Dann ging mir durch den Kopf: Warum eigentlich nicht?

Am nächsten Tag nach der Schule ging ich zu dem Anführer und begrüßte ihn.

»Ich hab' dir doch gesagt, daß du nicht mit mir sprechen darfst«, sagte er.

»Ich rede, wenn ich will. Du brauchst ja nicht zu antworten.«

Damit war es geschafft. Ich war wieder aufgenommen.

Es war nützlich zu wissen, daß niemand einen je dazu zwingen kann, den Mund zu halten. Es bewies mir schon früh, daß man von anderen geachtet wird, wenn man den eigenen Prinzipien treu bleibt, ganz gleich, was diese anderen zunächst sagen.

Von jenem Tag an galt ich insgeheim sogar als eine Art Anführer; meine Meinung hatte besonderes Gewicht, meine Begabungen wurden bereitwillig anerkannt.

Als ich etwa zehn Jahre alt war, verband sich mit meinem wachsenden Anspruch, von den anderen geachtet zu werden, auch eine gewisse kühne Unberechenbarkeit. Mir machte es Spaß, mich auf die Probe zu stellen. Ich dachte mir irgend etwas aus, von dem ich behauptete, ich könnte es – beispielsweise auf den Gipfel des Karmel und zurück in drei Stunden laufen oder in fünf Minuten ein ganzes Brathuhn samt Augäpfel essen; dann nahm ich Wetten darauf an. Falls es dabei um Hartnäckigkeit ging, um Willenskraft oder einfach um blöde Sturheit, wußte ich, daß ich unschlagbar war. Falls in dieser Zeit meine Fähigkeit zur Selbstbeobachtung nachgelassen hatte, dann sicher auch jede Spur von Selbstzweifeln.

Der einzige Mensch, dem ich noch meine andere Seite zeigte,

war Jacob. Wenn ich ihn spätabends in dem Zimmer, das wir uns teilten, zusammengerollt auf seinem Bett liegen und bei Kerzenlicht die Bibel lesen sah, empfand ich eine starke Liebe, die ich nicht ausdrücken konnte, und unwandelbare Achtung für ihn. Aber es machte mir Sorgen, daß er immer so traurig aussah.

»Jacob«, sagte ich eines Nachts zu ihm, »stehen denn gar keine fröhlichen Geschichten in der Bibel?«

»Natürlich. In der Bibel steht alles.«

»Geschichten, bei denen man lachen muß?«

Das trug mir immerhin ein kleines Lächeln ein. »Sogar solche. Jetzt schlaf, Peter.«

Das Klima in diesem Land hatte wenig an sich, das Sanftheit oder Mäßigung gefördert hätte. Hier war sogar die Schule eine weitere Plage, die überstanden werden mußte. Mein alter Cheder, vollgestopft und dunkel, mit nur einer Tür und einem Fenster, hatte gewirkt, als ob er von Licht überflutet wäre. Wenn ich mich jetzt in dem riesigen Schulgebäude mit Hunderten von Fenstern umschaute, kam es mir so vor, als ob selbst Gott, wenn er hätte hereinkommen wollen, nicht gewußt hätte, wo er eintreten sollte. Die neuen Lehrer, die Unterricht in Geographie und Weltgeschichte gaben, waren vielleicht gebildeter als unser sanfter Malamed mit der leisen Stimme, mit seinen Geschichten über den Messias, der auf einem weißen Pferd erscheint, um der Welt Gerechtigkeit zu bringen, aber keiner der Lehrer wurde auch nur entfernt so respektiert wie er. Manche von ihnen konnten grundlos grausam sein. An einem Nachmittag, als ein Freund und ich im Unterricht nicht aufhören konnten zu kichern, wurden wir in das Büro des Rektors geführt. Der Rektor war einer von den grimmigen und selbstgerechten Männern, die in Dickens' Geschichten den Kindern das Leben unerträglich machen. Er gab sich nicht einmal die Mühe, nach dem Vorgefallenen zu fragen, nahm seinen Gürtel ab, zog die Hosen meines Freundes nach unten und schlug heftig auf ihn ein.

Es war weniger der Anblick der schlimmen Striemen, der mich wütend machte, als dieses Gefühl absichtlicher Demütigung. Ohne einen Augenblick zu überlegen, stieg ich auf den Fenstersims und schob mich dicht an das Fenster im zweiten Stock.

»Schluß!« rief ich. »Hören Sie sofort auf, sonst springe ich.«

Er hielt mitten im Ausholen an. »Komm da runter.«

Ich rückte dem offenen Fenster noch näher, schaute hinunter auf den Verkehr. »Ich meine es ernst.« So war es auch; plötzlich kam mir der Gedanke auf seltsame Weise plausibel vor. Ich kam nicht einmal auf die Idee, daß ich mich verletzen könnte.

Aus dem Gesicht des Rektors wich die Farbe. Er legte den Gürtel weg. »Gut. Ich war sowieso fertig.«

»Und Sie rühren mich nicht an.«

»Nein. Schon gut. Komm da runter.«

»Nie. Sie rühren mich niemals an.«

»Ich tu's nicht. Ich schwöre es bei meiner Ehre.«

Ob aus Angst um meine Sicherheit oder um seine Stelle – was wahrscheinlicher ist –, er rührte mich tatsächlich nie an.

Es fiel mir immer schwer, Autoritäten blind zu akzeptieren. Mir kam es schlicht und einfach so vor, als ob man sich Respekt verdienen müsse. Wenn mir jemand einen klugen und tüchtigen Vorgesetzten zeigen kann, vorzugsweise einen mit Sinn für Humor, bin ich bereit, ihm überallhin zu folgen. Aber fast immer verbirgt jemand, der die Macht um ihrer selbst willen genießt, nur die eigene Unsicherheit hinter dem Mantel der Autorität; deshalb scheint mir jedes Wort aus dem Mund eines solchen Menschen fragwürdig.

Ich sollte aber auch herausfinden, daß diese Art des Verhaltens ihre Nachteile hat. Wer an der Macht ist, findet im allgemeinen Mittel, es einem heimzuzahlen. Obwohl ich intelligent und wissensdurstig war, fand ich mich bald in der Rolle des Klassenclowns wieder, der mehr Beifall für seine witzigen Sprüche erntete und für die Fähigkeit, auf den Händen zur Schule zu gehen, als für seine schulischen Leistungen.

Was meine Eltern anlangte, schienen sie davon so gut wie nichts zu ahnen. Sie waren zu selten da. Sie fielen jede Nacht erschöpft ins Bett, wußten nicht einmal, ob ich meine Hausaufgaben gemacht hatte, und gingen in unserem Leben ein und aus wie wohlmeinende Fremde. So war es nun einmal, und nicht nur in unserer Familie.

Deshalb mußte ich mich um das kümmern, was Jacob widerfuhr. Er hatte keine Freunde, lebte fast völlig isoliert und hatte sich immer stärker in sich zurückgezogen. Weil die Menschen um ihn herum ihn völlig mißverstanden, sein reiches Innenleben für Trägheit hielten, wurde er von seinen Altersgenossen fast täglich beschimpft.

Das Schlimmste war, daß unser großer Bruder Yechiel sich immer offener auf die Seite dieser Altersgenossen schlug. Als ich eines Abends früher in die Wohnung zurückkam, während ich sonst noch mehrere Stunden auf der Straße verbracht hätte, erlebte ich voll Abscheu, wie Yechiel vor Wut schäumte. Er war während seines Fünfzehnstundentages zu einem schnellen Imbiß nach Hause gekommen, und der Anblick seines Bruders, der ruhig las, war ihm unerträglich. Jacob nehme nur, beschuldigte er ihn; Jacob sei für niemanden verantwortlich außer für sich selbst. Zum Teufel – er zeigte auf mich –, sogar der kleine Peter bringe manchmal ein paar Pfund nach Hause.

Jacob saß da, das aufgeschlagene Buch vor sich, ohne sich zu verteidigen, schaute nur mit großen, traurigen Augen zu ihm auf.

Gleich am nächsten Tag ging ich mit Jacob und einem geliehenen Leiterwagen auf den arabischen Markt. Ich plante, unsere Dienste als Lieferjungen anzubieten – nicht gerade die einfachste Methode die ich kannte, um an Bargeld heranzukommen, aber mit Jacob war etwas Illegales undenkbar. Schon diesem Vorhaben sah er mit Bangigkeit entgegen. Als er durch das Gedränge so hinter mir hertrottete, spürte ich mit einem Mal, wie dramatisch sich unsere Rollen umgekehrt hatten.

Leider erwies sich das Unternehmen als Fiasko. Ich hatte nicht damit gerechnet, daß unsere Anwesenheit von den einheimischen arabischen Jungen als unerwünschte Konkurrenz gesehen wurde, und ich hatte mir auch nicht klargemacht, wie nutzlos mein Bruder bei einer Schlägerei war. Das Ende war, daß wir Geld schuldeten, denn der Leiterwagen war an einer Mauer zu Bruch gegangen. Ich weiß nicht, was ich mir vorgestellt hatte. Juden und Araber lebten schon damals in einer spannungsgeladenen Koexistenz. Zu meiner Bande hatten anfangs ein halbes Dutzend arabische Jungen gehört. Aber aus jeder belanglosen Meinungsverschiedenheit wurde schnell ein Streit, und jeder Streit wurde sehr schnell handgreiflich; bösen Worten folgten Fäuste und dann allzuoft Steine.

In Palästina wurde niemandem gestattet, auch nur einen Augenblick lang zu vergessen, wer er war. Wir gehörten zu Kulturen, denen es vom Schicksal bestimmt schien, einander mißzuverstehen; in der einen ist es eine alte, in Ehren gehaltene Tradition, heftige Wortgefechte zu führen, in der anderen wird jede wahrnehmbare Kränkung äußerst ernst genommen und verlangt nach einer Reaktion zur Wahrung des Gesichts.

Nach diesem Vorfall mit Yechiel versuchte ich, in der Wohnung zu sein, wenn zu erwarten war, daß unser großer Bruder vorbeikam, und so platzte ich eines Abends in die grausamste Szene von allen.

»Schmarotzer«, tobte Yechiel. »Du bist nichts als ein Schmarotzer!«

Seit der Zeit bei Ruchele hörte ich das Wort zum ersten Mal wieder. »Yechiel«, bettelte ich, »hör auf. Laß ihn in Ruhe.«

Er ignorierte mich. »Sag was«, verhöhnte er Jacob. »Glaubst du nicht, daß ich eine Antwort verdient habe?«

»Du hast recht, Yechiel«, erwiderte er leise.

Das schien Yechiel noch wütender zu machen. »Glaubst du, ich würde nicht auch lieber den ganzen Tag auf der faulen Haut liegen? Was bin ich denn, ein Tier?«

Plötzlich beugte er sich über Jacob, packte seine Bibel und warf sie an die Wand. Dann trommelte er mit den Fäusten auf ihn ein und warf ihn zu Boden.

Ich weiß nicht, wer von beiden überraschter war. Jacob fuhr sich mit der Hand an die blutende Lippe. Dann stürzte er zur Tür hinaus.

Als ich ihm den ganzen Weg bis zum Strand nachlief, strömten mir die Tränen über das Gesicht. Im Mondlicht sah ich, ein Stück von ihm entfernt, wie er sich auszog, dann lief er in die Brandung hinein. Er schwamm kräftig an den Fischerbooten vorbei, deren Umrisse sich in der ruhigen Bucht abzeichneten, auf das Meer hinaus.

Zwanzig Minuten vergingen. Dreißig. Ich war überzeugt davon, daß ich in nie wiedersehen würde. Dann kämpfte er sich plötzlich aus dem Wasser und brach auf dem Strand zusammen.

»Es ist gut, Jacob«, sagte ich, umarmte ihn, streichelte ihm über das Haar. »Alles wird gut.«

Er lag nur da. »Nein«, sagte er. »Nein, das wird es nicht.«

Wie wenig ich begriff, zeigt sich daran, daß ich glaubte, meine Eltern merkten nichts von der Auflösung ihres Zuhauses.

Mir kam es sogar so vor, als ob meine Mutter nie glücklicher gewesen wäre. In ihrem kleinen Kreis hatte man schon immer ihren Scharfsinn und ihren Humor geschätzt; schnell wie eine

Berufskomödiantin war sie mit einer witzigen Bemerkung oder einer schlagfertigen Abfuhr bei der Hand. Jetzt war die Außenwelt ihr Publikum geworden; sie schmeichelte ihren Kunden und kabbelte sich mit ihnen, unterhielt sie, indem sie diesen oder jenen Rabbi oder Politiker nachmachte, oder sie parodierte, wie die Kunden sich bewegten, jammerten oder das Schicksal verfluchten. Mein Vater behauptete stolz, sie habe die treueste Kundschaft in der Altstadt. Und falls ich mir überhaupt dessen bewußt war, daß sie jede freie Stunde in einem Regierungsbüro oder in einer privaten Flüchtlingsagentur verbrachte, war das in meinen Augen nur eine ihrer Gewohnheiten und hatte nicht mehr zu bedeuten als ihre Einkaufsorgien für den Sabbat.

Woher hätte ich wissen sollen, daß ihre Bittgänge zu denen, die Fruma und ihrer Familie vielleicht hätten helfen können, immer verzweifelter wurden? Wie hätte ich auch nur entfernt etwas von den dunklen Ahnungen meiner Eltern und dem niederschmetternden Gefühl der Hilflosigkeit begreifen können? Es war das Jahr 1938. In den Nachrichten aus Europa wurde von »einer Zeit des Friedens« gesprochen. Wie hätte ich die Tragödie voraussehen können, die wir alle erleben würden?

4. Kapitel
Aus dem Schatten der Bürokratie

Laut einem von dem Nazistatistiker Dr. Richard Korherr erstellten Bericht gab es kurz vor dem Zweiten Weltkrieg 10,3 Millionen Juden auf der Welt. Nach dem Diktat des Nationalsozialismus war jeder einzelne schon allein durch seine Geburt ein Feind des deutschen Volkes und der deutschen Nation. Eichmanns Abteilung im SD hatte die Aufgabe, Pläne für ihre »Neutralisierung« auszuarbeiten.

Noch bis Ende der dreißiger Jahre hielten sich die neuen Machthaber zumindest etwas zurück. Zwar nahmen die Nürnberger Gesetze von 1935 den deutschen Juden ihre politischen Rechte und verboten ihnen die Ehe und den Geschlechtsverkehr mit Ariern, zwar wurden jüdische Kinder von Schulen verwiesen und vor vielen Städten Schilder mit der Aufschrift JUDEN UNERWÜNSCHT aufgestellt, aber Hitler nahm Rücksicht auf die internationale Meinung, denn Deutschland war noch nicht im Krieg. Zumindest ein gewisser Schein mußte gewahrt werden.

Deshalb ging Eichmann in dieser Zeit seiner Arbeit im allgemeinen hinter den Kulissen nach. Er wurde regelmäßig befördert, und bei einer Beförderung 1937 lobte ein unmittelbarer Vorgesetzter Eichmanns umfassende Kenntnis der Organisationsmethoden und der Ideologie des Judentums, des Feindes.

Seine damalige Arbeit, erinnerte er sich später, »war oft ver-

traulicher und peinlicher Natur, zum Beispiel, als ich feststellte, daß die Diätköchin des Führers, die eine Zeitlang seine Geliebte gewesen war, zu einem Sechsunddreißigstel Jüdin war. Mein unmittelbarer Vorgesetzter, Gruppenführer Heinrich Müller, stufte den Bericht sofort als streng geheim ein.«

Erst nach dem »Anschluß«, der Annektierung Österreichs im März 1938, trat Eichmann aus dem Schatten der Bürokratie heraus. Vier Tage, nachdem deutsche Sturmtruppen in Österreich einmarschiert waren, tauchte der zweiunddreißigjährige SS-Mann in Wien auf, mit dem Auftrag, sein ehemaliges Heimatland »judenrein« zu machen. Innerhalb weniger Tage hatte er ein Aktionsprogramm entwickelt, eine Kombination aus kalkulierter Brutalität und schamlosem Doppelspiel. Erst ließ er die jüdische Bevölkerung der Stadt Wien, 183 000 Menschen, von der Gestapo terrorisieren. Männer und Frauen wurden aus ihren Häusern und Läden geschleppt und brutal geschlagen, Rabbis wurden gepackt und vor dem johlenden Mob kahlgeschoren; Synagogen wurden dem Erdboden gleichgemacht, jüdisches Eigentum wurde geplündert oder zerstört. Innerhalb von zwei Wochen wurden über tausend Juden ermordet; Dutzende nahmen sich das Leben. Dann war plötzlich Schluß damit. Eichmann, das Inbild der Vernunft, erklärte jetzt den Vertretern der jüdischen Gemeinde, die er versammelt hatte, falls die Juden ihm vertrauten und mit ihm zusammenarbeiteten, werde sich die Lage bessern. Es gelang ihm sogar, etliche seiner Opfer davon zu überzeugen, er empfinde Mitgefühl für ihre Misere. Einmal überraschte er eine Versammlung jüdischer Gemeindeältester damit, daß er eine Seite aus einem zeitgenössischen Werk über die Geschichte des Zionismus auswendig vortrug.

Eichmann traf sich regelmäßig mit führenden Juden und baute ein System auf, das mehreren Nazizielen gleichzeitig diente. Es war noch über ein Jahr vor dem Kriegsausbruch, und die Nazis waren in Österreich nicht auf Vernichtung aus, sondern auf Vertreibung. Die verzweifelten Juden, denen eingeschränkte Verwaltungshoheit in den eigenen Angelegenheiten zugestanden wurde, hatten keinen Zugang zu den eingefrorenen Mitteln ihrer Gemeinden, und in finanziellen Dingen lag die Oberaufsicht bei der SS. Sie waren deshalb gezwungen, an ihrem Verderben mitzuarbeiten. Die letzte Phase von Eichmanns Vorgehen stellte sicher, daß niemand entkam, ehe ihm nicht nur sein Besitz, sondern auch seine Selbstachtung geraubt worden war. »Wenn ein Jude das [Emigrations-]Büro betrat«, schilderte das später der Ankläger Hausner, »war er noch jemand, hatte Arbeit oder einen Laden, eine Wohnung, etwas Besitz oder Geld auf der Bank, sein Kind ging zur Schule. Während er von Schalter zu Schalter ging, wurde ihm der Reihe nach alles genommen. Wenn er schließlich das Gebäude verließ, war sein Eigentum beschlagnahmt, sein Kind aus dem Schülerverzeichnis gestrichen, sein Paß eingezogen. Jetzt hatte er nur noch einen Paß mit einem Buchstaben ›J‹, zwei Wochen gültig. Er mußte sich selbst um ein Auslandsvisum kümmern. Ihm wurde ausdrücklich mitgeteilt, falls er nach Ablauf des Passes in Österreich angetroffen werde, sei das Papier zwar gültig, aber nur für eine Reise ohne Rückfahrkarte: In ein Konzentrationslager!«

Während Eichmanns Amtszeit in Österreich mußte in Mauthausen ein neues Lager gebaut werden. Dachau und Buchenwald waren voll.

Eichmann selbst hatte sich zur Verblüffung derer, die ihn von früher kannten, sehr verändert. Er wohnte und arbeitete in der früheren Villa der Rothschilds, wurde im Wagen der Rothschilds durch Wien chauffiert, war immer makellos ausstaffiert, mit allen SS-Insignien dekoriert und gab sich so arrogant, wie es nur einem Eroberer möglich ist. Er war erst seit drei Jahren verheiratet und sein zweites Kind war unterwegs, aber er nahm sich eine elegante Geliebte, die erste von nicht weniger als neun, die er bis zum Kriegsende noch in den Hauptstädten Europas sammeln sollte. Gutes Essen und Wein hatte er von jeher geschätzt, jetzt tafelte er opulent und ließ sich dazu die besten Jahrgänge kredenzen.

Vor allem hatte sich sein Habitus verändert. Er gab sich verbindlich, entwickelte sogar Charme, aber er bekam einen Wutanfall, wenn er glaubte, etwas gehe nicht nach seinem Kopf. Die Juden, mit denen er verhandelte, lebten in bitterer Angst vor diesen Stimmungsumschwüngen. Als er sich mit einem bedeutenden jüdischen Gemeindeältesten zum ersten Mal traf, tobte er plötzlich, schlug ihn ins Gesicht und schrie, er habe die Absicht, »die Juden zu rehabilitieren« und verlange die bedingungslose Kooperation des Mannes. Ein anderes Mal, als er einen alten führenden Juden beschimpfte, weil er zu wenig Begeisterung für seine Methoden zeigte, schnauzte er ihn an: »Sie sind zu lange aus dem Konzentrationslager heraus.«

Seine Opfer konnten nicht wissen, daß die meisten dieser Ausbrüche wenigstens teilweise berechnet waren. Später prahlte er damit, daß die Juden, mit denen er verhandelte, Angst vor ihm hatten, weil sie nie wußten, was er als nächstes tun würde. Sie »hielten mich wirklich für eine Art König«.

Nach seinem durchschlagenden Erfolg in Österreich wurde er überdurchschnittlich schnell befördert, bis er im September 1941 den ziemlich hohen Rang eines Oberstrumbannführers erreicht hatte. Aber diese Beförderung spiegelte noch keineswegs das wahre Ausmaß seiner wachsenden Macht. Er war jetzt nur noch einem Mann direkt unterstellt – Reinhard Heydrich, dem brutalen, berechnenden Leiter des SD, der bald als »Henker« Europas berüchtigt werden sollte. Eichmann be-

stimmte in seinem Bereich beinahe allein. »Eichmann«, stand kurz und bündig in der Empfehlung für seine Beförderung, »leitet die gesamte jüdische Emigration.«

Es ist kaum ein Zufall, daß die Zentralkartei in seinem Berliner Hauptquartier eine neue Aufschrift trug: ENDLÖSUNG. *Er selbst war auf diesen Begriff gekommen.*

5. Kapitel Der Krieg beginnt

Im Frühling 1939 schloß ich mich der Haganah an, der Untergrundarmee, die für die Errichtung eines jüdischen Staates in Palästina kämpfte; genauer gesagt, ich wurde für diese Armee ausgewählt. Sie hätten mich beobachtet, sagte der junge Lehrer, der mich nach der Schule in ein Hinterzimmer rief; sie glaubten, ich hätte das Zeug dazu.

Ich brauchte keinen Rippenstoß. Die Engländer, angeblich neutral im eskalierenden Kampf zwischen den Juden und den Arabern, verhielten sich neuerdings immer pro-arabischer. Das ging so weit, daß der inoffizielle Schlachtruf der »Arabischen Revolte« jetzt triumphierend lautete: *Ad-dowlaha-ma'anah!* (Die Regierung ist auf unserer Seite!) Englische Soldaten, die sehr zögernd reagierten, wenn Araber einsam gelegene Kibbuzim angriffen, unterbanden es energisch, daß Juden die Angreifer verfolgten. Gefangengenommene jüdische Aktivisten mußten mit einem harten Gerichtsurteil rechnen, während die arabischen Aktivisten oft mit unglaublicher Milde behandelt wurden. Arabischen Heckenschützen gelang die Rückkehr an einen strategisch besonders wichtigen Punkt, über der Straße bei Bab el Wad, fast nach Belieben.

Es war keine Frage, daß die Besatzungsmacht uns nicht mochte, aber hinter der pro-arabischen Haltung steckte mehr als bloßer Antisemitismus; im Grunde mochten sie die Araber nicht viel lieber. Für sie waren wir allesamt »Kolonialuntertanen«, und von uns wurde erwartet, daß wir das als unseren Status hinnahmen. Es war eine klare politische Entscheidung. Obwohl die Balfour-Deklaration von 1917 die Errichtung eines jüdischen Staates in Palästina garantiert und der Völkerbund den Briten das Mandat über das Gebiet gegeben hatte, damit sie diese Entwicklung vorbereiteten, hatten die Engländer im Heiligen Land bald ein Stück ihres Empire gesehen. Aus dieser Sicht wirkte es nur sinnvoll, diese schwierige Situation ähnlich den schon bekannten in Indien oder in Irland zu behandeln: indem dafür gesorgt wurde, daß die Einheimischen sich gegenseitig bekämpften, während die Besatzer sich da heraushielten und je nach ihrem Gutdünken entschieden. Im Augenblick stellten die Juden, animiert von dem Traum von einem Heimatland und verzweifelt auf eine Masseneinwanderung aus Osteuropa drängend, eindeutig die größere Bedrohung dar.

Dennoch begriffen noch nicht viele von uns in Palästina das volle Ausmaß des englischen Doppelspiels. In den dreißiger Jahren neigten die tonangebenden Juden, darunter die meisten derjenigen, die Israel schließlich in die Unabhängigkeit führen sollten, dazu, den britischen Versicherungen zu glauben, ihre Politik sei in unserem Interesse. Zum Teil lag dieser Fügsamkeit die durchaus vernünftige Annahme zugrunde, jeder Versuch, sich mit der größten Kolonialmacht der Welt anzulegen, sei zum Scheitern verurteilt. Aber sie beruhte auch auf etwas, das viel beunruhigender war: unser Bild von uns selbst. Wir hatten die Jahrhunderte nur durch Anpassung und Rückzug überlebt; wir hatten uns darüber hinaus angewöhnt, diejenigen, die sich in der Welt mit Waffengewalt durchsetzten, mit einer merkwürdigen Mischung aus Staunen und Abscheu zu betrachten. Die meisten Juden waren emotional einfach nicht darauf vorbereitet, nicht einmal am Vorabend der Katastrophe, in der bewaffneten Auseinandersetzung eine ernsthafte Alternative zu sehen.

Mit Rücksicht auf die britische Politik hatte die Haganah ursprünglich ausschließlich als Verteidigungstruppe operiert. Erst 1937, mit der Gründung der Irgun, führte Gewalt gegen Juden zu jüdischen Vergeltungsmaßnahmen, aber geachtete führende Juden stellten sich auch dann noch auf die Seite der Briten und verurteilten die Irgunisten als Terroristen, halfen sogar oft dabei, sie zu fassen.

Etwa ein Jahr davor war ich ganz direkt und persönlich in das alles hineingeraten. Als ich an einem Spätnachmittag auf dem Heimweg durch die Herzl-Straße ging, blieb ich stehen, um ein Plakat der Irgun zu lesen, das vor kurzem an eine Mauer geklebt worden war. Da bog ein englischer Panzerwagen um die Ecke. Aus dem Turm schaute ein Soldat mit einem dieser flachen Helme heraus, die wir nach den Blumen »Anemonen« nannten.

»He, was machst du da?« wollte er in einem Dialekt wissen, den ich schon damals als Cockney erkannte.

Ich zögerte, war starr vor Schreck. »Pinkeln«, sagte ich schließlich.

Ein zweiter Soldat erschien neben dem ersten in dem Turm. Einen Augenblick später stieg er herunter, kam heran und musterte das Plakat. »Bist du Jude, Junge?«

Ich nickte.

Das reichte. Plötzlich trat er mich heftig in den Magen. Ich fiel zu Boden. Verwirrt und unter Schmerzen sah ich zu ihm hoch, sah gerade noch, wie der Stiefel wieder auf mich zielte. Jetzt war auch der andere da, und die Schläge kamen so schnell, daß ich sie nicht einzeln spürte, sondern als einzigen, langen Schmerz. Ich konnte noch immer kaum glauben, was geschah. Was taten sie? Ich war ein Kind! Würden sie mich am hellen Tag töten, so nahe an der Zentralsynagoge? Ich blutete heftig. Als sie endlich gingen und Passanten mich nach Hause brachten, hatten sie sich einen Feind fürs Leben gemacht.

Wenn ich die Wahl gehabt hätte, wäre ich lieber zur radikalen Irgun gegangen als zur gemäßigten Haganah – was nicht heißen soll, daß ich die Ehre nicht zu schätzen gewußt hätte. Noch am selben Tag legte ich in der Schule den Eid ab. Ich schwor auf die Bibel, niemandem zu verraten, daß ich Mitglied in der Organisation war. Ich habe diesen Eid nie gebrochen, nicht einmal meinen Eltern gegenüber.

Die Haganah war von der Geheimhaltung so besessen, daß ich in all den Jahren in der Schule nicht erfuhr, welche meiner Klassenkameraden, die neben mir saßen, noch zur Organisation gehörten. Ich wußte nicht einmal, ob meine Brüder dabei waren. Sicher war ich mir nur bei denjenigen, die zu meiner kleinen Gruppe gehörten, mit denen ich ausgebildet wurde.

Unsere Trainingsmärsche, meistens in die Berge, wurden als Ausflüge ausgegeben, als Pfadfinderexkursionen. Weil wir noch zu klein für den Umgang mit Waffen waren, wurden wir im Übermitteln von Nachrichten ausgebildet, was auf seine Weise genauso wichtig war. Die Organisation hing von einem hervorragend funktionierenden System der Nachrichtenübermittlung ab, das im Notfall sofort Alarm schlagen und Hunderte von Männern, später Tausende, innerhalb von weniger als einer Stunde mobilisieren konnte. Von uns Kindern – wir waren neun, zehn Jahre alt – wurde erwartet, daß wir jede der damals gebräuchlichen Techniken beherrschten: Wie man verschlüsselte Nachrichten übermittelt, mit der Fahne, nachts mit Signallicht; wie man Botschaften am Körper versteckt und sie verschwinden läßt, wenn man erwischt wird; die Mauernischen, die sich am besten als tote Briefkästen eignen; die kürzesten Wege so gut wie überallhin.

Die Engländer wußten viel über die Haganah, aber sie schienen sich unseretwegen keine allzu großen Sorgen zu machen.

Und falls sie uns für eine Bedrohung hielten: Zu jenem Zeitpunkt gab es weit wichtigere Dinge, über die sie sich Sorgen machen mußten.

Das galt natürlich auch für uns. Der Kriegsausbruch fegte alles andere beiseite. Sogar die Irgun rief zu einem Waffenstillstand auf. Von Anfang an begriff jeder Jude, daß unsere Zukunft auf dem Spiel stand. Wir wußten, daß die Nazis ihre Ziele rücksichtslos durchsetzen würden. Das soll nicht heißen, irgend jemand hätte sich vorstellen können, was kommen würde. Ja, als die Deutschen durch Polen marschierten und dann im Eiltempo durch die Länder im Westen, hörten wir Berichte darüber, daß Juden zusammengetrieben und zu Massensammelplätzen gebracht wurden; und wir begriffen auch, daß unter diesen schrecklichen Umständen wahrscheinlich etliche von ihnen starben. Aber wie hätten wir Schlimmeres ahnen können?

Sicher spielte verzweifelte, absichtliche Blindheit dabei eine Rolle. Schon 1942 erschienen in angesehenen Presseorganen, darunter *Time* und *Newsweek*, die ersten Artikel, die über den Massenmord in Polen berichteten. Wir hatten Zugang zu solchen Meldungen. Aber wenn es schon den Amerikanern schwerfiel, sie für glaubwürdig zu halten – laut einer Gallup-Umfrage zu einem so späten Zeitpunkt wie November 1944 meinte die überwältigende Mehrheit, die grauenhaften Berichte seien wild übertrieben, vergleichbar der Propaganda über die »blutrünstigen Hunnen« im Ersten Weltkrieg –, für uns, für die so viel mehr auf dem Spiel stand, war es lebensnotwendig, sie abzutun. Meine Schwester und ihre Kinder lebten ja dort, dazu Dutzende von Verwandten und Freunden, anständige, wohlmeinende Menschen. Nicht einmal die Nazis konnten so wahnsinnig sein, solche Menschen abzuschlachten.

(Nach dem Krieg erzählte Felix Frankfurter, Richter am amerikanischen obersten Bundesgericht, selbst Jude, eine Geschichte, die unsere Haltung deutlich macht. 1942 hörte er den

Bericht eines Polen, der aus dem Todeslager Belzec entkommen war und verzweifelt versuchte, im Westen Alarm zu schlagen. Als der Mann geendet hatte, sagte Frankfurter, er könne ihm nicht glauben. Der Pole protestierte heftig. »Sie verstehen nicht«, schnitt Frankfurter ihm das Wort ab. »Ich weiß, daß Sie die Wahrheit sagen. Aber ich kann es nicht glauben.«)

Meine Mutter verhielt sich weiter wie bisher, schrieb Briefe an dieselben Adressen. Als wir keine Antworten bekamen, beruhigten wir uns mit der plausiblen Erklärung, durch den Krieg seien die Postverbindungen unterbrochen.

Bei dieser Art von Verdrängung war es paradox, daß wir die Zeitungen nie aufmerksamer gelesen, nie regelmäßiger die »Stimme Palästinas« in unserem alten Radioapparat gehört hatten und versuchten, trotz der atmosphärischen Störungen den Ton aufzufangen. Aber wir bekamen nur Kriegsnachrichten zu hören. Sie sprachen so gut wie nie über die Juden, nur über diesen oder jenen Bombenangriff der Alliierten oder die Truppenbewegungen.

Nicht daß der Krieg uns weit entfernt schien. Die Italiener griffen Haifa zweimal an und zielten auf die britischen Ölraffinerien; schlimmer noch bedrohte uns eine Zeitlang der Vormarsch von General Erwin Rommel in Nordafrika. Falls es ihm gelungen wäre, die Briten in Ägypten zu schlagen, hätte der ehemalige Großmufti von Jerusalem, den wir mit seinem langen roten Bart und seinem knallgrünen Turban einmal für einen Operettenbuffo gehalten hatten, vermutlich ein Riesenpogrom organisiert. Als Hitlers Gast in Berlin hatte er von dem »jüdischen Krebsgeschwür« gesprochen, das »das Fleisch der Welt frißt«, und bald sollte ans Licht kommen, daß er 1943 und 1944, begleitet von Eichmann, insgeheim Treblinka, Maidanek und Auschwitz inspiziert und seinen Führern detallierte Fragen nach der Funktionsweise der Einrichtungen gestellt hatte.

Wenn wir unter uns waren, stellten wir Kinder Mutmaßungen über die grausigen Möglichkeiten an; wir wußten so gut wie unsere Eltern, daß es keinen Ort mehr gab, an den wir fliehen konnten. Deshalb reagierten so viele Juden schockiert, als die Irgun kurz nach dem Sieg der Alliierten bei El Alamein im Oktober 1942 ankündigte, sie nehme den Kampf gegen die Briten wieder auf. Die Begründung der Irgun – der Traum von einem jüdischen Heimatland dürfe nicht länger hinausgeschoben werden, denn die jüngste Geschichte habe bewiesen, daß selbst diejenigen, die scheinbar unsere Freunde waren, keinen Finger für uns rührten – wurde rasch beiseite gefegt. Ja, es wurde argumentiert, zugegeben, in den verzweifelten Jahren vor dem Krieg hatte ein Land nach dem anderen die Grenzen dichtgemacht. Schiffe, beladen mit Flüchtlingen aus Nazideutschland, die kein freies Land haben wollte, waren dazu gezwungen worden, in deutsche Häfen zurückzukehren; und es stimmte auch, daß niemand so unnachgiebig gewesen war, wie die Briten in Palästina. Aber das war damals gewesen, und jetzt war jetzt. Nichts, absolut nichts durfte die Kriegsanstrengungen stören. Das ausschließliche Ziel mußte es nun sein, den Hitlerismus zu zerstören.

Erst Jahre nach dem Krieg wurde der Standpunkt der Irgun in gewisser Weise rehabilitiert. Es ist eine Tatsache, daß die Briten trotz ihrer vielen edelmütigen Bekundungen so gut wie nichts für die zum Untergang verurteilten Juden Europas getan haben. Während in Palästina um diese Fragen gestritten wurde, drängten führende Juden, denen die grausigen Tatsachen immer bewußter wurden, nachhaltig darauf, daß die Royal Air Force die Bahnlinien nach Auschwitz bombardierte. Das hätte sich leicht durchführen lassen, denn englische Flugzeuge bombardierten bereits Warschau, das dreihundert Kilometer weiter von ihrem Stützpunkt entfernt lag. Die englische Führung weigerte sich jedoch, ohne eine Erklärung abzugeben.

Man muß kein großer Zyniker sein, wenn man annimmt, daß es ihnen wohl ganz recht war, die mögliche Zahl von jüdischen Nachkriegsflüchtlingen nach Palästina zu reduzieren.

In den Geschichtsbüchern wird der Zweite Weltkrieg selbstverständlich nach wie vor als Großbritanniens größte Stunde gefeiert, und sicher spricht einiges dafür. Das Heldentum der britischen Zivilbevölkerung war wirklich unvergleichlich. (Jahre später, als ich zum ersten Mal in das Land kam, staunte ich, daß die Menschen dort tatsächlich so waren, wie es die Wochenschauen behaupteten: herzlich, tapfer und großzügig. Kein einziger Engländer, dem ich in Palästina begegnet war, hatte diese Eigenschaften besessen.) Auch das gehörte zu der Lektion, die verführerisch und zugleich äußerst gefährlich war und die wir in Palästina noch lernen mußten: wer an der Macht ist, kann die Nachwelt meistens im eigenen Interesse manipulieren.

6. Kapitel Dienststelle Eichmann

Keinen Monat nach der deutschen Invasion in Polen, die den Zweiten Weltkrieg auslöste, wurde innerhalb des SD ein neues Amt, IV B 4, geschaffen. Trotz all der Vorbereitungen, die dem Angriff vorausgegangen waren, lagen nur wenige Pläne dafür vor, wie mit der großen und vielschichtigen jüdischen Bevölkerung in Polen, einem Zehntel der Gesamtbevölkerung, verfahren werden sollte. Amt IV B 4, geleitet von Adolf Eichmann, war nun verantwortlich für »Deportationen und Auswanderung«. Bald war das Amt als »Dienststelle Eichmann« bekannt.

Mit seinem üblichen Eifer ging Eichmann an seine erste Aufgabe: Er versuchte sicherzustellen, daß alle Juden identifiziert und überwacht wurden. Innerhalb weniger Tage erging die Vorschrift, daß alle Juden über sechs Jahre zu jeder Tageszeit einen gelben Davidsstern tragen mußten. Der gelbe Stern sollte sich später auch in Deutschland als wirksam erweisen, nicht nur, wie Eichmann später erklärte, weil er die Juden isolierte, sondern auch, weil er Nichtjuden abschreckte, die sich sonst vielleicht für sie eingesetzt hätten. »Wir wollten, daß es den Deutschen peinlich war, daß sie Angst vor irgendeinem Kontakt mit Juden hatten.« Gleichzeitig begann man, Juden in bestimmte Gebiete (Gettos) zu transportieren, die zu verlassen ihnen bei Todesstrafe verboten war.

Eichmann wollte durch diese Maßnahmen die Moral der Juden schwächen, sie psychisch brechen und einen möglichen breiten Widerstand gegen spätere schärfere Maßnahmen in Grenzen halten. »Eichmann war in seiner Einstellung gegenüber der Judenfrage äußerst zynisch«, erklärte sein Untergebener Dieter Wisliceny später. »Er ließ sich kein menschliches Gefühl für diese Leute anmerken. Er war nicht unmoralisch; er war amoralisch und in seinem Verhalten eiskalt.«

Vor allem in den größeren Städten waren die Zustände in den Gettos, die von Menschen wimmelten und von Nahrungsmitteln und frischem Wasser abgeschnitten waren, katastrophal. Innerhalb von Monaten starben Zehntausende an Hunger und Krankheiten. Sturmbannführer Rolf Heinz Hoeppner, der dem riesigen Getto in Lodz vorstand, schrieb sogar an seinen Vorgesetzten Eichmann, unter diesen Umständen sei »ernsthaft zu erwägen, ob es nicht die humanste Lösung ist, die Juden, soweit sie nicht arbeitseinsatzfähig sind, durch irgendein schnellwirkendes Mittel zu erledigen. Auf jeden Fall wäre dies angenehmer, als sie verhungern zu lassen.«

Eichmann hatte nichts dagegen. Er hatte schon an Gesprächen auf hoher Ebene über wirkungsvollere Methoden zur »Endlösung« teilgenommen. Anfang 1941 waren er und Heydrich bereit, ein »schnellwirkendes Mittel« massenhaft einzusetzen: Sondereinheiten der SS, »Einsatzgruppen« genannt, sollten direkt hinter den Fronttruppen in neu besetzten Gebieten operieren. Eichmann war dabei, als ihre Kommandanten vor dem Einsatz instruiert wurden, kurz nach der Invasion in Rußland. Die jüdische Bevölkerung sollte »völlig ausgemerzt« werden. Jetzt war auch nicht mehr bürokratisch-beschönigend von »Auswanderung« die Rede. Die Aufgaben von Referat IV B 4 wurden umbenannt in Zuständigkeit für »jüdische Angelegenheiten und Deportationen«. Kurz nach Beginn des Programms reiste Eichmann nach Osten, um einer Ein-

satzgruppe bei der Arbeit zuzusehen. Der Einsatz außerhalb von Minsk, den er miterlebte, lief perfekt. Mehrere hundert Juden waren, nachdem man ihnen versichert hatte, sie würden lediglich an einen anderen Ort gebracht, mit ihren Koffern aus der Stadt marschiert. Eichmann beobachtete, wie ihnen die Soldaten befahlen, ihre Koffer abzustellen, sie schnell zu einem langen, frisch geschaufelten Graben drängten und schrien, sie sollten davor niederknien. Dann gingen die Soldaten an der Reihe entlang, schossen den Opfern aus kürzester Entfernung ins Genick und warfen sie mit einem heftigen Stiefeltritt, den sie vorher geübt hatten, in den Graben. »Ich kann immer noch eine Frau mit einem Kind vor mir sehen«, erinnerte sich Eichmann später. »Sie wurde erschossen, und dann das Kind in ihren Armen. Sein Gehirn spritzte überallhin, auch auf meinen Ledermantel. Mein Fahrer half mir dabei, es abzuwischen.«

Im folgenden Jahr führte Eichmann sorgfältig Buch über das Programm, listete die Zahlen der Toten tabellarisch auf. Es wurden Zehntausende, dann Hunderttausende und schließlich Millionen. Es beeindruckte ihn, wie wertvoll der Besitz war – Bargeld, Schmuck, Hausrat, sogar Kleider –, der bei den Juden »konfisziert« wurde. Aber wie andere Naziführer erkannte er, daß das Erschießen gewisse Nachteile hatte. Es war nicht rationell; er achtete sehr auf die Kosten und sah darin eine schreckliche Vergeudung von Munition. Dazu kam, daß das Verfahren auf die Moral etlicher Männer eine nachteilige Wirkung zu haben schien. Als Himmler bei einem offiziellen Besuch Augenzeuge eines Kommandos der Einsatzgruppen wurde, war er über den Anblick blutender, von einer dünnen Lehmschicht bedeckter Gestalten in einer Grube, die sich zum Teil noch regten, so entsetzt, daß er fast ohnmächtig geworden wäre.

Ein paar Deutsche am Tatort schienen sogar Mitleid mit den Opfern zu haben. »Eine Familie von etwa acht Personen ging vorbei«, erinnerte sich ein Ingenieur in der Sicherheit der Nachkriegszeit an ein Massaker, das er außerhalb der Stadt Rowno mit angesehen hatte –, »ein Mann und eine Frau, beide etwa fünfzig, mit ihren etwa acht- und zehnjährigen Kindern und zwei erwachsenen Töchtern von zwanzig und vierundzwanzig. Eine alte Frau mit schneeweißen Haaren hielt ein einjähriges Kind in den Armen, sang ihm vor und kitzelte es. Das Kind krähte vor Vergnügen. Das Paar schaute mit Tränen in den Augen zu. Der Vater hielt den zehnjährigen Jungen an der Hand und sprach leise mit ihm; der Junge kämpfte mit den Tränen. Der Vater zeigte zum Himmel, streichelte dem Jungen über den Kopf und schien ihm etwas zu erklären. In diesem Augenblick rief der SS-Mann an der Grube seinem Kameraden etwas zu. Der zweite zählte etwa zwanzig Personen ab und befahl ihnen, an die Grube zu gehen. Zu ihnen gehörte die Familie, von der ich gesprochen habe. Eine junge Frau, schlank, mit dunklem Haar, zeigte auf sich, als sie an mir vorbeiging und sagte: ›Dreiundzwanzig Jahre.‹«

Um den SS-Leuten »solches Blutvergießen zu ersparen«, wie ein Naziführer sich ausdrückte, suchte man nach neuen Tötungsmethoden. Eichmann war zunächst begeistert von der Möglichkeit, Auspuffgase in den abgedichteten Laderaum eines fahrenden Lastwagens zu pumpen; das war an geistig Behinderten schon ausprobiert worden, und nachdem er eine Weiterentwicklung des Modells inspiziert hatte – eine als polnische Bauernkate getarnte luftdichte Kammer; die Abgase lieferte ein russischer U-Boot-Motor –, staunte er, weil er so etwas technisch nicht für möglich gehalten hatte. Aber nach weiteren Versuchen erwies sich auch dies als nicht völlig zufriedenstellen. Die Abgase töteten langsam, und oft war es ein grausiges Geschäft, die Leichen wegzuschaffen. Noch schlimmer war, daß den SS-Männern manchmal von den Abgasen schlecht wurde; Eichmann mußte einen Kurs einrichten, in dem den Fahrern die richtige Vergasungstechnik beigebracht wurde, und jeder Einheit mußte ein Arzt zugeteilt werden, der auf die Gesundheit der Männer achtete.

Trotzdem gab es noch Probleme. »Die Männer des Sonderkommandos beschwerten sich nach dem Abladen jedesmal über Kopfschmerzen«, schrieb ein SS-Arzt in seinem Bericht. »Meistens wird das Gas nicht korrekt eingesetzt. Um so schnell wie möglich zum Ende zu kommen, tritt der Fahrer das Pedal voll durch. Deshalb sterben die Hingerichteten am Ersticken und werden nicht wie geplant eingeschläfert.«

1942, nachdem er das neue Lager in Belzec besichtigt hatte, dessen primitive Gaskammern bis zu fünfzehntausend Menschen am Tag töten konnten, wurde Eichmann ein überzeugter Anhänger großer, stationärer Tötungszentren. Durch die Einführung von Zyklon B, das früher als Insektengift benützt worden war, wurden sie noch effektiver. Darüber hinaus waren solche Lager sehr geeignet für die Täuschungsmanöver, die er mit soviel Geschick entwickelt hatte. Auf Eichmanns Betreiben wurden die neuen Lager weit von Ballungszentren entfernt gebaut; in vielen waren die Gaskammern von Blumenbeeten umgeben und als Duschen getarnt. Er wollte aber nicht nur den Juden etwas vormachen. Als Beamte im relativ autonomen »Schutzstaat« Slowakei Nachforschungen über das Schicksal einheimischer Juden anstellten, die zu »Arbeitseinsätzen« abtransportiert worden waren, sorgte er dafür, daß ein Nazijournalist etliche der »glücklichen Siedler« in ihrem neuen Zuhause besuchte und in einem Artikel schrieb, er habe »in Auschwitz nur fröhliche Gesichter um sich herum gesehen«; und als auch das noch nicht ausreichte, den slowakischen Verdacht zu entkräften, kamen zu Hunderten Briefe und Karten aus den Lagern, die allesamt die hervorragenden Lebensbedingungen schilderten. Oft waren die Absender schon tot, ehe die Post zugestellt wurde.

Inzwischen, nachdem Heydrich im Frühjahr 1942 ermordet worden war, operierte Eichmann im großen und ganzen auf eigene Faust und widmete seine ganze ungeheuerliche Energie den riesigen logistischen Problemen, die sich stellten. Wie er selbst es lachend formulierte: Früher war er Reisevertreter für eine Ölgesellschaft gewesen, jetzt war er »Reisevertreter für die Gestapo«.

Die Aufgabe, riesige Menschenmengen in den Tod zu führen, ohne auf nennenswerten Widerstand zu stoßen, erforderte gewaltige Überredungskünste, großes taktisches Geschick und Ausdauer; dasselbe galt mitten in den Kriegsanstrengungen für das Auftreiben von physischen Reserven, auch von Eisenbahnkapazität, die er zur Erfüllung seines Auftrags brauchte.

In diesen Jahren wurde Eichmann für die jüdischen Gemeinden im besetzten Europa zum Alptraum. Mit unverhohlener Verachtung für das, was er als bürokratische Hindernisse sah, feindselig selbst gegenüber anderen Nazis, von denen er meinte, sie setzten sich zu wenig für seine Mission ein, fegte er Widerstände mit wachsender Selbstherrlichkeit beiseite. »Könnten Sie etliche Ihrer Züge für uns erübrigen?« wurde er einmal von dem Funktionär gefragt, der für die Euthanasie der Geisteskranken zuständig war. »Damals dachte ich«, erinnerte sich Eichmann, »hier sitze ich am wichtigsten Platz im Reich, wo alles, was ich tue, Tag und Nacht beobachtet wird, und da bittet mich dieser Kerl um Züge, damit er den Ofen mit ein paar Idioten heizen kann!«

Es war ganz einfach: Eichmann sah in seiner Mission, der Eliminierung der Juden vom Angesicht der Erde, eine Priorität, die dem Kriegsgewinn zumindest gleichrangig war. Nichts durfte sie behindern. Er bereist den Kontinent, nach Frankreich im Westen, Dänemark im Norden, dann nach Mitteleuropa und auf den Balkan, traf sich mit SS-Funktionären und einheimischen Polizeibeamten, drängte sie, größere Anstren-

gungen zu unternehmen, und ließ keine Ausnahmen bei der »Endlösung« zu. Als 1943 Zweifel über den rassischen Ursprung der Krimtschaken auf der Krim auftauchten, verordnete er, sie müßten sicherheitshalber eliminiert werden. Während andere meinten, jüdische Mischlinge sollten lediglich sterilisiert werden, damit ihre nützlichen Eigenschaften für das Reich bewahrt blieben, jedoch ausgeschlossen war, daß sie ihre unerwünschten Züge vererbten, setzte er es durch, daß die meisten in die Lager geschickt wurden. Wenn Botschaften befreundeter Länder Bittgesuche zugunsten des einen oder anderen Juden einreichten, der dem Land einen großen Dienst erwiesen hatte, wurden sie immer abschlägig beschieden. »Jede Ausnahme schafft einen Präzedenzfall, der die Entjudungsmaßnahmen behindern würde«, wies er ein solches Ersuchen zurück.

Selbst als der Krieg eine für Nazi-Deutschland nachteilige Wende nahm und andere versuchten, ihre Aktivitäten zu beschönigen, widersetzte sich Eichmann hartnäckig den Geschäften mit Außenstehenden, die manche seiner pragmatischeren Kollegen unterstützten, bei denen das Leben von Juden gegen dringend benötigte Lastwagen oder Kleidung eingetauscht wurde. Deshalb war es eine Überraschung für seine Kollegen, als er sich Ende 1944 schließlich einverstanden erklärte, daß siebzehnhundert ungarische Juden nach Spanien ausreisten. Aber man hatte Eichmann unterschätzt, und kaum zum erstenmal. Im letzten Augenblick wurde der Zug nach Bergen-Belsen umgeleitet.

Ungarn sollte Eichmanns Triumph werden. Durch ein einzigartiges Zusammentreffen von Umständen – Ungarns Status als Verbündeter Deutschlands, die Einschätzung seiner politischen Führung, daß ein Sieg der Alliierten möglich sei, und die Macht und Unabhängigkeit des Reichsverwesers Miklós Horthy – waren die 800 000 ungarischen Juden in fast fünf Kriegs-

jahren dem Zugriff der Nazis entzogen geblieben, waren zwar verfolgt und um ihren Besitz gebracht worden, hatten aber bleiben dürfen, wo sie waren.

Das war eine Situation, die Eichmann immer stärker als persönlichen Affront empfand. Als ihm endlich politisch nichts mehr im Wege stand – »Schickt den Meister persönlich nach Ungarn«, lautete Himmlers Befehl im Frühling 1944 –, eilte er mit seinem ganzen Stab nach Budapest.

Nach dem bewährten Muster, das er inzwischen noch subtiler handhabte, versammelte er die führenden Mitglieder der jüdischen Gemeinde und forderte ihre Kooperation. »Ich bin kein Anhänger der Gewalt«, erklärte er ihnen, »aber jeder Widerstand wird gebrochen. Falls Sie vorhaben, sich den Partisanen anzuschließen oder ihre Methoden einzusetzen, werde ich Sie erbarmungslos abschlachten lassen. Nach dem Krieg werden die Juden frei sein; alle Maßnahmen gegen die Juden werden abgeschafft, und die Deutschen werden wieder so gutmütig sein wie zuvor. Sagen Sie es mir, wenn Ihnen jemand Schaden zufügt; ich werde Sie beschützen. Aber ich warne Sie davor, mich zu täuschen. Ich weiß alles über die Juden. Ich kümmere mich seit 1934 um jüdische Angelegenheiten; ich kann besser Hebräisch als Sie. Ich werde bald Ihr Museum besuchen, denn ich interessiere mich für jüdische Kultur. Sie können mir vertrauen und offen mit mir sprechen. Wie Sie sehen, bin ich ehrlich zu Ihnen.«

Am nächsten Tag schickte er seinen Eisenbahnfachmann nach Wien, um die Einzelheiten für den Transport der ungarischen Juden nach Auschwitz festzulegen.

Mitte Mai 1944, sechs Wochen nach seiner Ankunft im Land, begannen die Massendeportationen aus den Provinzen, die danach mit erstaunlicher Geschwindigkeit vorangingen. Laut Nazi-Akten waren am 11. Juli 437 402 Menschen deportiert worden. Mit Ausnahme Budapests war das Land »judenrein«.

Aber dann, während die Russen im Osten ständig auf dem

Vormarsch waren, ordnete Horthy an, die Deportationen zu beenden. Angesichts der militärischen Lage konnte Hitler es sich nicht leisten, seinen Verbündeten zu verärgern, und Eichmann, der schon Pläne ausgearbeitet hatte, alle vierhunderttausend Juden in der Hauptstadt an einem einzigen Tag zusammenzutreiben, mußte sich aus dem Land zurückziehen. Er wartete. Am 14. Oktober, als Horthy versuchte, einen Waffenstillstand zu schließen, marschierten die Deutschen Richtung Budapest, und Eichmann kehrte mit den ersten deutschen Besatzungstruppen zurück. Russische Truppen näherten sich bereits der Hauptstadt, und die Bombenangriffe der Alliierten hatten Eisenbahnlinien zerstört. In einem Wettlauf mit der Zeit und gegen alle Hindernisse – darunter den energischen Widerstand des schwedischen Diplomaten Raoul Wallenberg –, wurden auf Eichmanns Veranlassung die Juden zu Fußmärschen nach Westen gezwungen. Es gelang ihm in einem furchterregenden Ausmaß. Als er am Heiligen Abend aus Budapest floh, waren über dreihunderttausend Juden evakuiert worden. »Ich wollte es diesen Alliierten zeigen«, prahlte er später, »damit sie wußten, wie es war: ›Nichts nützt etwas. Auch wenn ihr Bomben werft und zerstört, ich finde immer noch einen Weg ins Reich.‹«

Dann fuhr Eichmann zurück nach Berlin. In den folgenden Monaten, während das Reich um ihn herum zusammenbrach, drängte er heftig auf die Vernichtung der Juden, die noch in den Lagern waren, gab regelmäßig Anordnungen, mit denen er die Befehle umgehen wollte, die plötzlich vorsichtig gewordene Deutsche in höherer Stellung ausgaben. Später berichteten seine Untergebenen, in der allgemeinen finsteren Stimmung habe er oft auf seltsame Weise zufrieden gewirkt.

Im April, als die Alliierten immer näher kamen, arbeitete Eichmann hastig einen Plan aus, eine Einheit in die österreichischen Alpen zu führen, die er von früher her so gut kannte, um dort als Guerilla weiterzukämpfen. Aber als sie die Berge erreicht hatten, erhielten sie den Befehl, die Waffen niederzulegen: Deutschland hatte bedingungslos kapituliert. Eichmann nahm Rücksicht auf die Bitten der anderen, die nicht mit einer derart berüchtigten Gestalt gefangengenommen werden wollten, und war damit einverstanden, allein wegzugehen.

Sie sahen ihm nach, wie er einen Bergpfad hinunterging, leicht bewaffnet und mit Vorräten für zwei Tage ausgerüstet.

Das war das letzte, was die Welt auf Jahre hinaus von ihm zu sehen bekam.

7. Kapitel Eine neue Armee

Dem Ende des Krieges folgte gespenstische Stille: Wir alle warteten darauf, etwas von unseren Lieben zu hören.

Nichts.

Dann kamen die Berichte, diejenigen von verläßlichen Presseorganen, und gleich darauf die ersten Wochenschauen aus den Lagern. Die Ungeheuerlichkeit dessen, was geschehen war, drang langsam in unser Bewußtsein. Sie waren ermordet worden. Nicht zu Tausenden, zu Hunderttausenden, sondern zu Millionen. Ganze Gemeinden. Ganze Völker. Eine reiche, blühende Kultur, unsere Vergangenheit, war ausgelöscht worden. Barbarei in einem solchen Ausmaß war unvorstellbar, überforderte das Begriffsvermögen. Sechs Millionen!

Und dann die Einzelheiten. Der Anblick der Leichen im Film! Wie sie gestorben waren! Kinder, die gegen Mauern geschmettert wurden. Menschen, die so eng in die Gaskammern hineingepfercht worden waren, daß sie, als die Türen geöffnet wurden, wie Reisigbündel herausfielen, steif, stinkend nach Schweiß und Exkrementen, in den starren Gesichtern noch das Entsetzen jener letzten Augenblicke, dann verscharrt in Massengräbern.

Die »Endlösung« der Judenfrage.

Selbst diejenigen, die an die zahllosen Grausamkeiten des Kriegs gewöhnt waren, sahen das mit ungläubigem Grauen.

General George Patton wurde es schlecht, als er das eben befreite Lager in Ohrdruf inspizierte. Dwight D. Eisenhower, der Oberbefehlshaber der Alliierten, äußerte nüchtern: »Es heißt, daß der amerikanische Soldat nicht weiß, wofür er kämpft. Jetzt weiß er wenigstens, wogegen er kämpft.« Und er gab den Befehl, alle Lager in seinem Zuständigkeitsbereich der Weltpresse zu öffnen. Sie konnten wenigstens etwas unternehmen. Für uns aber gab es nur tiefste Trauer und Schuldgefühle, die sich nicht beschwichtigen ließen.

Auf unserem Zuhause lastete ein Schweigen, das uns zu Boden drückte. Wir wichen einander mit den Blicken aus. Jacob wohnte im Grunde in der Synagoge, sprach tagelang das Kaddisch für die Toten. Aber selbst jetzt gab meine Mutter die Hoffnung nicht auf. Es gab so viel Verwirrung, die Möglichkeit blieb immer noch: Vielleicht, vielleicht war einer von ihnen entkommen. Manchmal kam das tatsächlich vor. Wie durch ein Wunder tauchte jemand auf. Die Tochter eines älteren Ehepaares, das uns gegenüber auf der anderen Straßenseite wohnte, war von Nachbarn, polnischen Bauern, versteckt worden. Der Onkel eines Klassenkameraden von mir hatte bei den Partisanen gekämpft. Briefe kamen; ein Bruder, ein Vetter, ein Freund hatte die Lager überlebt. Aber von unserer Familie: keiner.

Wie wird man damit fertig? Wie fängt man damit an, darüber zu sprechen, sich gegenseitig zu trösten?

Meine Reaktion bestand darin, daß ich mich abschottete. Mit sechzehn wollte ich mich einfach nicht dem Leid stellen, den Lagern, gar nichts. Ich war betäubt, lebte weiter, so gut ich konnte, und blieb von zu Hause weg.

An einem Abend, nach etwa sechs Monaten, konnte ich nicht ausweichen. Meine Mutter saß am Küchentisch, den Kopf in den Händen, und schluchzte. Außer mir war niemand da.

»Mama...«

Sie schaute nicht auf.

»Mama, bitte...«

Plötzlich spürte ich auch, wie etwas in mir hochstieg. Vielleicht hätte ich geweint, aber es gelang mir, die Tränen zu unterdrücken.

»Mama...« Ich legte ihr die Hand auf die Schulter. »Mama, ich will es dir bloß sagen. Ich bringe drei Deutsche um. Ich verspreche es. Einen für jedes Kind.«

In jener Zeit hörten wir zum ersten Mal den Namen Adolf Eichmann. Er war derjenige, über den die Überlebenden am meisten sprachen, mehr als über Himmler oder Hermann Göring, sogar mehr als über Hitler. Er sei der Blutrünstigste von allen gewesen. Zeitungsartikel erschienen. Augenzeugenberichte wurden veröffentlicht. In der öffentlichen Meinung wurde er bald zum Inbegriff des Bösen, ein Satan der Gegenwart, der Organisator des Ganzen. Im Januar 1946 sagte ein Zeuge in Nürnberg aus, er habe Eichmanns grausige Prahlerei gehört: »Ich werde lachend in die Grube springen, denn das Gefühl, daß ich fünf Millionen Menschen auf dem Gewissen habe, ist für mich eine Quelle tiefer Befriedigung.«

Dann kamen die Gerüchte: er sei in Ägypten, helfe dabei, den neuen Krieg gegen die Juden zu führen; bei seiner Kenntnis des Hebräischen und Jiddischen lebe er sogar unter uns, in Palästina, als Jude. Bei Eichmann schien kein Täuschungsmanöver zu weit hergeholt.

In den Jahren danach, bei meinen Auslandsreisen, überraschte es mich, daß er dort soviel weniger bekannt war als in Israel. An manchen Orten hatten nur wenige Menschen überhaupt etwas von ihm gehört. Sie sprachen über andere Nazis, die politischen Führer, die Politstrategen, die führenden Militärs. Wir Juden sprachen über die Mörder.

Und Eichmann war derjenige, der entkommen war.

Jacob, mein sanfter, schwacher großer Bruder erholte sich von all dem nie. Im Juni 1949 wurde er von einem Auto überfahren und starb auf dem Weg ins Krankenhaus. Zeugen berichteten, er habe kein einziges Mal von dem Buch aufgeschaut, das er in der Hand hielt. Nur die engsten Familienangehörigen wußten, wie tiefgreifend mein Vater sich verändert hatte. Er aß weniger, rauchte mehr. Er schien so gut wie gar nicht zu schlafen. Er war immer ein unterhaltsamer Mann gewesen, der sich gern amüsierte. Jetzt hatte er das Lachen verlernt. Zwei Jahre später gab sein Herz auf.

Von unserer einst so großen Familie waren plötzlich nur noch wir drei übrig: meine Mutter, Yechiel und ich. Niemand bedauerte uns. Wir waren in keiner Weise ein Einzelfall. Wie es nie zuvor Mord in solchem Ausmaß wie den Holocaust gegeben hatte, hatten nie zuvor so viele Menschen gleichzeitig getrauert; eine riesige Gemeinde kämpfte mit dem Leid, damit, dem Unerklärbaren einen Sinn zu geben, suchte nach neuen Zielen in einem Leben, das bis auf den Schmerz leer war.

So kam es, daß in dieser schrecklichen Zeit der Traum von der Unabhängigkeit überall auf verzweifelte Begeisterung stieß. Die Logik war so zwingend wie eh und je: Wir brauchten ein eigenes Land; die Engländer hatten sich als nicht vertrauenswürdig erwiesen. Aber mehr denn je war die Logik nicht der springende Punkt.

Ende 1945 hatte sich die Haganah der Irgun und der ebenso militanten Stern-Organisation zum offenen Kampf gegen die Besatzungstruppen angeschlossen. So gut wie jeder Jude in Palästina ergriff für diesen Krieg Partei.

Ich war 1944 auf eine technische Oberschule gewechselt, weil ich Ingenieur werden wollte, ging also weiter zur Schule. Das war mein offizielles Leben, mein eigentliches führte ich meist bei Nacht. Nun erwies sich meine genaue Kenntnis der

Gassen und unterirdischen Gänge in der Altstadt als nützlicher als im letzten Jahrzehnt; und außerdem entdeckte ich, daß es für mein Geschick als Dieb eine wunderbare neue Verwendung gab. Anstelle von Süßigkeiten hatte ich es jetzt auf Gewehre und Munition abgesehen.

Doch so seltsam es klingt, es blieb so, wie es immer gewesen war: ein aufregendes, riskantes Spiel, ein Abenteuer. Wir dachten selten daran, daß wir erwischt werden könnten, ganz zu schweigen von der äußerst realen Möglichkeit, daß wir getötet oder gehängt würden. Eine halbe Welt von uns entfernt veranstalteten unsere Altersgenossen Pfänderspiele. Statt dessen überfielen wir britische Einrichtungen.

Innerhalb der Organisation erwarb sich unsere kleine Gruppe einen gewissen Ruf. In einer besonders denkwürdigen Nacht schlich ich mich, schwarz gekleidet, das Gesicht mit einem angekohlten Korken geschwärzt, leise in das Revier der Hafenpolizei von Haifa, brach das Schloß eines Lagerraums im zweiten Stock auf, füllte einen Sack mit Pistolen und Munition, kletterte aufs Dach und warf den Sack einem Kameraden zu, der unten wartete. Inzwischen war der Alarm losgegangen. Eilig band ich ein Seil an einen Dachvorsprung, warf es über den Rand und rutschte hinunter, wobei ich mir, weil ich die Handschuhe vergessen hatte, die Haut von den Händen riß. Einen Augenblick später rasten mein Freund Edna, der am Steuer saß, und ich in einem kleinen Lieferwagen davon. Der diensthabende Beamte jagte uns zu Fuß nach, dann drehte er sich um und lief zum Revier zurück, um die Wachen am Tor zum Hafen zu alarmieren; zum Glück hatte mein zweiter Freund Yehuda die Telefonleitung durchgeschnitten. Innerhalb von zwei Stunden waren die Waffen auf dem Karmel versteckt, und der Lieferwagen, von schwarz auf grau umgespritzt, hatte neue Nummernschilder.

Nicht daß alle meine Aktionen so gut ausgegangen wären.

Mindestens ein dutzendmal wurde ich auch ohne Grund eingebuchtet; genauer gesagt, weil ich ein jüdischer Teenager war. Einmal wurde ich übel verprügelt, büßte drei Zähne ein und hatte eine gebrochene Rippe. Als ich nach Hause gebracht wurde, bekam meine Mutter einen hysterischen Anfall. Das ging mir sehr nahe, denn ich lebte jetzt genausosehr für sie wie für mich.

Trotzdem begriff ich, warum es dazu gekommen war. Am selben Tag war das Polizeipräsidium in der Innenstadt überfallen worden. Die Engländer waren noch gereizter als üblich. Sie wollten jüdisches Blut sehen.

Der springende Punkt war, die Engländer davon zu überzeugen, daß ihre Position unhaltbar war, daß sie nur um einen viel zu hohen Preis siegen konnten. Sogar das Herumgestoßenwerden hatte strategische Vorteile.

Das war die Reaktion meiner Generation auf den Holocaust: Furchtlosigkeit, geboren aus der Gewißheit, daß uns so etwas niemals widerfahren würde. Wir würden stark und eigenständig sein; falls man uns holte, würden wir alles andere als passiv sein. Vielleicht waren wir sogar zu furchtlos. Nur wenige Außenstehende haben begriffen, wie stark auch heute noch die israelische Politik von innen heraus eine Reaktion auf die gespenstische Tatsache ist, daß die Menschen, die wir liebten, in die Öfen getrieben wurden.

1947, kurz nach der Abschlußprüfung an der Oberschule, wurde ich für eine Intensivausbildung im Umgang mit Sprengstoffen ausgewählt.

Wir waren in unserer Gruppe zu fünft. Drei Monate lang trafen wir uns jeden Tag in den trostlosen Bergen außerhalb von Haifa und lernten alles über Zündschnüre, Sprengkapseln, Treibladungszünder, Molotowcocktails, Sprengstoffe mit einem Trefferradius von 360 Grad und Sprengstoffe, die andere Objekte abschießen sollten; über Tretminen und Panzerabwehrminen, verschiedene Bomben und das Sprengen von Brücken.

Wir waren eine Sammlung von Charakteren, wie sie normalerweise nur die Phantasie eines Drehbuchautors zusammenwürfeln kann. Und durch das, was wir taten, dadurch, daß wir für unser Überleben aufeinander angewiesen waren, kamen wir uns sehr nahe.

Da war Green, ein gedrungenes, muskulöses Bündel wandelnder Widersprüche. Er war unglaublich stoisch, nicht nur unempfindlich gegen Schmerz, sondern auch gegen alle Außenreize. Nur über eines konnte er sich aufregen, über gekochte Karotten. Er legte ungeheuer großen Wert auf sein Aussehen, polierte nicht nur seine Stiefel auf Hochglanz und trug selbst in der übelsten Hitze gebügelte Gamaschen, sondern rasierte sich auch fünf- bis sechsmal am Tag. Trotzdem machte er so gut wie nie den Hosenschlitz zu.

»Warum, Green?« fragte ich ihn eines Tages. »Was soll das?«

Er fuhr sich mit der Hand über das glatte Gesicht und zuckte die Achseln. »Wozu die Mühe?«

Joshua, groß und gertenschlank, sensibel und sehr romantisch, hätte beim Geigespielen viel überzeugender gewirkt als bei der Beschäftigung mit den Todeswerkzeugen, mit denen wir so geschickt umzugehen lernten. Anfangs verprellte uns seine Unduldsamkeit gegenüber Hänseleien und seine Wut, wenn er aufgezogen wurde, selbst dann, wenn er es verdient hatte, aber wir merkten bald, daß er ein außergewöhnlich verläßlicher und großzügiger Freund war.

Josef, in einem Kibbuz in der Negev geboren, war im Umgang mit Sprengstoffen vielleicht der Begabteste von uns allen. Das Thema ging ihm nie aus dem erfinderischen Kopf. Er verbrachte Stunden allein in unserem behelfsmäßigen Labor. In

Trainingspausen saß er oft auf der Erde, einen Stock in der Hand. Danach stand ein Entwurf für eine einfallsreiche neue Bombe im Sand.

Mein bester Freund in der Gruppe war Armoni; merkwürdig, weil wir vom Temperament her so grundverschieden waren. Während meine Unbeschwertheit unverbesserlich wirkte und ich nicht einsah, warum ich irgend etwas außer meiner Arbeit ernst nehmen sollte, gehörte er zu den ernsthaftesten Menschen, die ich je kennengelernt habe. Seine dunklen Jemenitenaugen blitzten bei der kleinsten Provokation zornig auf. Was wir teilten, war unsere Liebe zur Kunst. Ich hatte vor kurzem mit dem Zeichnen und dem Tagebuchschreiben angefangen. Er verströmte seine Seele in Gedichten und in langen Briefen an seine Braut. Er schrieb die Briefe ständig um, zeigte mir jede neue Fassung und bat um Verbesserungsvorschläge. Der Grund dafür war vor allem die Sorge um seinen literarischen Ruhm, weniger die Rücksicht auf seine Braut. Er machte kein Geheimnis aus seiner Absicht, die Briefe veröffentlichen zu lassen.

Von allem anderen abgesehen, teilten wir fünf eine tiefe Verachtung für Mr. Mark, unseren Ausbilder. Mark war der typische Karrieremilitarist und hatte etwa ein Dutzend Sprüche parat, etwa: Wer mit Sprengstoffen umgehe, könne sich im Leben nur einen Fehler leisten. Kaum eine weltbewegende Neuigkeit, aber er wiederholte sie mindestens dreimal am Tag. Noch mehr verabscheute ich es, wenn er uns erklärte, das Land könne es sich nicht leisten, Geld für Soldaten zu vergeuden, die beim ersten Einsatz getötet wurden. Ich war mir sicher, daß er das in einem Film aufgeschnappt hatte. Am allerschlimmsten war es, wenn er schimpfte, irgend etwas sei passiert, weil wir nicht auf ihn gehört hätten. Keiner von uns zweifelte auch nur im geringsten daran: Sollte einer von uns verblutend auf dem Boden liegen, würde Mark drei Standpauken darüber halten, daß er uns das ja schon immer prophezeit habe – erst dann würde er eine Ambulanz rufen.

Als die Briten schließlich abzogen, im Mai 1948, sah es für kurze Zeit so aus, als ob die ganze Bitterkeit und das Leid der letzten zehn Jahre plötzlich weggewischt wären. Überall herrschte Jubel, gemischt mit ungläubigem Staunen: Nach zweitausend Jahren war der Traum vom eigenen Staat endlich in Erfüllung gegangen!

Für diejenigen von uns, die stundenlang auf der Straße tanzten, spontan Freundschaften mit Fremden schlossen oder sich in der riesigen Menge wiederfanden, die unsere eindringliche Nationalhymne »Hatikva« anstimmte, als David Ben-Gurion die Unabhängigkeitserklärung verlas, bleibt die Erinnerung an diese Tage kostbar und unauslöschlich. Mit der Geburt unserer Nation waren wir wiedergeboren worden.

Schon damals ahnten wir aber, was vor uns lag. Seit Monaten, seit der britischen Erklärung, sie zögen sich zurück, und der Verabschiedung des Teilungsplans der UN, hatten die angrenzenden arabischen Staaten ihre Absicht, »die Juden ins Meer zu jagen«, deutlich zum Ausdruck gebracht.

Trotzdem erwartete niemand, daß es so schnell und so heftig zum Konflikt kommen würde.

Noch tanzten die Menschen auf den Straßen, da fielen die ersten Schüsse. Die arabischen Aufstände in den Städten waren koordiniert worden mit massiven Angriffen an der Grenze, von Syrien im Norden, Ägypten im Süden, Jordanien und dem Irak im Osten. Buchstäblich innerhalb von Minuten war die ganze Nation eine Front.

In Haifa fing die Schießerei in der Altstadt an, die im großen und ganzen arabisch war, in der aber auch viele Juden wohnten. Die Heckenschützen, unter ihnen zweifellos auch Leute, die ich seit einem Jahrzehnt kannte, schienen überall zu sein.

Dutzende von Menschen starben in dem Durcheinander. An einem Abend fand ich drei Kugeln in unserer Wohnzimmerwand.

Es war keine Frage, was zu tun war. Wir hatten es oft genug geübt. Nachdem ich meine Mutter im Haus eines Freundes in der überwiegend jüdischen Neustadt in Sicherheit gebracht hatte, ging ich zu unserem Sammelplatz, meiner alten Oberschule, und nahm die Befehle entgegen. Unsere Fünfermannschaft, bewaffnet mit Pistolen, Granaten und alten italienischen Gewehren, sollte die Heckenschützen in unserer Gegend ausschalten.

Unsere Strategie in den nächsten zwei Wochen war nicht gerade kunstvoll. Im allgemeinen hielten wir uns bis zum Einbruch der Dunkelheit versteckt. Dann, während ich mich zu dem Gebäude schlich, in dem sich der Heckenschütze, den wir ausgemacht hatten, verschanzt hielt, brüllten die anderen los wie die Wahnsinnigen. Wenn ich nahe genug herangekommen war, jagte ich das ganze Gebäude und alles darin in die Luft. Der Reihe nach erwischten wir sie alle.

Das übertriebene Selbstvertrauen des Feindes erleichterte unsere Aufgabe. In den ersten Kriegsstunden hatten arabische Radiodurchsagen die Sympathisanten gedrängt, ihre Häuser zu verlassen; sie könnten zurückkehren, sobald den Juden der Garaus gemacht worden sei. Zehntausende waren dem Aufruf gefolgt und hatten bestimmte Straßen in Haifa und anderswo so gut wie leer hinterlassen. Das isolierte die arabischen Kämpfer und gab uns mehr Spielraum, nicht nur für herkömmliche Sprengstoffe, sondern auch für etliche eigentümliche neue Waffen, die Soldaten im Feld zusammengebastelt hatten. Wir verließen uns vor allem auf etwas, das wir die Rollende Bombe nannten, eine große Wellblechkugel voller Pulver und etwas Nitroglyzerin. Weil in Haifa, wie in den meisten Städten, die Juden auf den Anhöhen wohnten und die Araber die Altstädte unten kontrollierten, ließen wir die Dinger einfach rollen und hielten uns die Ohren zu. Sie richteten nicht viel Schaden an, aber nicht einmal die A-Bombe hätte einen furchterregenderen Lärm machen können. Die Rollende Bombe jagte nicht wenige kampferprobte Soldaten in panischer Flucht auf die Hügel.

Dann gab es den Davidka, einen primitiven Minenwerfer, benannt nach dem Ingenieur, der ihn erfunden hatte. Auf kurze Distanz war er zwar recht effektiv, hatte aber die Tendenz ins Gesicht der Schützen zu explodieren. Nur Green, der gute Nerven hatte, näherte sich ihm ohne Schrecken. Wir anderen stellten den Auslöser ein und rannten fort, als ob der Teufel hinter uns her wäre. Für eine Armee, die so gut wie kein schweres Geschütz hatte, war der Davidka trotzdem ein Gottesgeschenk.

Als wir den Feind aus den Städten vertrieben hatten, waren wir tatsächlich eine Armee geworden – eine überraschend selbstbewußte. Denn damit hatten wir nicht nur den Gegner besiegt, wir hatten auch etwas in uns geschlagen. Falls es die Welt verblüffte, daß Juden mit solchem Mut und Geschick gegen eine so zahlreiche Übermacht kämpften – es erstaunte viele von uns mindestens genauso.

Trotzdem wütete der Krieg auf dem Land weiter. Unsere Sprengstoffmannschaft bekam bald den Auftrag, Minenfelder zu räumen, um die Truppenbewegungen zu erleichtern, was selbst unter den besten Umständen keine angenehme Arbeit ist, in diesem Krieg aber ein Alptraum war. Das Problem dabei war, daß die Araber denkbar schlecht organisieren konnten. Normalerweise sind Minenfelder nach bestimmten Gesichtspunkten angelegt. Vor allem auf heimatlichem Boden legen die Armeen nur einen Minentyp in ein bestimmtes Feld. Das erleichtert es später, die Felder zu räumen. Aber die Araber schienen die Minen völlig wahllos zu legen, eine deutsche, eine englische, die nächste schwedisch, jede von anderer Bauweise und Qualität. Dazu kam noch, daß manche fabrikneu waren, andere so verrostet, daß sie leicht von selbst losgingen. Alles in allem war ich ungeheuer dankbar, als unsere kleine Gruppe an die Front beordert wurde.

Im Verlauf des nächsten Jahres kämpften wir in allen Teilen unseres jungen Landes. Jeder von uns, der möglicherweise noch geglaubt hatte, der Krieg sei so etwas wie ein romantisches Abenteuer, ließ diesen Wahn schnell fahren. Oft wurde mir körperlich schlecht von dem, was ich sah.

Trotzdem: Wir gaben einander Halt, das war ein gewaltiger Trost. Während wir wie so viele Freiwillige von einem Ort zum anderen verlegt wurden – von Akko und Nahariyya im Norden, nach Sur, in die drusischen Dörfer Osha und Kasaya, an die syrische und dann an die libanesische Grenze –, hielten wir uns allmählich für gefeit. Um uns herum fielen jeden Tag andere, wir blieben verschont.

Eines Tages, außerhalb des Dorfes Janine in der Nähe des Jordan, setzte uns ein Angriff ungewöhnlich hart zu. Den ganzen Nachmittag lang griff der Feind unsere Stellung in Wellen immer wieder an. Wir mußten jede Feuerpause nutzen, um uns mit unseren jämmerlichen Feldschaufeln in den harten, steinigen Boden einzugraben. Am späten Nachmittag nahm ich Jacobs Bibel aus meinem Tornister und legte sie in Reichweite. Wir waren knapp an Munition und mußten bis zum Einbruch der Dunkelheit durchhalten – die Araber griffen nachts nicht an – und dann auf Verstärkung hoffen.

Kurz vor der Dämmerung kam ein letzter, heftiger Angriff. Ich schaute zu Green hinüber, der etwa zwanzig Meter entfernt hinter einem Felsen hockte. Er rasierte sich.

»Green, bist du wahnsinnig?«

»Ich habe mich den ganzen Tag nicht rasiert.«

Bei einem anderen hätte das demonstrativer Schneid sein

können, Green jedoch meinte es völlig ernst. »He«, rief ich, »was ist mit deinem Hosenschlitz?«

Er schaute an sich hinunter. »Offen.«

Wir hielten durch. Endlich senkte sich die rauhe, mondlose Nacht nieder. Das Heulen der Kojoten in den Bergen um uns herum vermischte sich mit dem Stöhnen der Verwundeten. Jetzt kam nur noch sporadischer Beschuß, eine Vergeudung von Munition, weil sie überhaupt nichts mehr sehen konnten.

Ich verschlang einen Teil der eisernen Ration und grub weiter.

Nach zwei Stunden hörte ich, wie jemand auf mich zukroch.

»Raus aus dem Schützenloch.«

Es war Mark, mein ehemaliger Ausbilder. Ich übersah ihn und arbeitete weiter.

»Raus. Das ist ein Befehl.«

»Wenn Sie ein Loch wollen«, zischte ich, »dann graben Sie sich selber eins.«

»Ich könnte dich vor das Kriegsgericht stellen lassen, Peter!«

»Hauen Sie ab, ehe ich Sie windelweich prügle!«

Der Scheißkerl kroch fort.

Ein Kriegsgericht in dieser Armee? Da hatte er sich geschnitten!

Ein paar Minuten später kam eine andere Gestalt in der Dunkelheit auf mich zugestolpert. Es war Green. »So ist das Leben, nicht wahr?« sagte er und setzte sich schwerfällig. »Dauernd will irgend jemand dein Schützenloch haben.«

»Bei dir hat er's wohl auch probiert?«

»Ich hab's ihm überlassen. Er hat es nötiger als ich.« Er machte eine Pause. »Was haben sie beim letzten Angriff geschrien?«

»Dasselbe wie die Deutschen, nur auf arabisch: ›Vernichtet die Juden.‹«

Er lachte. Dieser Mann hätte über alles gelacht.

Green machte es sich in meiner Nähe bequem. Die Geräusche verrieten mir, daß er seine Granaten in ordentlichen Reihen auf den Boden legte. Das tat er gern.

»Wo ist Armoni?« fragte ich.

»Oben auf dem Hügel. Ich habe ihn vorhin dort besucht, war recht nett.«

Während der Nacht nahm die Kälte zu, und der Beschuß durch die Heckenschützen wurde stärker. »Nicht die allerbeste Lage«, bemerkte Green gelassen in der Dunkelheit.

»Ich glaube, daß fast die ganze vierundzwanzigste Kompanie gefallen ist.«

»Das glaube ich auch.«

Er erhob sich. »Ich habe meine eiserne Ration da oben zurückgelassen.«

Er war nicht weiter als drei Schritte gegangen, als er zu Boden stürzte. Er stieß einen Gurgellaut aus, sein Atem ging schwer.

Ich kroch neben ihn. Als ich sein Gesicht berührte, um ihm Wasser aus meiner Feldflasche zu geben, war es naß von Blut.

»Green, kannst du mich hören?«

»Ich spüre meine Hand nicht.«

»Es ist dein Kopf, nicht deine Hand.« Ich riß Stoff von meinem Hemd ab und wickelte ihn um Greens Kopf, im Versuch, die Blutung zu stillen.

»Mein Kopf ist in Ordnung.«

»Entspann dich. Versuch, deine Kräfte einzuteilen.«

Aber er hatte recht und ich unrecht. Eine Stunde später sah ich im ersten Licht, daß seine linke Hand zum größten Teil fort war.

»Siehst du?« sagte er lächelnd. »Du hast mich für verrückt gehalten.«

»Wenigstens bleibst du am Leben«, sagte ich, »wenn wir die Blutung stillen können.«

»Vielleicht, aber jetzt kann ich kein Konzertpianist mehr werden.«

Gegen Mittag, als sich der Beschuß schließlich legte, kroch ich zu Armoni hinüber, um ihm zu berichten. Er lag zusammengerollt wie ein Fötus da und schlief.

»Armoni, wach auf.«

Erst als ich neben ihm war, sah ich den Einschuß in der Magengegend. Sein Mund stand offen, weiße Würmer krochen heraus.

In Reichweite, neben der Taschenlampe, die er benutzt hatte, lag aufgeschlagen sein Tagebuch.

8. Kapitel Ein neues Leben

Vor dem Krieg war ich davon ausgegangen, daß ich Ingenieur werden würde. Das war etwas, das mir lag, und deshalb hatte ich ja auch die technische Oberschule besucht. Für jemanden in meinem Beruf ist das sehr nützlich.

Als ich dann 1950 die Armee verließ, hatte ich überhaupt keine Pläne mehr. Niemand, den ich kannte, schien welche zu haben. Nach allem, was wir hinter uns hatten, war es einfach unmöglich, die alten Vorhaben – so ungeheuer praktisch, so befriedigend für die Eltern sie auch sein mochten –, mit denselben Augen wie vorher zu sehen.

Der Himmel weiß, daß nicht der Mangel an Auswahl das Problem war. Wir standen am Anfang des Lebens in einem ganz neuen Land, das alles brauchte: Bauern, Arbeiter, Geschäftsleute, Bürokraten, Künstler, Kaufleute. Für einen jungen Mann, der vorankommen wollte, hätte es keine günstigere Situation geben können. Wenn ich mich dazu entschlossen hätte, Clown zu werden, hätte ich eine ausgezeichnete Chance gehabt, bald der beste Clown Israels zu sein.

Wie fast alle, die ich kannte, tat ich nichts. Ich ging mit Freunden aus, ich holte Schlaf nach, ich gewöhnte mich wieder an Mutters Küche und hörte sie darüber spekulieren, die Wahrscheinlichkeit, daß ich nie wieder einen produktiven Augenblick haben würde, werde immer größer.

Diese Phase dauerte etwa zwei Monate, als ich eines Nachmittags in einem Café zufällig einem Mann über den Weg lief, den ich von der Armee her kannte. Mir kam das seltsam vor, denn er wohnte und arbeitete auf der anderen Seite der Stadt, und er trank nicht.

»Hör mal«, sagte er nach ein paar Minuten Konversation, »hast du je daran gedacht, für das Verteidigungsministerium zu arbeiten?«

Ich zuckte die Achseln. »Was könnte ich dort tun?«

»Du bist ein guter Mechaniker, stimmt's? Sie brauchen Mechaniker. Ich habe einen Freund dort, falls du Interesse hast.«

»Warum nicht?«

Etwa eine Woche später bekam ich einen Anruf und wurde aufgefordert, sofort ins Ministerium zu kommen. Als ich ankam, wurde ich in ein heißes, schmuckloses Büro geführt, in dem ein großgewachsener Mann in einer gebügelten Khakiuniform mit kurzen Ärmeln gerade einen Bericht las. Ein paar Augenblicke lang war ich mir nicht sicher, ob er mich überhaupt zur Kenntnis genommen hatte.

»Ich habe gehört, daß Sie gut mit Sprengstoff umgehen können«, sagte er und schaute plötzlich auf.

Ich nickte. »Dazu bin ich ausgebildet worden.«

»Es heißt, Sie haben eine Menge Mut.«

»Wirklich? Wer sagt das?«

Er schaute auf den Bericht. »Ein Oberschullehrer von Ihnen, der Kommandant bei der Haganah war. Ihr Freund Shaul Kaminovich. Und andere, die Sie aus der Armee kennen.«

»Shaul? Der arbeitet doch beim Finanzamt.«

Er lachte kurz und trocken auf. »Nein, Shaul ist hier bei uns.« Er machte eine Pause. »Falls Sie interessiert sind – wir haben einen Test für Sie. Es könnte aber ein bißchen gefährlich werden.«

Eine Viertelstunde später saß ich eingekeilt zwischen diesem

Mann – es stellte sich heraus, daß er Morris hieß – und dem Fahrer, einem kleinen Mann in Zivil mit dicken Brillengläsern und einem eng um den Kopf gewickelten Verband, auf dem Vordersitz eines blaßblauen Chevrolets.

»Eine Wunde von einer Kugel?« fragte ich.

Er schüttelte lächelnd den Kopf. »Schrapnell. Jedes halbe Jahr holen sie mir einen Splitter aus dem Kopf und einen aus dem Fuß heraus. Meine Urlaube sind alle im voraus verplant.«

Obwohl wir einander nicht vorgestellt worden waren, erkannte ich ihn. Er war in der Armee gewesen und hieß Uzi. Später wurde er mein engster Arbeitskollege.

Wir fuhren auf die syrische Grenze zu. Unterwegs beschrieb Morris den Auftrag. In einem Haus, das ein bekannter Terrorist besetzt hatte, der vor ein paar Tagen bei einer Schießerei getötet worden war, stehe ein Tresor. Die Aufgabe war nun, ihn zu öffnen und den Inhalt herauszuholen. Aller Wahrscheinlichkeit nach waren sowohl das Haus als auch der Tresor mit einer Sprengladung gesichert.

Bei unserer Ankunft, kurz vor Mittag, betrug die Temperatur schon über siebenunddreißig Grad. Das Haus ähnelte den in dieser ausgedörrten Gegend üblichen: einstöckig, aus Stein und Mörtel, von einer niedrigen Steinmauer umgeben. Ein Dutzend unserer Soldaten standen etwa zweihundert Meter vom Haus entfernt, die Gewehre in der Hand, und beobachteten es.

Wer geht mit mir hinein?« fragte ich Morris.

Er zeigte auf einen jungen Mann in der Nähe. »Er hat schon mit Sprengstoff gearbeitet.«

Kurz drauf gingen wir beide langsam auf das Haus zu und suchten beim Gehen nach Minen. Als wir es erreichten, stieg ich allein durch ein Fenster ein – es war sinnlos, schon jetzt unser beider Leben zu riskieren – und ortete eine Tür, die in ein weiteres Zimmer führte. Als ich den Türrahmen mit einem Zelluloidstreifen überprüfte, entdeckte ich zwei Sperren, ein

Einsteckschloß und ein Sicherheitsschloß. Es war einfach; schon nach wenigen Augenblicken sprangen beide auf. Ganz langsam schob ich die Tür einen Spalt weit auf und schaute mit einer Stablampe hinein. An die innere Klinke war eine Schnur gebunden, deren anderes Ende an einer Mine mitten im Zimmer festgemacht war. Die Schnur hing tief durch, ein gutes Zeichen. Offenbar war die Person, die sie gespannt hatte, etwas furchtsam gewesen.

Nachdem ich die Schnur durchgeschnitten hatte, rief ich meinen Begleiter über Funk ins Haus. Gemeinsam untersuchten wir den Tresor in der Ecke.

Es war ein englisches Fabrikat, ein Mosler, erst zwei Jahre alt. Außen waren keine Drähte zu sehen, die hineinführten. Auch gut. Wenigstens waren wir in Sicherheit, bis das Ding offen war, und dann hatte ich denselben Zeitraum, den Sprengkörper zu entfernen, wie der Kerl, der ihn angebracht hatte. Ich konnte nur hoffen, daß er so feige war, wie er wirkte.

Meine Erfahrung im Knacken von Tresoren war gering, nur ein paar Tage Unterricht und etliche Probeläufe. Aber ich hatte eine besondere Begabung dafür gezeigt. Beim Umgang mit einem Tresor kommt es auf das Fingerspitzengefühl an, buchstäblich auf das Gefühl für das subtile Zusammenspiel der drei Scheiben innen. Man sucht nach Schwachstellen im Schloß, nach den Zahlen, bei denen die Räder parallel stehenbleiben, damit die Verriegelung ausrasten kann.

Ich fing vorsichtig damit an, die Nummernscheiben zu drehen, wartete angespannt auf das Gefühl, daß ein Zapfen anschlug. Während ich arbeitete, hielt mein Helfer die Lampe und schrieb die Zahlen auf, die ich leise aussprach.

»Zehneinviertel.«

»Vierzehneinviertel.«

»Siebenundzwanzigeinhalb.«

Es dauerte über drei Stunden, bis ich die Kombination gefunden hatte. Wir waren beide schweißnaß, machten eine Pause und teilten uns einen Pfirsich, dann öffneten wir die Tür einen Spalt weit, suchten mit der Lampe nach Drähten. Als ich nichts sah, machte ich sie eine Spur weiter auf, dann noch etwas weiter. Ich fürchtete, man könnte lichtempfindlichen Sprengstoffe verwendet haben, der als terroristisches Werkzeug gerade in den Kinderschuhen steckte. Aber zu diesem Zeitpunkt hatte ich nur die Wahl, mich auf die Sorge meines toten Gegners um seine eigene Gesundheit zu verlassen.

Endlich stand der Tresor weit offen, und sein Inhalt war zu sehen: mehrere Pistolen und Revolver; dicke Bündel israelischer, syrischer und ägyptischer Währung; ein fußhoher Stapel Papiere.

Ich rührte nichts an und benutzte einen Taschenspiegel, um die Seiten des Tresors abzusuchen und dann hinter dem Stapel nachzuschauen. Da war der Sprengsatz, unter den Papieren. Er wäre losgegangen, wenn man die Papiere hochgehoben und den Druck verringert hätte.

Ich schickte den anderen schnell hinaus, um einen schweren Stein zu holen. Dann holte ich die Seiten heraus, ein paar Dutzend auf einmal, während ich mit der anderen Hand den Druck auf den Stapel aufrechterhielt. Nach zehn Minuten hatten wir alle Papiere. Dreißig Sekunden danach waren wir durch das Fenster draußen, und der Stein lag auf dem Sprengsatz.

Ehe wir den Schauplatz verließen, jagte ich das ganze Haus für alle Ewigkeit in die Luft.

Am nächsten Morgen weckte mich ein Anruf von meinem neuen Freund Uzi. »Mach das Radio an«, sagte er.

Das tat ich. In den Nachrichten wurde gemeldet, in Jerusalem habe man eine Gruppe von Saboteuren mit einem Arsenal von Waffen und Sprengstoff aufgrund von Informationen in eben erst aufgefundenen Papieren festnehmen können.

»Ich glaube, du bist dabei«, sagte Uzi, »falls du willst.«

Nicht daß es sich als ganz so einfach erwiesen hätte. Als ich mehrere Tage später den Aufnahmeantrag für die Abteilung für innere Sicherheit, die Shin Beth, ausfüllte, überlegte ich mir, was ich als »Bewerbungsgrund« angeben sollte, und entschied mich schließlich für »Ich liebe Abenteuer«.

Eine solche Antwort war nicht nur unorthodox, sondern wurde auch als ziemlich unpassend eingeschätzt.

»Hören Sie«, erklärte ich Morris, »Sie haben gesehen, was ich kann. Die Tatsache, daß ich Abenteuer liebe, heißt doch noch nicht, daß ich es nicht auch ernst meinen könnte. Was war denn Columbus, ein Bürohengst?«

Man hielt mir entgegen, der eigentliche Einwand bestehe darin, daß ich im Gegensatz zu fast allen anderen nicht geschrieben hatte, ich fühlte mich dem Land verpflichtet.

Natürlich liebte ich das Land, widersprach ich, und ich hätte das Gefühl, dies schon bewiesen zu haben. Es gab für mich absolut keinen Widerspruch zwischen der Liebe zum Land und dem, worauf ich aus war. Ich glaube, überschwenglicher Patriotismus ist genau der falsche Grund, Sicherheitsaufgaben zu übernehmen. Wer glaubt, es sei eine gute Sache, für sein Land zu sterben, der stirbt tatsächlich.

Weil sie mich wollten, fanden sie schließlich einen Weg, mich nicht abzulehnen. Mir wurde die Hand geschüttelt, und ich wurde mit einem Monatsgehalt von vierzig Dollar an Bord begrüßt.

Nach ihrer Organisation und Struktur, vor allem aber vom Geist her waren die israelischen Geheimdienste in jenen frühen Jahren völlig anders als alle, die die Welt bis dahin gekannt hatte. Unter der Führung von Isser Harel – keine einsfünfzig groß, aber als Persönlichkeit so dominierend, wie man es überhaupt nur sein kann – waren wir ein Muster gelebter Demokratie. Bei uns gab es keine Primadonnen, nicht das Gefühl, irgendein Auftrag könne läppisch sein. Jeder tat etwas von allem. Isser beantwortete selbst Anrufe und nahm Nachrichten entgegen, Sekretärinnen wurden als Agentinnen eingesetzt. Wir gingen davon aus, daß wir in jeder Hinsicht ein Team waren.

Am Anfang gab es auch die spätere strenge Trennung in In- und Auslandsaktivitäten noch nicht. Obwohl ich theoretisch zur Shin Beth gehörte, die verantwortlich für die innere Sicherheit war, unternahm ich bald ausgedehnte Auslandsreisen.

Meine Hauptaufgabe bestand darin, israelisches Botschaftspersonal, vor allem in Osteuropa, darin auszubilden, wie man Briefbomben entdeckt und entschärft, die mit erschreckender Regelmäßigkeit an verschiedene Persönlichkeiten der israelischen Regierung geschickt wurden. Während ich dort war, hatte ich meistens auch den Auftrag, die allgemeinen Sicherheitsvorkehrungen vor Ort zu überprüfen.

Das brachte oft lange Aufenthalte an für mich merkwürdigen Orten mit sich, meistens (um der Anonymität willen) allein. Tagelang wanderte ich auf den Straßen herum, saß in Cafés oder dunklen Kinos, um dahinterzukommen, wie sich die Menschen hier verhielten, was sie dachten und was sie glaubten. Wegen der Spionageabwehr wechselte ich häufig nicht nur das Hotel, sondern auch die Identität, verwandelte mich von einem englischen in einen französischen Geschäftsmann, obwohl ich damals beide Sprachen nicht perfekt beherrschte, während ich herauszufinden versuchte, wie es mir als einem Terroristen hätte gelingen können, die israelischen Schutzmaßnahmen zu durchbrechen.

Es machte großen Spaß, vor allem am Anfang. Menschen mit ihren Gewohnheiten und Eigenheiten und die Methoden, mit denen sich ihre künftigen Handlungen auf der Basis ihres Verhaltens in der Vergangenheit aussagen lassen, haben mich von jeher fasziniert, und ich fand es ungeheuer spannend zu beobachten, wie auch ganze Kulturen bestimmte Einstellungen und Verhaltensweisen hervorbringen.

Es dauerte nicht lange, bis ich begriff, wie wenig die wirkliche Geheimdienstarbeit mit ihrer fiktiven Darstellung zu tun hat. Ein guter Agent überlebt durch harte Arbeit und Verstand. Gewaltanwendung bedeutet immer ein ernstes Problem; allein der Gedanke, man müsse auf sie zurückgreifen, ist ein Eingeständnis des Selbstzweifels. Seit ich die Armee verließ, habe ich nie wieder eine Schußwaffe getragen.

In mancherlei Hinsicht ist Observation ein Geschick, das sich lernen und beherrschen läßt. Es ist zu einem großen Teil eine Frage der Technik, die Aufmerksamkeit nicht auf sich zu ziehen. Ich erinnere mich an einen Zeitpunkt in meiner frühen Laufbahn, als zwei von uns auf einer belebten Straße in der Athener Innenstadt (das Parken war verboten, deshalb war es nicht möglich, mit Einwegscheiben in einem Lieferwagen zu arbeiten) den Auftrag hatten, ein Haus zu beobachten, in dem sich ein Terrorist versteckt halten sollte. Was war zu tun? Was für einen glaubhaften Vorwand gibt es dafür, sechs Stunden lang mit einer Zeitung auf einer Bank zu sitzen?

Aus der Notwendigkeit heraus entwickelten wir beide eine Überwachungsmethode, die auf der schlichten Tatsache basierte, daß jemand, der sich bewegt, dem flüchtigen Blick weniger auffällt als jemand, der sich nicht von der Stelle rührt. In den nächsten drei Tagen gingen wir die Gegend in einem abgestimmten Rhythmus ab, wechselten beide regelmäßig die Gangart und veränderten unser Aussehen leicht, achteten aber immer darauf, daß einer von uns die Tür im Auge hatte, bis wir unseren Mann schließlich zu Gesicht bekamen.

Wie zu allen anderen Tätigkeiten gehört auch zur Arbeit als Geheimagent gesunder Menschenverstand, der sich nicht lehren läßt. Ein sonst tüchtiger Agent, den ich kannte, gewöhnte sich das Hobby an, in den Restaurants, die er besuchte, Streichholzbriefchen zu sammeln, ein Fehler, der tödliche Folgen hätte haben können. Weit verbreitet ist auch der Mangel an Gespür dafür, wann man eine Observation abbrechen und untertauchen muß. Alles in allem unterschied sich die Arbeit nicht sehr von dem, was ich mir vorgestellt hatte, als ich die Frage auf dem Bewerbungsformular beantwortete. Dazu kamen unerwartete Vorteile. Selbst während ich aktiv als Agent im Einsatz war, hatte ich viel Zeit, mein Malen weiterzutreiben, die Kunst der Verkleidung zu vervollkommnen, meine Bildungslücken zu schließen, indem ich viele der schönsten Museen und Bibliotheken der Welt besuchte.

Trotzdem – und ich sehe das erst jetzt, im Rückblick, deutlich – forderte diese Arbeit einen verheerenden Preis. Ein Agent verbringt sein Leben damit, daß er Dinge für sich behält; das Vertuschen ist eine Selbstverständlichkeit, nicht nur Fremden gegenüber, sondern auch bei Freunden, Angehörigen und Freundinnen, all denen gegenüber, die nicht zum winzigen Kreis der beruflichen Vertrauenspersonen gehören. Man lügt so oft, daß man sich unweigerlich widerspricht, weil man die Lügen, die man schon erzählt hat, vergißt. Sogar nach einer jahrzehntelangen Ehe ließ der Agent, der von uns allen am meisten verehrt wurde – Isser Harel –, seine Frau nur selten wissen, was er vorhatte; und sie wußte, daß sie ihn nie danach fragen durfte.

Andererseits ist es zweifellos das, was die besten Agenten zu dieser Art von Arbeit hinzieht: Wir wollen uns nicht öffnen. So furchtlos wir abstrakte nationale Ziele verfolgen, es erscheint uns als ein furchterregendes Risiko, sich in der Vertraulichkeit eines ruhigen Zimmers einer anderen Seele zu offenbaren.

In meinem Fall hatte dieses Gefühl bestimmt auch etwas mit dem zu tun, was ich in der eigenen Familie erlebt hatte, das

Empfinden, daß tiefe Liebe und Vertrauen zu Verlust und Schmerz führen.

Wenn ich gefragt wurde, sagte ich immer, ich rechnete damit, eines Tages zu heiraten und Kinder zu haben, und im Augenblick meinte ich es immer mehr oder weniger ernst. Doch als ich mit Ende Zwanzig mit ansah, wie die meisten Männer, die ich kannte, eine Familie gründeten, konnte ich mir das für mich nicht vorstellen. Wozu sollte man sich ein solches Problem aufbürden? Warum das Risiko eingehen?

Ich war damit zufrieden, wie es war. Wie hätte ich in meiner Stellung auch nur daran denken können, mehr als ein gelegentliches Techtelmechtel zu riskieren? Schließlich fällt einem das Lügen viel leichter, wenn es auf die Wahrheit nicht so ankommt.

9. Kapitel Ein »guter« Deutscher

In den chaotischen Tagen und Wochen, die dem Zusammenbruch des Dritten Reiches folgten, als die Besatzungstruppen versuchten, im verwüsteten Mitteleuropa wenigstens den Anschein von Ordnung herzustellen, als der Hunger wütete und zahllose Flüchtlinge unterwegs waren, in dieser wirren Zeit, sollte man meinen, könnte das Untertauchen für einen Menschen kaum besonders schwierig sein.

Für Adolf Eichmann aber lauerten überall Gefahren. Er stand ganz oben auf der Fahndungsliste der Alliierten und wurde außerdem von mehreren Partisanengruppen leidenschaftlich gejagt. Eine solche Gruppe aus der Gegend von Lublin in Polen, angeführt von einem Juden namens Yechiel Grienschpan, hatte eigens eine Zehnermannschaft gebildet, die den berüchtigten Obersturmbannführer Eichmann zur Strecke bringen sollte. Schon jetzt hatten andere Kommandoeinheiten aus Veteranen der Jüdischen Brigade (Rekruten aus Palästina, die mit den Briten gekämpft hatten) Eichmann für ein Schnellverfahren ins Visier genommen; und Überlebende der Lager wie Simon Wiesenthal und Tuvia Friedmann, die unabhängig, aber mit großer Hartnäckigkeit arbeiteten, begannen jetzt ihr Lebenswerk: der Gerechtigkeit auf die Sprünge zu helfen, indem sie Akten durchkämmten, mit Zeugen sprachen und noch den unwahrscheinlichsten Spuren nachgingen.

Doch die Verfolger operierten mit einem schweren Handikap. Obwohl Eichmanns Name einen gewissen Bekanntheitsgrad hatte, kannten ihn nur wenige Menschen in seiner unmittelbaren Umgebung von Angesicht zu Angesicht. Das war kein Zufall. Eichmann hatte sich jahrelang geweigert, fotografiert zu werden. Es gab nur die Aufnahmen, die für offizielle Zwecke erforderlich waren, und selbst dann hatte er über jeden Abzug Buch geführt und dafür gesorgt, daß die Negative vernichtet wurden. Die Ermittler stellten fest, daß es ihm sogar auf Gruppenfotos gelungen war, sein Gesicht im Schatten zu halten, indem er sich hinter größere Männer in die letzte Reihe stellte. Es dauerte fast ein Jahr, ehe seine Verfolger durch eine ehemalige Geliebte des frühen SS-Mannes ein brauchbares Bild aus neuerer Zeit in die Hand bekamen. Inzwischen aber war die Spur kalt.

Scheinbar hat Eichmann erst begriffen, wie verzweifelt seine Lage war, nachdem ihn seine Begleiter aus ihrer Gruppe ausgeschlossen hatten. Später berichtete er, daß er, begleitet von seinem Adjutanten Rudolf Jaenisch, auf dem Weg zum österreichischen Kurort Bad Aussee eine Zyankalikapsel gehabt habe, die er im Notfall geschluckt hätte. Aber diese Selbstvertrauenskrise ging schnell vorüber. Er zog die Uniform eines Unteroffiziers der Luftwaffe an und machte sich mit Jaenisch per Anhalter auf den Weg Richtung Bayern.

Die Amerikaner waren überall. In der Gegend von Ulm liefen sie einer Streife von Pattons Dritter Armee über den Weg und wurden festgenommen. Als Eichmann in das Kriegsgefangenenlager in Berndorf eingeliefert wurde, gab er sich als Flieger Adolf Barth aus (nach dem Berliner Lebensmittelhändler der Familie) und behauptete, seine Papiere seien vernichtet worden.

Zu seinem Glück waren diejenigen, die ihn gefangengenom-

men hatten, alles anderes als gründlich. Eichmann wurde in ein zweites Lager in Rosenheim verlegt, und dort gelang es ihm sogar, bei dem für den Fuhrpark zuständigen Sergeant als Fahrer beschäftigt zu werden. Bald darauf floh er in einem Lastwagen Richtung München.

Nur zwei Tage später wurde er wieder aufgegriffen. Weil er fürchtete, die unter seinem rechten Arm eintätowierte SS-Nummer könnte ihn verraten, gab sich Eichmann jetzt als Untersturmführer der Waffen-SS aus; und für den Fall, daß ein Mitgefangener ihn erkennen und mit seinem richtigen Namen ansprechen könnte, nannte er sich Otto Eckmann, in der Annahme, daß dies für amerikanische Ohren fast gleich klang. Weil er wußte, daß in Schlesien die Register der Standesämter bei Bombenangriffen verbrannt waren, gab er Breslau als seinen Geburtsort an.

Eichmann hatte wieder Glück. In manchen Lagern war die Disziplin streng, und die Vernehmungsbeamten verhörten die Gefangenen gründlich, allemal SS-Männer. In einem nicht weit entfernten Lager übergaben deutschstämmige jüdische Soldaten, die den Nazis entkommen waren und nun als Vernehmungsbeamte und Dolmetscher Dienst taten, wenn sie wußten, wen sie vor sich hatten, bestimmte Gefangene kurzerhand den Russen, weil sie unzufrieden waren, wie langsam die Justiz vorankam; sie behaupteten dann einfach, die Gefangenen seien entkommen.

Aber das Leben im Lager Oberdachstetten war leicht. Eichmann wurde zwar mehrmals verhört, aber seine Geschichte wurde nie angezweifelt. Als ihm im Januar 1946 klar wurde, daß sein Name beim Nürnberger Kriegsverbrecherprozeß immer häufiger genannt wurde – auch von Leuten, die er für Freunde hielt –, beschloß Eichmann zu fliehen. Zwei Tage, nachdem sein ehemaliger Mitarbeiter Dieter Wisliceny – nach ihm hatte er seinen zweiten Sohn genannt – mit seiner Aussage besonders ihn belastet hatte, lief er mit einem zweiten Gefangenen aus dem Straßenbautrupp weg. Eichmann schlug sich nach Norden durch, in die relativ dünn besiedelte und waldreiche Gegend um Celle; ein Mitgefangener hatte ihm ein Empfehlungsschreiben an seinen Bruder mitgegeben, einen Förster in der Nähe des Dorfes Eversen.

Eichmann nannte sich jetzt Otto Heninger und bekam mit der Hilfe des Bruders seines Freundes Arbeit als Holzfäller. Für einen Mann, der seit seiner Jugend nur wenig körperlich gearbeitet hatte, erwies er sich als überraschend geschickt. Eichmann blieb fast vier Jahre in der Gegend und besserte sein bescheidenes Einkommen auf, indem er Hühner hielt und Eier verkaufte.

Auf deutschem Boden mußte er jedoch ständig darauf gefaßt sein, daß er erkannt wurde. 1950, im Alter von vierundvierzig, nahm er schließlich Verbindung zum Naziuntergrund auf. Er bekam Papiere auf den Namen Ricardo Klement und wurde über Österreich nach Genua geschleust, wo ihm ein Franziskanerpater einen Flüchtlingspaß des Vatikans beschaffte.

Eichmann kam Mitte Juli 1950 an Bord des italienischen Schiffes Giovonna C. in Buenos Aires an und mietete sich in einer Pension ein. Innerhalb weniger Tage fand er Arbeit als Mechaniker in einer metallverarbeitenden Fabrik, blieb aber nur zwei Monate lang. Auch im Verlauf des nächsten Jahrzehnts, in dem er häufig umzog, arbeitete Eichmann in erstaunlich vielen Berufen. Einer Stelle als Aufseher einer Baufirma im ländlichen Tucumán folgte eine in einer Fruchtsaftfabrik; er leitete eine Wäscherei, eine Angorakaninchenfarm außerhalb der Hauptstadt, arbeitete als Mechaniker, als Bürokraft in einem Laden für Autoersatzeile und wurde Vorarbeiter auf einer Gemüsefarm. Kurze Zeit war er sogar Gaucho. Inzwischen sprach Eichmann ausgezeichnet Spanisch mit nur leichtem Akzent. Aber die einheimische Kultur blieb ihm immer fremd; er hörte fast nur deutsche Musik und las nur deutsche Bücher, zwei seiner wenigen Vergnügen. Seit seiner Ankunft in Argentinien war er nicht besonders gesellig, galt bei seinen Arbeitskollegen als zurückhaltend und sparsam, wenn nicht sogar als unfreundlich. Während des Kriegs hatte seine Arbeit ihm wenig Zeit für Lektüre gelassen; jetzt las er viel, vor allem wissenschaftliche und historische Bücher. Wenn etwas starken Eindruck auf ihn machte, schrieb er Anmerkungen an den Rand. Ein Band aus seiner Sammlung, Die letzten Tage der Reichskanzlei von Gerhard Boldt, einem desillusionierten Exnazi, enthält besonders viele Randnotizen. »Der Autor dieses Buches ist ein Esel«, lautete eine typische Anmerkung, »eine blöde Sau … Der Autor sollte wegen seiner Niedertracht ausgepeitscht werden. Mit solchen Lumpen mußten wir ja den Krieg verlieren!«

1952 waren Eichmanns Frau und seine Söhne zu ihm nach Argentinien gekommen, zwei Jahre nach seiner Ankunft. 1956 bekam Vera Eichmann, die unter ihrem Mädchennamen Liebl gemeldet war, aber bald als Catalina Klement bekannt wurde, einen vierten Sohn, Ricardo Francisco mit dem Kosenamen Hasi. Nun zog Eichmann mit der Familie in ein kleines, gemietetes Haus in der Chucabuco-Straße 4261 in Olivos, einem Vorort von Buenos Aires, in dem Angehörige der unteren Mittelschicht wohnten. 1959 kaufte er ein kleines Grundstück in der Garibaldi-Straße in San Fernando, einer kaum erschlossenen Gegend im Nordwesten der Hauptstadt. Mit Hilfe seiner Söhne baute er dort ein Haus.

Etwa um dieselbe Zeit fand er Arbeit am Fließband der Mercedes-Benz-Fabrik in Suarez San Jarosto, einem Vorort von Buenos Aires. Die Fabrik wurde von Deutschen geleitet. Eichmann, der immer ein guter Arbeiter war, gewissenhaft und darauf bedacht, einen guten Eindruck zu machen, arbeitete sich bald zur Bürokraft in der Verwaltung hoch.

In dieser Zeit setzte er sich außerdem mit dem holländischen Nazijournalisten Willem Antonius Maria Sassen zusammen. Auf dem Tisch zwischen ihnen lief ein Tonbandgerät. Eichmann behauptete später, sein Interviewer, der die Absicht hatte, eine nationalsozialistische Sicht des Holocaust zu liefern, habe ihn bei diesen Sitzungen auf unfaire Weise getäuscht, habe etwa dafür gesorgt, daß sein Weinglas ständig voll war. Aber er leugnete nie, daß er die Worte, die ihm zugeschrieben wurden, gesagt hatte. Die Niederschrift der Interviews zeigt einen Mann, der offen zugibt, daß er nichts bereut, sich darauf sogar einiges zugutehält, aber auch einen, der nach fast fünfzehn Jahren auf der Flucht müde wirkt.

»Ich bin es leid geworden, als anonymer Wanderer zwischen den Welten zu leben«, so sein Resümee. »Die Stimme meines Herzens, der kein menschliches Wesen entgehen kann, sagt mir, daß ich Frieden suchen soll. Ich möchte sogar mit meinen ehemaligen Gegnern Frieden schließen... Trotz gewissenhafter Selbstprüfung muß ich zu meiner Verteidigung sagen, daß ich weder ein Mörder noch ein Massenmörder war... Ich habe mit reinem Gewissen und treuem Herzen die Pflicht getan, die mir auferlegt wurde. Ich war immer ein guter Deutscher. Ich bin auch heute ein guter Deutscher, und ich werde immer ein guter Deutscher sein!«

10. Kapitel Spion

Es ist kein Geheimnis, daß zahllose deutsche Wissenschaftler, die schon für das Dritte Reich in der Forschung gearbeitet hatten, später eine entscheidende Rolle bei der Raketenentwicklung in den Vereinigten Staaten und in der Sowjetunion spielten. Doch bis heute ist weitgehend unbekannt geblieben, daß andere, darunter nicht wenige fanatische Nazis, die nichts bereuten, im Dienst der arabischen Staaten standen, vor allem in Ägypten zur Zeit Nassers, um Israel zu bekämpfen. Wir aber wußten es, und diese Geheiminformationen waren für die Spitzen in Regierung und Militär äußerst beunruhigend.

Nach unseren Informationen hatten die Ägypter einen ehemaligen SS-Standartenführer namens Ferdinand Brandner, einen begabten Luftfahrtingenieur, damit beauftragt, nach seinen früheren Kollegen zu suchen. Zu den ersten, die er anheuerte, gehörten Dr. Eugen Sänger, der das letzte Kriegsjahr damit verbracht hatte, an der Entwicklung eines revolutionären »Raketenflugzeugs« mitzuarbeiten, und Wolfgang Pilz, einer der Männer hinter der Waffe, die London terrorisiert hatte, der V 2.

Es lag auf der Hand, daß die Probleme nicht auf diplomatischem Weg gelöst werden konnten. Als der westdeutschen Regierung unsere Geheimdienstberichte vorgelegt wurden, drückte sie ehrlich wirkendes Mitgefühl mit den Sorgen Israels aus – Kanzler Konrad Adenauer und Ministerpräsident Ben Gurion kamen hervorragend miteinander aus –, stellte sich aber auf den Standpunkt, ihr seien die Hände gebunden. Offiziell wurden die Wissenschaftler nicht von einer ausländischen Regierung, sondern von privaten Konzernen angeworben. Damit war gegen kein Gesetz verstoßen worden.

Deshalb wurde die Angelegenheit schon sehr früh den Geheimdiensten übertragen.

Ich war auf Pilz und die von ihm geleitete Gruppe angesetzt. Als Chef eines Geheimteams sollte ich alles Wissenswerte über das herausfinden, was sie vorhatten.

Ich nahm die Herausforderung als die Ehre an, die sie war, aber nicht ohne Vorbehalte. Die Tatsache, daß ich soviel Zeit in Deutschland verbringen mußte, wo Pilz arbeitete, möglicherweise über ein Jahr, fand ich besonders beunruhigend.

Bei meinem ersten Besuch dort, der fünf oder sechs Jahre zurücklag, hatte echte Neugier meine Beklommenheit gemildert. Ich habe immer versucht, die Menschen individuell zu sehen, und ich meine, daß so gut wie jedes Verhalten im Kontext verständlich ist. In meinem Beruf ist Einfühlungsvermögen außerdem lebenswichtig; ein guter Agent muß auch solche Handlungsmotive erkennen können, die andere für unbegreiflich halten. Nun also hoffte ich, daß ich im Lauf der Zeit befriedigende Antworten auf eine der drängendsten Fragen der Epoche finden würde: Wie war es möglich gewesen? Wie war es dazu gekommen, daß ein Volk mit einem so reichen kulturellen und historischen Erbe dies geschehen ließ? Und wie würden sie auf mich reagieren? Würde es sie verlegen machen, daß ich Jude war? Würden sie Reue zeigen? Feindselig sein?

Zu sagen, ich sei enttäuscht gewesen, wäre viel zu milde ausgedrückt. Ich stieß auf ein erschreckendes Maß an Gleichgültigkeit. Kaum zehn Jahre nach dem Holocaust war das Bedauern darüber, daß der Krieg nicht gewonnen worden war, sehr viel größer als die Scham oder gar das Leid über das Geschehene; nicht das Bewußtsein der moralischen Verantwortung, sondern die Verärgerung darüber, daß das Thema überhaupt noch zur Sprache gebracht wurde, herrschte vor.

Es quälte mich auf beklemmende Weise. Wenn ich einen Mann über fünfunddreißig oder vierzig sah, ertappte ich mich dabei, daß ich mich fragte: War er bei der SS oder nur bei der Wehrmacht? Hatte er sich persönlich am Töten beteiligt, vielleicht als einer von den Tausenden, die in den Einsatzgruppen gedient hatten, oder gehörte er zu denen, die es hingenommen hatten? Wenn ich eine Straße entlangging und jemanden in einem Café lachen hörte, überfiel mich blitzartig der Gedanke: Diese Leute steckten hinter dem Holocaust, und es ist ihnen völlig gleichgültig!

Was die Antworten anlangt, war die einzige, auf die ich kam, ein Klischee, das Klischee über die spezifisch deutsche Sicht von Autorität und persönlicher Verantwortung. Das soll nicht heißen, das Klischee sei völlig falsch. Es ist keine Frage, daß bestimmte Wesenszüge in bestimmen Kulturen vorherrschen. Die meisten sind zunächst weder gut noch böse: Der grüblerische Romantizismus, der Hitler immer wieder nachgesagt wird, mag dazu beigetragen haben, einen Beethoven zu formen, die gleiche Vergötterung der Tüchtigkeit, die es den Nazis ermöglichte, in so ungeheuerlichem Umfang zu töten, hat fünf Generationen von Maschinenbauingenieuren hervorgebracht. Die besondere Art von Grausamkeit, die im Dritten Reich so weit verbreitet war, und die unverbrüchliche Gefolgstreue einem Wahnsinnigen gegenüber, die diese Grausamkeit ja erst möglich machte, kennzeichnet vermutlich nicht nur die Deutschen, sondern die menschliche Natur überhaupt.

Ich brauchte nicht lange, bis ich das herausfand. An einem Nachmittag, wenige Tage nach meiner Ankunft, ging ich ins Kino. Es war zu zwei Dritteln leer, und weil ich die Beine ausstrecken und mein Knabberzeug genüßlich verdrücken wollte, setzte ich mich in eine leere Reihe. Fast sofort setzte sich jemand neben mich, dann jemand auf die andere Seite. Ich zog um, und dasselbe passierte; dann noch einmal. Schließlich ging mir auf, daß sie die Lücken füllten. Die kollektive Besessenheit von der Effektivität ließ nicht zu, daß eine Reihe vergeudet wurde!

Jetzt gingen die Lichter aus, und eine Wochenschau lief. Ein deutscher Kampfflieger wurde gezeigt, der im Krieg ein Bein verloren hatte und seiner Behinderung zum Trotz Bergsteiger geworden war. Der Mann war phantastisch, eine bewundernswerte Persönlichkeit. Plötzlich kam eine Einstellung, in der er in den Schnee fiel und unbeholfen den Berg hinunterrutschte. Da begann jemand zu lachen, und – ich werde es nie vergessen – einen Augenblick später lachte fast das ganze Publikum. Als er das nächste Mal hinfiel, explodierte im ganzen Saal brüllendes Gelächter.

Die Operation gegen die deutschen Wissenschaftler war äußerst kompliziert. Sie erforderte ein fähiges Team von Agenten, die mit einem ungewöhnlichen Maß an Geduld und Hartnäckigkeit gesegnet sein mußten. Ehe wir bekamen, worauf wir aus waren – eindeutige Beweise für die Pläne von Pilz' Gruppe und eine klare Vorstellung davon, wie weit sie schon verwirklicht waren –, würden Monate peinlich genauer Überwachungsarbeit vergehen. Wenn die einzelnen Mitglieder der Gruppe Pilz identifiziert waren, mußten wir uns den Einzelheiten ihrer beruflichen Aufgaben und ihrem Privatleben widmen, ihren Eigenheiten und ihrem Tageslauf. Erst dann konnten wir wissen, wie wir am besten an die Forschungsdaten herankamen und welche aller Wahrscheinlichkeit nach am aufschlußreichsten waren. Es mag zeitraubend und auch langweilig sein, so banal, wie es klingt, aber beharrliche Mühe ist fast immer der Schlüssel zum Erfolg.

Für mich war akribische Vorbereitung die einzige richtige Arbeitsmethode. Der Gedanke, mit einer Operation anzufangen – ganz zu schweigen von einer derart wichtigen –, ohne mich so kompetent wie irgend möglich zu fühlen, machte mir zu schaffen. Es lag nicht am Glück, daß ich auf meinem Arbeitsgebiet erfolgreich geworden war, ganz zu schweigen von so nebulösen Eigenschaften wie Mut oder Instinkt; es lag daran, daß ich nie aus dem Blick verlor, wie leicht etwas danebengehen konnte, und es lag an meiner verbissenen Entschlossenheit, die Chancen ständig zu meinen Gunsten zu beeinflussen. Ich durfte keine Einzelheit übersehen, mußte für jedes denkbare Problem eine Lösung auf Lager haben, dazu eine Alternative zur Lösung und eine Alternative zur Alternative.

Zum Glück arbeiteten wir unter optimalen Bedingungen: Wir hatten nicht nur reichlich Zeit, sondern auch ausgebildete Fachkräfte genug, so daß wir die Aufgabe nach unseren Maßstäben lösen konnten. Wir würden äußerste Vorsicht walten lassen. Kein Agent würde einen bestimmten Verdächtigen länger als ein paar Stunden am Stück beschatten und ihn dann mehrere Tage lang nicht mehr observieren. Natürlich hatte eine solche Vorgehensweise auch noch eine andere, die menschliche Seite: Bei so langen Phasen in Deckung würden wir mehr Zeit miteinander verbringen als die meisten Familien. Vieles, womit man sich sonst die Zeit vertreibt, kam für uns nicht in Frage, und deshalb brauchte ich Leute, die sich nicht gegenseitig zum Wahnsinn trieben.

Meine erste Wahl war ein Glücksfall. Meir war ein technisches Genie, konnte von Automotoren über Maschinenpistolen bis zu den kompliziertesten Kameras alles reparieren und die wenigen Dinge, die er nicht reparieren konnte, wenigstens behelfsmäßig zusammenflicken. Beim Geheimdienst waren seine doppelten Kofferböden der Stoff, aus dem Legenden gemacht werden, und manches seiner Schlösser gab sogar mir

Rätsel auf. Bei seiner Größe von einsneunzig und mit seinem kahlrasierten Kopf war außerdem Verlaß darauf, daß er einschüchternd wirkte. Meir war ein Veteran der Jüdischen Brigade und hatte nach dem Krieg zu einer Mannschaft gehört, die besonders berüchtigte SS-Männer aufspürte und nach einem inoffiziellen Verfahren im allgemeinen Schnelljustiz übte.

Aber Meirs Aussehen täuschte. In Wahrheit war er sanft und äußerst gutmütig, ein Mensch, der nur bei extremer Provokation gewalttätig wird, eine klügere Version des Lenny in *Von Mäusen und Menschen*. Er war der einzige Mensch, den ich beim Geheimdienst je kennengelernt habe, der nicht einmal die bösartigen, hemmungslosen Zweikämpfe persönlich nahm, die zu unserem körperlichen Training gehörten. Als wir nach einer solchen Übung das Gebäude verließen, bei der wir eine strapaziöse Viertelstunde lang miteinander gekämpft hatten, quälten mich die Schmerzen so, daß ich es fast nicht mehr schaffte, von der Straße auf den Randstein zu treten, dabei schäumte ich aber noch so vor Wut, daß ich am liebsten sofort weitergemacht hätte. Meir wollte mit mir in ein Restaurant an der Küste gehen, das sich auf die russische Küche spezialisiert hatte, wie er sie als Junge kennengelernt hatte. Wir konnten nur etwas Borschtsch löffeln – sogar das Kauen war zu anstrengend –, aber es dauerte nicht lange, bis er mich mit seiner guten Laune ansteckte, während er liebevoll den Kampf nacherzählte, Schlag um Schlag.

Die Wahl des Fahrers war ebenfalls einfach. Weil zu dessen Aufgabe gehörte, daß er auch als Taktiker der Mannschaft fungierte – er wurde vor den anderen an neue Orte geschickt, damit er sich im Verkehrsnetz auskannte und die Verantwortung für die Anfahrt an Zielobjekte und für die besten Fluchtwege übernahm –, lag ungeheurer Druck auf ihm. Aber während andere nach ein paar Wochen im Dienst Seiten entwickelten, die furchterregend an einige Veteranen unter den New Yorker Taxifahrern erinnerten, schien Jack nicht zu wissen, was Ärger und Unhöflichkeit waren. Ja, er war sogar so zurückhaltend, daß seine Anwesenheit kaum auffiel. Aus der Sicht eines Agentenkollegen, der einen besonders harten Tag hinter sich hat, war das fast so gut, als wenn er unsichtbar gewesen wäre.

Schwierigkeiten machte mir die Suche nach den letzten beiden Mitgliedern des Teams. Als Verbindungsmann nach außen – den Mann, den wir brauchten, damit er Häuser mietete, Autos, Ausrüstung kaufte oder sich als Mieter einer Wohnung ausgab, von der aus wir operierten, die anderen mit Lebensmitteln und Zigaretten versorgte und den Kontakt mit der Außenwelt aufrecht erhielt –, heuerte ich schließlich einen Franzosen namens Jean-Claude an. Es war eine pragmatische Wahl: Wir anderen sollten uns als Franzosen ausgeben, zumindest am Anfang. Und ich wußte aus Erfahrung, daß Jean-Claude der Sache so ergeben war, wie man es nur sein kann.

Trotzdem zögerte ich lange, ehe ich mich für ihn entschied. Denn ich wußte nur allzugut, was für eine fürchterliche Nervensäge dieser große, höfliche Franzose sein konnte. Bei einem früheren gemeinsamen Auftrag in Griechenland waren die ersten Tage das reine Chaos gewesen. Ich gab ihm einen bestimmten Befehl, er nickte und ignorierte danach meine Anweisungen völlig. Oder, noch dreister, er tat etwas ganz anderes und bestand dann darauf, genau das hätte ich ihm aufgetragen.

Eines Morgens trieb er es auf die Spitze. Ich hatte ihn losgeschickt, damit er ein Bußgeld wegen falschen Parkens bezahlte, und er kam mit zwei Flugscheinen nach Wien zurück.

»Du bist unmöglich!« brüllte ich ihn an. »Du bist ein Idiot!«

Er sah tief verletzt aus. »Du hast mir gesagt, ich soll die Scheine besorgen.«

»Ich habe gesagt, du sollst den Schein mitnehmen und die

Strafe bezahlen! Wie kann man so etwas durcheinanderbringen?«

An jenem Abend nahm mich nach dem Essen einer unserer Kollegen beiseite. »Hast du das nicht gewußt? Er ist schwerhörig.«

»Tatsächlich. Er hat nie ein Wort darüber gesagt.«

»Er redet nicht gern darüber. Er ist eitel.« Er zuckte die Achseln. »Er ist Franzose.«

Ich richtete mich also darauf ein. Wenn er alles richtig mitbekam, war er in Ordnung, obwohl er nicht nur gelegentlich seine Mucken hatte. Bei Jean-Claude mußte man darauf achten, daß man in sein gutes Ohr sprach, und dann alles, was er machte, doppelt und dreifach überprüfen.

Die letzte Entscheidung war die schwierigste. Zu so gut wie jeder solchen Operation gehörte eine Frau. In jenen Zeiten weit vor aller Frauenemanzipation wurde sie im allgemeinen sowohl als Sekretärin als auch als Agentin eingesetzt, meistens in der Rolle der Ehefrau oder Freundin eines der Männer, wenn das nötig wurde.

Es war keine einfache Aufgabe, in gewisser Weise diffiziler als alles, was wir anderen tun mußten. Wir Männer lebten zwar äußerst unnatürlich in unserer erzwungenen Isolation und durften in der ständigen Anspannung nicht einmal unsere Muttersprache sprechen, wenn Fremde zuhörten, aber wir konnten uns wenigstens Gesellschaft leisten. Wir begriffen zwar, daß öffentliche Anerkennung für gute Arbeit nicht möglich war, aber wir waren uns wenigstens sicher, daß unsere Kollegen uns achteten. Im Rückblick ist mir klar, daß eine Frau in solch einem Team auf eine Weise isoliert war, die wir anderen uns nicht einmal vorstellen konnten. Uns kam es völlig normal vor, daß Gespräche über bestimmte Themen jäh abbrachen, wenn sie hereinkam, und es verstand sich für uns von selbst, daß keine Frau, wie fähig sie auch sein mochte, für den Erfolg eines Projekts unentbehrlich war – oder jedenfalls nicht von einer Frau ersetzt werden konnte, die genauso tüchtig war.

Dazu kam noch, daß sie besonders eng mit dem Gruppenleiter zusammenarbeitete. Weil der weibliche Agent unter anderem meistens die Aufgabe hatte, den Kontakt zwischen dem Leiter und dem Rest des Teams aufrechtzuerhalten, wohnten die beiden oft im selben Hotel, getrennt von den anderen. Wenn jedoch auch bloß der leiseste Verdacht aufkam, zwischen ihnen bestehe mehr als eine streng berufliche Beziehung, konnte der Ärger der anderen die Einigkeit des Teams untergraben und möglicherweise die ganze Operation gefährden.

Ich hatte eine ganze Liste von Eigenschaften, die ich mir bei meiner Sekretärin für die Operation wünschte. Sie mußte fließend Französisch, Deutsch, Englisch und Italienisch sprechen, vom Aussehen und vom Stil her wie eine Französin wirken und Situationen unter Druck gewöhnt sein. Die Frau, für die ich mich schließlich entschied, war eine Sabra namens Hannah. Sie war sechsundzwanzig, die Tochter einer französischen Mutter und eines deutschen Vaters, und hatte im Sinaifeldzug eine Ambulanz gefahren, ehe sie zum Geheimdienst kam. Ihre Qualifikationen waren selbst für den mißtrauischsten Menschen über jeden Zweifel erhaben. Daß ich außerdem nichts gegen die Vorstellung hatte, ihr Gesicht jeden Morgen als erstes zu sehen – sie hatte schwarzes Haar und blaue Augen, meine Lieblingskombination –, behielt ich für mich.

Von Anfang an gingen wir bei der Ermittlung mit äußerster Vorsicht vor. Die Gruppe von Pilz verteilte sich über drei deutsche Großstädte, und wir brauchten über zwei Monate, um alle Mitglieder zu identifizieren, dann noch einmal sechs Wochen, bis wir einen groben Überblick über ihren Tagesablauf hatten. Außerdem diktierte das Wissen, daß wir eine Eingewöhnungsphase brauchten, das Tempo. Wir alle hatten bei diesem Projekt starke, ganz persönliche Gefühle. Daß wir in Deutschland lebten und unbelehrbare Nazis aufspürten, war etwas, was keiner von uns innerlich ganz gefaßt angehen konnte. Wenn wir gute Arbeit leisten wollten, war es nötiger als je zuvor, daß wir wichtige Aspekte von uns selbst unter Verschluß hielten.

Es überraschte mich, für wen das am schwersten war. Es machte Eindruck auf mich, wie selten Hannah und ausgerechnet Jean-Claude die Fassung verloren. Aber Meir, der als Soldat zu den ersten gehört hatte, die in den Lagern gewesen waren, reagierte auf vieles, was er sah, mit einer Heftigkeit, die ich ihm niemals zugetraut hätte. Manchmal, wenn er nach einem Tag Arbeit zurückkam, tobte er wegen irgend etwas, das er auf der Straße gesehen oder gehört hatte. Dazu kam noch Jack, der fast seine ganze Familie durch die Nazis verloren hatte. Sein sanftes Wesen wurde jetzt manchmal von einem Verlangen nach Vergeltung erschüttert, das fast etwas Körperliches hatte. Natürlich verstand ich das; aber wie ich aus persönlicher Erfahrung wußte, bestand der springende Punkt darin, solche Impulse zu unterdrücken, die Emotion zugunsten des jeweiligen Auftrags zu zügeln.

Während ich diesen Menschen, meinen Kollegen, immer näher kam, zudem nicht älter war als die meisten – Meir war sogar fünf Jahre älter als ich –, mußte ich dennoch darauf bedacht sein, eine gewisse Distanz zu wahren. Wir waren Freunde, aber ich war außerdem der Chef. Im Krieg, wenn Gefechtssituationen ständig Befehle erfordern, ist es leichter, solche Unterschiede aufrechtzuerhalten, als in einer relativ wenig strukturierten Situation wie der unseren. Ich wollte meinen Leuten in einem gewissen Maß freie Hand lassen, weil ich überzeugt davon bin, daß die Fähigkeit, selbständig zu denken und zu handeln, für den Erfolg einer solchen Operation genauso wichtig ist wie ein kompetenter Leiter, aber sie mußten auch wissen, wer der Chef war.

Es war ein Balanceakt, von dem ich, alles in allem, glaube, daß er mir ganz gut gelungen ist, vor allem in Hinblick auf die extremen Verhaltensweisen, zu denen ich manchmal neige. Es lag mir nie, Befehle herauszubrüllen und den Respekt der anderen zu fordern. Ich sprach leise und versuchte, mir ihre Achtung zu verdienen, indem ich etwa für Gehaltszulagen sorgte. Sie wußten jedenfalls, daß ich fair war, daß ich nichts von Heldentum um seiner selbst willen hielt, und daß die Risiken, die ich einging, mindestens so groß waren wie diejenigen, die ich von den anderen verlangte.

Sie wußten auch – und darauf bin ich so stolz wie auf alles andere –, daß ich Wert darauf legte, ihnen ein Ventil zur Entspannung zu verschaffen, so weit das irgend möglich war. Ich bestand darauf, daß das Team regelmäßig gemeinsam Museen und Galerien besuchte. Innerhalb des Geheimdienstes erwarben wir uns bald einen gewissen Ruf als Intellektuelle, und unter meiner Anleitung und der eines anderen Freizeitkünstlers, eines begabten Fälschers namens Danny, der gelegentlich von seinem Pariser Stützpunkt aus zu uns stieß, um uns neue Papiere zu bringen, fingen Jack und Hannah schließlich mit dem Malen an.

Der einzige, der je in mir die Sehnsucht weckte, mit der Peitsche zu knallen, war Jean-Claude. Das neueste Problem war seine unglaubliche Sorge um mein Wohlergehen. Jedesmal, wenn ich den Rücken kehrte, hatte er mein Zimmer saubergemacht, die Regale geradegerückt, die Möbel abgestaubt. Der Mann war wie meine Mutter.

Dann ging er dazu über, mich wegen meines Aktenkoffers zu nerven. Ich dürfe ihn nicht so oft bei mir tragen, warnte er mich. Ich würde ihn verlieren. Ich solle mir einen zweiten Koffer kaufen, damit ich nur die Unterlagen bei mir tragen mußte, die ich bei einer bestimmten Verabredung brauchte.

»Du bist schlimmer als meine Mutter!« schrie ich. »Du nimmst mir die Luft zum Atmen. Es ist mir egal, ob ich den Koffer verliere.«

Er stand nur da und schüttelte den Kopf. »Ach ja, natürlich, das sagst du jetzt.«

An einem Nachmittag, zehn Minuten, nachdem wir ein Restaurant auf dem Züricher Bahnhof verlassen hatten, merkte er plötzlich, daß ich den Koffer nicht mehr hatte.

»O Gott«, rief ich, »du hast recht!«

»O nein, o nein«, jammerte er in einer Mischung aus Begeisterung und Verzweiflung, »ich hab dir doch gesagt, daß das passieren würde!«

»Das hast du, ich weiß, daß du es mir gesagt hast. Wir müssen zurück.«

»Wie hast du das bloß tun können? Warum hast du nicht auf mich gehört?«

»Ich weiß nicht, ich weiß nicht.« Ich machte eine Pause. »Moment mal, in meiner Tasche steckt etwas Wichtiges. Nimmst du es heraus?«

Er warf mir einen merkwürdigen Blick zu und fischte einen Zettel heraus. »Du Nervensäge«, stand darauf, »hör auf damit, mir zu erzählen, daß du es mir gleich gesagt hast. Der Koffer ist im Schließfach.«

Daraufhin ließ er mich etwa zwei Tage lang in Ruhe.

Aber bald mußte ich mich mit einem möglicherweise viel ernsteren Problem befassen. An einem frühen Abend im Juli waren Hannah und ich gemeinsam auf einer Observation, eine ganz normale Sache, und spielten ein Liebespaar. Es paßte ins Bild, daß wir beim Spazierengehen Händchen hielten, also taten wir es. Als wir in einem Hauseingang stehenblieben, schien es logisch zu sein, daß wir uns küßten; also taten wir das auch.

»Peter«, flüsterte sie plötzlich, »*on partage une chambre ce soir*?« (Schlafen wir heute nacht in einem Zimmer?)

Ich war vom Donner gerührt. »*C'est pas Peter*«, flüsterte ich scharf zurück. (Nenn mich nicht Peter.)

Ein paar Minuten später, als wir auf einer verlassenen Parkbank saßen, ich den Arm um Hannah gelegt hatte und mir die Lenden weh taten, erklärte ich ihr, was sie schon wußte: es war unmöglich.

Aber sie wollte das nicht hinnehmen, und als wir wieder im Hotel waren, setzte sich die Diskussion bis in die Nacht hinein fort. Sie sei einsam, sagte sie, sie habe mich sehr gern. Machte ich mir denn gar nichts aus ihr?

In Wahrheit fand ich sie sehr anziehend. Wenn sie auch keine atemberaubende Schönheit war – es gehörte zur Geheimdienstpraxis, niemanden einzustellen, der mehr Aufmerksamkeit als nötig auf sich zog –, so bewegte sie sich doch mit der besonderen Anmut, die aus Selbstvertrauen entsteht. Ich hörte sie auch gern reden, und vielleicht war es mir noch lieber, wenn ich ihr beim Zuhören zuschaute. Nur wenige Israelis können zuhören.

Es ging einfach nicht, sagte ich ihr noch einmal. Innerhalb von zehn Jahren war der Geheimdienst von einem Tante-Emma-Laden zu einem riesigen Unternehmem angewachsen, mit dem ganzen dazugehörigen Hickhack und dem politischen Taktieren. Auch wenn der Auftrag selbst in keiner Weise gefährdet war – und natürlich war das die ausschlaggebende Überlegung –, hätte uns die Organisation sofort durch die Mangel gedreht, wenn ihr auch nur die geringsten Gerüchte zu Ohren gekommen wären – und das war beinahe unvermeidlich.

Ich wußte, worüber ich sprach. Ich erzählte Hannah von einer Episode, zu der es erst im Vorjahr gekommen war. Eines Morgens wurde ich zum neuen Direktor für innere Sicherheit im Büro in Haifa bestellt, zu einem jungen, ungeheuer ehrgeizigen Mann. Er teilte mir mit, er habe schlechte Nachrichten für mich. »Es betrifft nicht nur Sie persönlich«, sagte er, »sondern den Dienst. Ich muß Ihnen mitteilen, daß Ihre Frau in Ihrer Wohnung mit einem anderen Mann geschlafen hat. Genaugenommen mit mehreren Männern.«

Einen langen Augenblick war ich sprachlos. »Was hat das mit dem Dienst zu tun?« fragte ich schließlich.

»An der Wand hängen Fotos von Ihnen mit Isser Harel und anderen.«

Mit geheuchelter Wut bestand ich darauf, daß er mich sofort in meine Wohnung begleitete. Wir würden sie gemeinsam zur Rede stellen. Wie ich erwartet hatte, trafen wir die jemenitische Putzfrau an, die ihren Aufgaben nachging. Ich fragte sie rundheraus, ob sie meine Wohnung zu irgendwelchen Spielchen benutzt habe, während ich im Ausland war.

Sie war wenigstens so anständig, daß es ihr peinlich war und sie mich um Verzeihung bat. Der Sicherheitsmann hatte die Geschichte offenbar für eine Waffe gegen einen möglichen Rivalen gehalten und sträubte sich sogar dann noch, als er die Wahrheit erfahren hatte, die Geschichte fallenzulassen.

»Begreifen Sie denn nicht?« ging ich schließlich auf ihn los. »Ich bin nicht verheiratet!«

»Wir müssen das im Licht des neuen Beweismaterials sehen«, war das Äußerste, was er einräumte.

»Der springende Punkt«, sagte ich abschließend zu Hannah, »besteht darin, daß wir diese Art von Risiko nicht eingehen. Wir setzen niemals die Integrität des Teams aufs Spiel, und wir liefern Außenstehenden keine Munition, mit der sie uns erledigen können.«

Ich hatte nicht erwartet, daß sie sich das so sehr zu Herzen nehmen würde. Was für Vorstellungen sie auch über ein Liebesverhältnis zwischen uns gehabt haben mochte, schon vor dem Ende des Gesprächs schien sie sich das aus dem Kopf geschlagen zu haben. In den folgenden Tagen und Wochen änderte sich ihr ganzes Verhalten drastisch. Ihre Spontaneität und ihr lebhafter Witz wichen einer verbissenen Zielstrebigkeit. Nichts, das stellte sie dutzendfach klar, überhaupt nichts dürfe je den Auftrag gefährden. Wie weit wir uns von jenem Augenblick im Hauseingang entfernt hatten – und welch eine absurde Existenz wir führten –, zeige sich daran, daß sie mich jetzt, wenn überhaupt, nicht mehr mit der Sehnsucht einer heimlichen Geliebten ansah, sondern mit dem prüfenden Blick einer Mutter musterte.

Noch eine Mutter.

Den Tiefpunkt erreichten wir ein paar Monate später. Hannah, Meir und ich saßen eines Nachmittags im Münchner Bürgerbräukeller, der als Ausgangspunkt für Hitlers Putschversuch 1923 bekannt geworden ist. Vielleicht war es das, was mich packte, vielleicht lag es am Anblick der vielen blonden, rotwangigen Einheimischen in Lederhosen, die grölend die Bierkrüge hoben, ein Postkartenmotiv – und für mich ein Alptraum. Was auch immer der Grund war, ich konnte mich nicht zurückhalten, auch wenn das bedeutete, daß ich gegen die eigenen Regeln verstieß. Als ich acht bis zehn junge Männer am Nebentisch sah, die eben mit einem Wettbewerb im Biertrinken anfangen wollten, beugte ich mich hinüber und gab damit an, ich könne sie alle unter den Tisch trinken.

»Jean-Jacques«, sagte Hannah scharf und benützte den Namen auf dem Paß, den ich im Augenblick bei mir hatte, »hör auf damit. Das ist doch blöd.«

Ich wußte natürlich, daß sie recht hatte. Mein Verhalten war alles andere als unauffällig, aber ich beruhigte mich schnell, sie seien betrunken, würden sich an nichts erinnern und machten so etwas sowieso dauernd. Ich mußte mir sogar Geld von meinen beiden Begleitern borgen, damit ich wetten konnte. In jenem Augenblick ging es mir nur darum, diese Deutschen zu demütigen.

Die Kellnerin brachte zwei der größten Bierkrüge, die ich je gesehen hatte. Mit aller Willenskraft und mitunterstützt durch Meirs Anfeuerungsrufe leerte ich sie beide in weniger als einer Minute, wobei ich darauf achtete, daß ich nur Flüssigkeit und keine Luft schluckte. Die Deutschen, verdrossen und mißmutig, waren schlechte Verlierer; sie warfen Meir verstohlene Blicke zu und zahlten.

Den eigentlichen Ärger bekam ich mit Hannah. »Du bist verrückt«, tobte sie, als wir das Lokal verließen. »Du hast völlig den Verstand verloren.«

»Stimmt«, lallte ich und stützte mich schwer auf Meirs Schulter, »vielleicht stimmt das. Aber es war ein wunderbares Gefühl!«

11. Kapitel Israelis in Deutschland

Damals gab es beim Geheimdienst ziemlich seltsame Vorstellungen über Erholung und Entspannung. Ein Monat daheim galt als Atempause, obgleich die Arbeit noch härter war als sonst, wegen der ganzen Einsatzberichte, der Strategiekonferenzen und der vielen liegengebliebenen Arbeit, die im Büro nachgeholt werden mußte.

Dazu kam das körperliche Training. Es war ein Credo der Bürokraten, daß ein längerer Außeneinsatz der Kraft, Beweglichkeit und Reaktionsgeschwindigkeit eines Agenten schlimmer zusetzen kann als seiner Psyche. Im Prinzip wäre ich möglicherweise anderer Meinung gewesen, aber weil mir deutlich anzusehen war, daß ich deutsches Bier und Gebäck mochte, hielt ich den Mund.

So kam es, daß ich mich eines Morgens in einer trüb beleuchteten Turnhalle wiederfand, in Shorts und Turnschuhen, umringt von etwa zwanzig Männern, während Meir, mit zusammengebissenen Zähnen und schmalen Augen, langsam auf mich zukam. Die Entscheidung, uns gleichzeitig zurückzubeordern und Jack als Leiter einer Rumpftruppe in Köln zurückzulassen, hatte taktische Gründe – bei einer langfristigen Operation kann es nützlich sein, die Observation vorübergehend zu lockern, weil der Gegner dann weniger wachsam ist –, aber in diesem Augenblick gab es nichts, was ich mehr bedauerte.

Wenn auch mein Freund da, wo früher nur Muskeln gewesen waren, eine Menge Speck zeigte, war er immer noch dazu fähig, einem ziemlich übel mitzuspielen.

Er kam in seiner ganzen Massigkeit auf mich zu, ich drehte mich im Kreis, Kraft gegen Schnelligkeit. Mir war vage bewußt, daß die anderen uns wild anfeuerten; es wurden immer Wetten abgegeben, wenn wir gegeneinander kämpften. Die einzige Stimme, die ich deutlich hörte, war die von Herschel, unserem Ausbilder. Seine Sprache war eher ein Lallen, Ergebnis einer Messerwunde, die er sich als Partisan in seiner tschechoslowakischen Heimat zugezogen hatte und die sein halbes Gesicht gelähmt hatte.

»Hör mal«, sagte er mir gleichmütig, »such nach einer Schwachstelle.«

Urplötzlich sprang Meir mich wild an. Ich erwischte ihn, als er nicht im Gleichgewicht war, und warf ihn zu Boden. Als ich meinen Vorteil ausnützen wollte, ihm ein Knie in den Bauch drückte, packte er mich am Kinn und versuchte, mich wegzustoßen. Ich rammte ihn stärker mit dem Knie. Er knurrte und konterte mit einem harten Schlag in die Rippen.

»Die Eier«, befahl Herschels gelassene Stimme.

Plötzlich packte Meir mit einem üblen Griff meine Hoden. Einen derartig jähen, peinigenden Schmerz hatte ich noch nie gespürt. Später sagte man mir, mein Gesicht sei kalkweiß geworden. Meir packte noch fester zu und warf mich auf den Rücken. Ich sah bunte Lichter und hatte das Gefühl, gleich ohnmächtig zu werden.

»Der Hals ist ungedeckt«, hörte ich Herschel sagen.

Der Hals war Herschels Spezialität, sein Lieblingsschwachpunkt. Manchmal begrüßte er seine Schüler mit dem, was er den »Knockoutstoß« nannte, ging an der Reihe entlang und stach mit dem Daumen unter unseren Adamsapfel. Dann schaute er zu, wie wir umfielen wie die Fliegen.

Jetzt raffte ich meine ganze Kraft zusammen und stieß beide Daumen in Meirs Kehle. Seine Augen schienen herauszutreten, er stieß einen Gurgellaut aus. Mir ging durch den Kopf, daß ich ihn umbrachte, aber sein Druck ließ nicht nach, und deshalb machte ich auch weiter.

Schließlich ließ er los. Ein rasches Trommeln auf die Matte zeigte die Kapitulation an.

Zwei Nachmittage später saß mir an meinem Schreibtisch im Büro eine junge Frau gegenüber, die wegen eines Einstellungsgesprächs für eine offene Sekretärinnenstelle in unserer Abteilung gekommen war.

»Wie haben Sie von der Stelle erfahren?« fragte ich, eine Pro-forma-Frage. Solche Stellen wurden nicht in Zeitungsanzeigen ausgeschrieben.

»Eine Freundin im Verteidigungsministerium hat es mir erzählt«, sagte sie. Sie holte einen Aktendeckel heraus. »Ich habe meinen Lebenslauf und Referenzen mitgebracht.«

Ich sah schon jetzt, daß sie äußerlich akzeptabel war. Sie war mittelgroß, hatte eine hübsche Figur, mittellanges Haar und ein langes, eckiges Gesicht, wie einem Bild Modiglianis entstiegen. Sie war attraktiv, aber nicht zu auffällig. Ich warf einen Blick auf den Lebenslauf. Sie hieß Gila.

»Welche Sprachen sprechen Sie?«

»Englisch, Französisch, Arabisch. Ein bißchen Russisch. Ich tippe achtzig Wörter in der Minute.«

»Haben Sie Erfahrung mit Geheimdienstarbeit?«

Sie zögerte. »Nein.«

»Was haben Sie in der Armee gemacht?«

»Ich habe bei den Sanitätern ausgeholfen. Nichts Besonderes.«

»Haben Sie Schauspielerfahrung, hatten Sie mal was mit dem Theater zu tun?«

Sie schaute mich fragend an. »Was hat das damit zu tun?«

»Hier muß jeder alles machen.« Ich lächelte; sie war wirklich recht hübsch.

»Ich bin mir nicht sicher, ob ich Sie verstehe.«

So unglaublich es war, sie schien mich wirklich nicht zu verstehen.

»Sie wissen, wo Sie sind? Das hier ist das Hauptquartier der Shin Beth.«

»Das weiß ich. Aber man hat mir gesagt, es geht um eine Stelle als Sekretärin.«

»Ich will damit sagen, daß eine Sekretärin manchmal auch andere Aufgaben übernehmen muß. Ist es schwierig für Sie, Geheimnisse für sich zu behalten?«

»Ja, ich glaube, das wäre schwierig für mich.«

Die Antwort war so ehrlich, daß ich einen Augenblick lang nicht wußte, was ich sagen sollte. Im Lauf der Jahre hatte ich mich in zahllosen ähnlichen Situationen daran gewöhnt, daß die Leute alles sagten, damit sie in den Geheimdienst aufgenommen wurden. Einmal saß mir ein junger Mann gegenüber, dem ich noch nicht eine Frage hatte stellen können, als er schon heraussprudelte, für ihn gebe es rein gar nichts, was er seinem Land zuliebe nicht tun würde.

»An was genau haben Sie dabei gedacht?« fragte ich.

»An alles«, wiederholte er nachdrücklich.

»Schön«, meinte ich. »Was würden Sie tun, wenn Sie, sagen wir mal, mit einem falschen Paß unterwegs wären und ein Zollbeamter den Verdacht hätte, daß damit etwas nicht stimmt?«

»Ich würde ihm den Paß aus der Hand reißen und ihn aufessen«, antwortete er sofort.

»Sie würden ihn essen?«

»Selbstverständlich.«

Ich holte einen deutschen Paß heraus. Deutsche Pässe sind besonders dick. »Zeigen Sie es mir.«

Ich werde nie vergessen, mit welchem Gesichtsausdruck er den Paß befingerte. »Der ist aber wirklich riesig«, sagte er schließlich.

Das faszinierte mich von Anfang an so sehr an dieser Gila. Wie Angeberei eine tödliche Schwäche in meinem Geschäft sein kann, ließ sich aus dieser Art von Ehrlichkeit eine Tugend machen. Es ist wichtig zu wissen, daß die Kollegen nicht nur über einen scharfen Verstand, sondern auch über eine zuverlässige Selbsteinschätzung verfügen.

»Warum ist es für Sie so schwer, Geheimnisse zu bewahren?«

»Ich bin es einfach nicht gewöhnt.«

»Nicht einmal dann, wenn es nötig sein sollte?«

»Ich kann mir einfach nicht vorstellen, daß ich Leute anlüge, an denen mir etwas liegt.«

»So spielt sich das nicht ab«, sagte ich. »Falls Sie einen Mann oder einen Freund haben, gewöhnt er sich schnell daran, Ihnen keine Fragen zu stellen. Erzählen Sie denn jetzt aller Welt alles?«

»Das ist doch verrückt«, insistierte sie. »Ich bin nicht Mata Hari! Ich rede, worüber ich reden will.«

Ich machte eine Pause, atmete langsam aus, gab auf. »Hören Sie, hier gibt es Abteilungen, in denen Sie nicht lügen müssen. Ich kümmere mich darum.«

Sie nickte. »Schön. In Ordnung.«

Ich zögerte. »Übrigens, haben Sie einen Freund?«

Eine halbe Stunde später saßen wir in dem Café auf der anderen Straßenseite, und sie stellte die Fragen, meistens Variationen über ein einziges Thema: Wie kam ich mit den Problemen zurecht, die sich bei einer solchen Arbeit stellten?

Ich rutschte auf dem Stuhl herum. Noch nie zuvor hatte mich jemand aufgefordert, darüber nachzudenken. »Das ist eigentlich nichts, womit ich mich beschäftige.«

»Sie wirken wie ein sensibler Mann. Wie können Sie so durchs Leben gehen?«

»Hören Sie«, gab ich schließlich schroff zurück, »das sind einfach Fragen, die ich mir nicht stelle. Die Arbeit ist sinnvoll, deshalb bringe ich ihr die erforderlichen Opfer. Das ist alles.«

Bald gelang es mir, das Gespräch auf festeren Grund zu lenken. Es stellte sich heraus, daß sie eine Sabra war; ihre Familie lebte schon seit zwei Generationen in Palästina. Das erklärte ihren Sinn für Offenheit, der jemandem mit meinem Hintergrund völlig fremd war. Sie war eine begabte Töpferin – sie hatte ein Atelier in ihrem Zuhause, das sie mit ihrer Mutter und ihrem Bruder in der Neustadt teilte – und hatte in mehreren Galerien ausgestellt. Aber sie war nicht gerade übertrieben ehrgeizig; am meisten freute sie sich auf eine eigene Familie.

Noch nie hatte ich mich in der Gegenwart eines Menschen so rasch wohl gefühlt, erst recht nicht in Gegenwart einer Frau. Wir verbrachten den Rest des Nachmittags im Café und gingen dann in ein Restaurant, damit wir uns beim Abendessen weiter unterhalten konnten.

Am späten Abend parkten wir auf einem Felsvorsprung an der Küstenstraße hoch über dem Mittelmeer und küßten uns. Ich strich ihr mit der Hand den Schenkel entlang, der sich deutlich unter dem dünnen Stoff ihres Bauernkleides abzeichnete, und sie machte keinen Versuch, mich daran zu hindern.

Aber je erregter ich wurde, desto deutlicher wurde die Erinnerung an meine Rangelei mit Meir in der Turnhalle.

Schließlich gab ich auf. »Tut mir leid, ich kann jetzt nicht.«

Aber zwei Tage später konnte ich. Und als ich zwei Wochen später abreiste, hielten wir uns für ein Paar.

Trotzdem machte ich ihr gegenüber keine Andeutung, wohin ich fuhr, und was ich dort tun würde.

In den Briefen, die ich in den folgenden Monaten schrieb (alle, wie es die Vorschriften verlangten, in Israel abgestempelt, so daß sie mehr als einmal Briefe von mir bekam, die nur ein paar Ecken von ihrem Haus entfernt aufgegeben worden waren), erwähnte ich nur erlaubte Themen. Ich erzählte ihr von meiner Lektüre über von mir bewunderte historische Persönlichkeiten, berichtete ihr über meine Gedanken zu Kunst, Philosophie, Religion, schrieb ihr über meine Kindheit in Haifa und alles, was wir tun wollten, wenn wir erst wieder zusammen wären, über die Vergangenheit und die Zukunft, wenn schon nicht über die Gegenwart. Bald antwortete sie in ähnlicher Weise, so daß die Art des Briefwechsels in einem gewissen Sinn das Band zwischen uns stärker machte. Wir beschäftigten uns mit Dingen, denen sich die meisten jungen Liebenden in gegenseitiger Selbstversunkenheit und im Wirbel des Alltags erst nach langer Zeit zuwenden.

Aber natürlich gefährdete das die Bindung auch. Ich hatte mich in diese Frau verliebt. Zum ersten Mal hätte ich gern ein gemeinsames Leben aufgebaut. Doch auf meiner Seite gab es so vieles, das ich einfach nicht mit ihr teilen konnte.

Die Operation war in der entscheidenden Phase. Nachdem wir unsere Zielpersonen monatelang sorgfältig überwacht und nicht nur herausbekommen hatten, wann sie zu Bett gingen und aufstanden, sondern auch mit wem, nicht nur, wie oft sie mit Kollegen zum Essen gingen, sondern auch, was sie gern aßen, nicht nur, wie sie zur Arbeit fuhren, sondern auch, was noch wichtiger war, wohin sie reisten, wenn sie die Stadt verließen, und wie lange sie wegblieben, war es jetzt an der Zeit, sich auf ihre Arbeit zu konzentrieren.

Ich war schon heimlich in den Wohnungen von zwei Wissenschaftlern gewesen, auch in der von Pilz, aber das hatte uns nicht weitergebracht. Die Dokumente, die ich fand und fotografierte, falsche Pässe und andere gefälschte Personalpapiere, bewiesen gar nichts, abgesehen davon, daß ihre Inhaber möglicherweise paranoid waren. Solche Papiere trug ich ständig mit mir herum.

Die Frage war, zu welcher ihrer Arbeitsstellen wir uns Zugang verschaffen sollten. Unser Team hatte die Existenz von vier Forschungsstätten in verschiedenen Teilen des Landes nachgewiesen, und unsere V-Leute in Ägypten hatten auch dort mögliche Anlagen angepeilt.

Für mich war die Antwort klar. Ich machte mich stark für das Labor der Pilz-Gruppe in Köln. Falls auf deutschem Boden Unterlagen zu finden waren, dann würden wir sie in dieser scheinbar ganz normalen Wohnung im ersten Stock finden, davon war ich überzeugt. Ich war mir so sicher, daß ich beschlossen hatte, eine von Issers berühmten Strafpredigten über die sinnlose Vergeudung von Geld zu riskieren und eine Wohnung diagonal gegenüber zu mieten, im zweiten Stock über dem eingezäunten Hof.

Schließlich setzte ich mich durch.

So kam es, daß ich an einem fast mondlosen Januarabend aus dem Hoffenster unserer Wohnung auf einen schmalen durchlaufenden Sims stieg und mich sitzend und zentimeterweise unterhalb der Fenster auf mein Ziel zuschob. Wir hatten über eine Woche auf diesen Abend gewartet. Pilz war verreist, machte seinen monatlichen Besuch in Zürich, wo er ein Bankkonto hatte, und wir wußten außerdem, daß die meisten seiner Kollegen Karten für Wagners *Tannhäuser* in der Kölner Oper hatten. Wie wir vermutet hatten, schien im Fenster des Labors kein Licht. Seit einer Stunde schneite es unaufhörlich, was ich für einen Glücksfall hielt. Ich fegte den Schnee vor mir weg. Falls jemand den Verdacht schöpfen sollte, im Labor sei eingebrochen worden, läge dann wieder eine weiße Decke da, unberührt von auch nur einem einzigen Fußabdruck, was den Verdacht entkräften würde.

Nach den ganzen Diskussionen und Plänen kam mir der Einbruch selbst geradezu langweilig vor. Ich hatte so etwas schon oft getan.

Die Balkontür, durch die ich einstieg, war identisch mit der, durch die ich herausgekommen war. In fünf Sekunden hatte ich sie aufgestemmt und trat in den pechschwarzen Flur, schlich dann die Treppe hinunter, dicht an der Wand, damit sie nicht knarrte, und tastete mich um die Ecke. Ich ließ die Stablampe kurz aufblitzen. Vor mir sah ich die verglaste Flügeltür, die in das Labor führte.

Was für ein Witz. Sie war nur mit einem einfachen Sicherheitsschloß zugesperrt, das vermutlich schon dagewesen war, als sie die Wohnung gemietet hatten. Ich nahm einen Zelluloidstreifen aus der Tasche, um es aufzubrechen. Aber plötzlich krachte innen etwas gegen die Tür.

Ich war verblüfft über die Wucht des Schlags, konnte in der Dunkelheit überhaupt nichts sehen und bekam Angst. Ich dachte, meine letzte Stunde hätte geschlagen.

Dann hörte ich Gebell. Ein Hund! Jetzt warf er sich wieder gegen das Glas, so kräftig, daß ich glaubte, es werde brechen, und machte einen Höllenlärm. Ich mußte weg von hier.

Aber ich zwang mich, noch einen Augenblick durchzuhalten, und richtete die Taschenlampe auf das Vieh. Es starrte mich durch die Scheibe an, ein riesiger Dobermann, schwarz und braun, mit gewaltigen, gebleckten Fängen und rabenschwarzen Augen, die glänzten, als ob sie von innen beleuchtet wären. Dann machte ich, daß ich wegkam.

Am nächsten Tag war ich zur Beratung in Tel Aviv. Das Problem wirkte lächerlich, aber niemand hatte eine Idee, was wir machen könnten. Meine nächste Station war Paris. Wir hatten eine Agentin in einem Vorort im Norden der französischen Hauptstadt, eine ältere Frau, die die Lager überlebt hatte. Sie dressierte Hunde.

Mme. Messmer hörte sich meine Geschichte mit einer seltsamen Mischung aus Mitgefühl und Erheiterung an. »Sie sind sicher, daß es ein Dobermann war?« fragte sie schließlich.

»Ich bin mir nicht völlig sicher, ich nehme es an.« Ich machte eine Pause. »Ich kann Ihnen sagen, daß er so groß war wie ein Pferd und mich umbringen wollte.«

Sie stand auf und zog einen unförmigen Pullover über den fleckigen weißen Arbeitskittel. Sie war winzig, reichte mir kaum bis zur Schulter. »Das hätte er auch getan, wenn Sie die Tür aufgemacht hätten. Gut, schauen wir mal.«

Hinter dem Haus war ein weitläufiger Zwinger. Bei dem ganzen Gebell wurde mir etwas mulmig.

Mme. Messmer merkte es. »Keine Angst.« Sie lachte und zeigte stummelige gelbe Zähne. »Das sind meine Kinder. Sie sprechen französisch, nicht deutsch.«

Wir gingen zuerst an einer Reihe von Zwingern entlang, in denen Deutsche Schäferhunde untergebracht waren. »Gibor«, sagte sie auf hebräisch mit französischem Akzent zu einem besonders schönen Tier, »sei still.«

Ich schaute überrascht auf sie hinunter.

»Ich kann nur ein paar Wörter«, erklärte sie. »Wir richten fünfzig Schäferhunde für Kriegsblinde in Israel ab.«

»Wie halten sich solche Hunde im Kampf gegen einen Dobermann?« fragte ich.

»Die hier sind natürlich nicht auf Aggression gezüchtet. Aber in einem Kampf auf Leben und Tod wird so gut wie kein Hund mit einem Dobermann fertig.« Sie machte eine Pause. »Warum?«

»Ich habe über etwas nachgedacht, das ist alles.«

»Obwohl«, fügte sie hinzu, »von einem anderen Dobermann abgesehen, könnte es ein gut dressierter Schäferhund vielleicht schaffen. Oder ein Rottweiler.«

»Haben Sie Dobermänner hier?«

Sie nahm meinen Arm und führte mich um eine Ecke. »Da.«

Mir schauderte beim bloßen Anblick. Der hier war so groß wie der andere im Labor und sah genauso bösartig aus. Er starrte mich mit gebleckten Zähnen an und knurrte gräßlich.

»Haben Sie Schäferhunde hier, die zum Kämpfen dressiert sind?« fragte ich. »Oder welche von der anderen Sorte?«

»Rottweiler? Ich habe einen Rottweilerrüden, einen der besten Wachhunde, mit denen ich gearbeitet habe. Er hat hungern müssen, damit er aggressiver wird.«

»Würde er mich angreifen? Ich kann mit Hunden nicht besonders gut umgehen.«

»Nicht, wenn ich Sie mit ihm bekannt mache.«

»Würde er auf einen Dobermann losgehen?«

Sie lachte. *»Vous êtes très dangereux, n'est-ce pas?«* (Sie sind sehr gefährlich, nicht wahr?)

Eine halbe Stunde später, bei Käse und Wein in ihrem Wohnzimmer, erklärte ich ihr, was ich vorhatte. Ich wollte den Rottweiler nach Köln mitnehmen. Ich brauchte außerdem einen Bronzeabguß vom Gebiß des Dobermanns.

Sie paffte eine Gauloise und nickte. »Der Abguß dauert ein paar Tage. Nutzen Sie sie, um sich an den Hund zu gewöhnen.«

Vier Tage später war ich wieder in unserem abgeschirmten Kölner Quartier. Meir streckte mir mit geschlossenen Augen und zusammengebissenen Zähnen den Arm hin. »Bist du soweit?« fragte ich.

»Wenn es sein muß!«

Ich nahm den Abguß vom Gebiß des Dobermanns, der Scharniere hatte und genauso aufging wie ein echtes Maul, und ließ ihn am Oberarm meines Freundes zuschnappen. Das Hemd riß, und Blut kam.

Er ächzte. »Das hat dir Spaß gemacht, nicht wahr?«

Ich lachte. »Stimmt. Meine Eier haben noch nicht einmal damit angefangen, es dir heimzuzahlen. Jetzt beeil dich.«

Es war kurz nach drei Uhr nachmittags.

Während ich fort war, hatten sie herausgefunden, daß jeden Tag zwischen 15.30 und 16.00 Uhr eine Sekretärin den Dobermann ausführte. Meir nahm unseren Rottweiler an die Leine und stürzte hinaus.

Der Dobermann war pünktlich. Als er um die Ecke kam, sah er das feindliche Tier. Der Rottweiler erstarrte kurz, dann machte er einen Satz und riß an der Leine. Der Dobermann tat dasselbe mit noch größerer Wucht und zerrte die arme Frau hinter sich her. Die beiden Hunde gingen mit unglaublicher Wildheit aufeinander los. Meir geriet dazwischen und landete brüllend auf dem Boden, während die Tiere über ihm wüteten.

Als Passanten die Hunde schließlich getrennt hatten, schrie Meir, der Dobermann habe ihn gebissen. Zum Beweis riß er das zerfetzte Hemd auf.

»Das sieht schlimm aus«, sagte jemand. »Sie sollten zum Arzt gehen.«

»Und der Hund?«

»Dieser Hund muß in Quarantäne«, entrüstete sich einer der Passanten, der zufällig Jean-Claude war. Andere pflichteten ihm sofort bei, auch der Polizist, der kurz darauf den Schauplatz betrat.

Dem Hund wurden achtundvierzig Stunden im Knast aufgebrummt, reichlich Zeit für mich, zum Labor zurückzukehren.

Die einzige Überraschung war, wieviel Material zum Fotografieren ich dort fand. Da lagen nicht nur jede Menge von Dokumenten und Briefen, sondern in einem Aktenschrank im Privatbüro von Pilz – ich öffnete ihn mit Schlüsseln, die ich in einer Schublade gefunden hatte –, Blaupausen von Raketen mit Flüssigkeitsantrieb.

Meir, Jean-Claude und ich kehrten am nächsten Morgen nach Israel zurück, weil wir im Augenblick in Deutschland nicht mehr gebraucht wurden. Aber dort und in anderen Ländern ging die Operation gegen die deutschen Wissenschaftler bis in die frühen sechziger Jahre weiter und eskalierte schließlich zu einer der verwickeltsten und schwierigsten Episoden in der Geschichte des israelischen Geheimdienstes.

An jenem Tag aber herrschte im Büro bei den wenigen, die über die Geschichte Bescheid wußten, nur Jubel, und es hagelte Glückwünsche.

12. Kapitel Blindekuh

Obwohl der britische Außenminister Anthony Eden die Verfolgung der Kriegsverbrecher die »größte Menschenjagd der Geschichte« genannt hatte, gaben die westlichen Alliierten Ende 1947 diese Jagd so gut wie ganz auf. Mit Beginn des Kalten Krieges wandte sich die Aufmerksamkeit dieser neuen Bedrohung zu, und das galt auch für die Mittel; selbst die Festnahme der Berüchtigsten unter den wahrscheinlich entkommenen Nazis – Eichmann, Martin Bormann, Josef Mengele und Gestapochef Heinrich Müller –, die für die zivilisierte Welt wichtig blieb, schien nun für die nationale Politik nicht mehr so dringlich. In manchen Fällen hielten westliche Geheimdienste ehemalige SS-Männer sogar für nützlich im latenten Krieg gegen die Russen – Klaus Barbie, der »Schlächter von Lyon«, ist das bekannteste Beispiel – und gaben ihnen mit vollem Wissen Deckung.

In diesen frühen Jahren war es dann tatsächlich keine Regierung, die Adolf Eichmann verfolgte, sondern die Haganah. Die Geheimdienstorganisation hatte eine Akte über ihn angelegt, sobald Informationen über seine Aktivitäten, noch in der Anfangsphase des Krieges, nach Palästina durchgesickert waren, und schickte 1946 ein fünfköpfiges Team nach Österreich, um ihn zur Strecke zu bringen. Sie machten schließlich Frau Eichmann in Bad Aussee ausfindig, und es gelang ihnen sogar, eine blonde, blauäugige Agentin als Hausmädchen bei ihr einzuschleusen.

Aber nach allem, was dabei herauskam, gab Frau Eichmann nie auch nur den geringsten Hinweis auf den Aufenthaltsort ihres Mannes. 1947 reichte sie sogar einen Antrag ein, ihn für tot erklären zu lassen; er sei gegen Ende des Krieges in Prag gefallen.

1948, kurz vor der israelischen Unabhängigkeit, die unweigerlich zum Krieg führen würde, wurde das Team nach Palästina zurückbeordert; selbst die Haganah hatte jetzt andere Prioritäten. Vor der Abreise dachte sich der Leiter des Teams noch einen letzten Plan aus: Frau Eichmann und ihre Söhne zu entführen und klarzustellen, daß sie nur im Austausch gegen den Kriegsverbrecher wieder freikämen. Aber das Hauptquartier lehnte den Plan kategorisch ab.

Jetzt verfolgte nur noch eine Handvoll von unabhängigen Agenten Eichmann leidenschaftlich weiter, mit bescheidenen Geldmitteln. Sie stießen häufig auf bürokratische Hindernisse, waren auch echten Bedrohungen ausgesetzt. Sie blieben Ende der vierziger und Anfang der fünfziger Jahre hartnäckig dabei und verfolgten jede nur denkbare Spur. Manchmal schienen sie Fortschritte zu machen. Vor allem hatte Wiesenthal Erfolg, der die Finanzreserven aufspürte, die Eichmann offenbar in den Kriegsjahren auf die Seite gebracht hatte. In einer übersehenen Akte entdeckte er eine detaillierte Aufstellung dessen, was Eichmann seinen Opfern abgenommen hatte. Dazu gehörten einunddreißig Kisten mit Gold, achtzehn Kisten mit Schmuck und über fünfzigtausend Dollar Bargeld.

Aber keine der Spuren führte zu dem Mann selbst. Insgeheim zweifelten sogar diejenigen, die von der Jagd am meisten besessen waren, daran, daß er je gefunden werden könne.

Anfang 1957 beschlich einen blinden Rentner in der abgelegenen argentinischen Stadt Coronel Suréz, mehrere hundert

Kilometer südwestlich von Buenos Aires, der von dem allen nichts wußte, ein Verdacht gegen einen Mann, den er selbst nie kennengelernt hatte. Der Blinde war ein deutscher Jude, der die Lage überlebt hatte; seine Eltern waren dort gestorben. Er trug jedoch einen Namen, der seine ethnische Herkunft verschleierte, und seine halbjüdische Tochter hatte genau die Merkmale, von denen die Nazis geglaubt hatten, sie seien rein arisch. Weil ihn immer interessierte, was sein Kind unternahm, wurde er besonders neugierig, als er eines Tages erfuhr, sie habe in der Hauptstadt einen jungen Mann namens Nicolas Eichmann kennengelernt.

Der Blinde hatte den Kriegsverbrecherprozeß so gut verfolgt, wie es ihm möglich war. Eichmann. Der Name kam ihm bekannt vor.

Ja, erzählte seine Tochter, dieser Eichmann habe seine Ansichten recht offen geäußert, unter anderem gesagt, er halte es für tragisch, daß es den Deutschen nicht gelungen sei, ihre Arbeit in der Judenfrage zu Ende zu führen, die sie während des Krieges auf sich genommen hätten. Solche Ansichten waren jedoch unter den Deutschen in Buenos Aires nichts Ungewöhnliches.

Der Blinde beschloß, der Sache nachzugehen. Seine hübsche Tochter förderte die Freundschaft. Als Eichmann junior eines Nachmittags zu Besuch kam, fragte sich die Mutter laut, wie er zu einem so merkwürdigen Akzent komme, den man an keiner Gegend festmachen könne. Der junge Mann erwiderte, in seiner Kindheit während des Krieges habe seine Familie im Zusammenhang mit der Arbeit seines Vaters überall im Reich gewohnt. Sein Ton ließ erkennen, daß es sich um eine äußerst wichtige Arbeit gehandelt haben mußte.

Kurz darauf fuhr der Blinde mit seiner Tochter nach Buenos Aires. Obwohl Nicolas ihr seine Adresse nicht gegeben und verlangt hatte, daß sie ihm über einen Freund schrieb, fragte sie herum, und es gelang ihr, das Haus ausfindig zu machen. Es lag in der Chucabuco-Straße im Stadtteil Olivos.

Sie klopfte, und eine Frau in mittleren Jahren machte auf. Gleich darauf stand ein Mann ähnlichen Alters mit schütterem Haar und einer dunkelrandigen Brille hinter der Frau. Als die Tochter nach Nicolas fragte, sagte der Mann, der sei noch bei der Arbeit. »Sind Sie Herr Eichmann?« fragte sie. Er wirkte befangen, und gab keine Antwort. Sie brach das Schweigen und fragte nun, ob er der Vater ihres Freundes Nicolas sei. Zögernd gab er das zu.

Kurz danach schrieb der Blinde einen Brief an Dr. Fritz Bauer, den hessischen Oberstaatsanwalt. Bauer war ebenfalls Jude und hatte die Verfolgung durch die Nazis überlebt. Vor Hitlers Machtergreifung war er Richter in Stuttgart gewesen und hatte dann drei Jahre im Gefängnis verbracht. Nach dem Krieg gehörte er zu den überzeugtesten Antinazis in Deutschland.

Bauer hielt diese Information für ziemlich interessant. Er schrieb dem Blinden, er solle unbedingt weitere Nachforschungen anstellen.

Dann gab er, weil er in solchen Fragen die Entschlossenheit seiner Regierung mit Skepsis beurteilte, den Hinweis an das israelische Konsulat in Köln weiter.

13. Kapitel Das Ziel

Ich machte es Gila nicht leicht. Selbst der relativ konventionelle Teil meines Doppellebens war von Normalität weit entfernt. Gila wußte nie, wann ich im Land sein würde. Aber wenn ich kam, ging ich davon aus, daß sie für mich da war. Für einen Menschen, der vom Wesen her eher zum Trotz als zu sanfter Nachgiebigkeit neigte, muß das ziemlich schwer zu schlucken gewesen sein.

Dazu kam noch mein etwas eigenwilliger Sinn für Humor. Gila behauptete zwar, mit am besten an mir gefalle ihr meine unbekümmerte Jungenhaftigkeit, aber es war deutlich, daß auch die ihr manchmal auf die Nerven ging.

An einem Nachmittag, als ich nach einem Flug von Madrid aus auf dem Flughafen Lod in Tel Aviv angekommen war, rief ich an und verabredete mich mit ihr am selben Abend in Haifa, an der Bushaltestelle vor ihrem Büro. Aber als sie hinkam, war ich nirgends zu sehen. Nachdem sie voller Wut eine Dreiviertelstunde lang gewartet hatte, machte sie sich auf den Heimweg und bemerkte einen Mann in mittleren Jahren, der ihr auf Schritt und Tritt folgte.

»Haben Sie auf jemand gewartet?« fragte er.

»Nein.« Sie ging weiter.

»Hören Sie«, sagte er, »warum essen Sie statt dessen nicht mit mir zu Abend?«

Sie ging schneller. »Nein, danke.«

»Was muß das für ein Volltrottel sein, daß er so etwas mit einer Frau wie Ihnen macht. Warum lassen Sie sich das gefallen?«

Als sie sich umdrehte, um ihm ins Gesicht zu sehen – »Was bilden Sie sich...« –, nahm ich die falschen Zähne heraus, riß die Perücke herunter und ergötzte mich daran, wie ihr Kinn nach unten klappte. Dann mußte ich eine zwanzig Minuten lange Strafpredigt darüber anhören, was für ein Blödmann ich sei.

Sogar meine Freunde hatten Mitgefühl mit ihr. An einem Abend, an dem wir beide etwas niedergeschlagen waren, weil ich am nächsten Morgen wieder ins Ausland mußte, meinte mein Kumpel Uzi, offiziell mein Vorgesetzter, beim Essen, wir bräuchten einen langen gemeinsamen Urlaub. »Wo wollt ihr denn hin?« fragte er. »Ich sorge dafür.«

»Ohhh«, sagte Gila lächelnd. »Paris wäre schön.«

Er schlug mit der Hand auf den Tisch. »In Ordnung. In Paris gibt es immer etwas zu tun. Vielleicht komme ich auch mit.«

Ich lachte. Als Operationsleiter hatte Uzi seinen Spaß daran, herrliche Aufträge zu erfinden, zu denen weite Reisen und Riesenspaß gehörten. »Ach ja?« fragte ich. »Was gibt es denn in Paris zu tun?«

Er machte nur eine kurze Pause. »Wir müssen an unserem Französisch arbeiten, nicht wahr? Das liegt im nationalen Interesse.«

Wenn er uns hätte hinschicken können, hätte er es bestimmt getan. Uzi war die Agentenausgabe von »Columbo«. Hinter seiner umständlichen Art und seinem unglaublich ungepflegten Äußeren (wozu im allgemeinen ein halboffener Hosenschlitz und dreckverkrustete Schuhe gehörten) versteckten sich ein messerscharfer Verstand und ein weiches Herz. An jenem Nachmittag hatte er gerade einen Spion, an dessen Überführung er mitgewirkt hatte, im Gefängnis besucht.

»Wie kannst du so etwas tun?« fragte ich ein paar Minuten später. »Ein solcher Mensch hat kein Mitleid verdient. Er hat sein Land verraten.«

»Was er getan hat, hat er getan«, sagte er, »aber er ist außerdem ein menschliches Wesen.«

Als wir weiter über den Fall sprachen – darüber redeten, warum der Mann das getan hatte und welche Rolle Uzi dabei gespielt hatte, daß er gefaßt wurde –, hörte Gila fasziniert zu. Sie war so gut wie nie dabei, wenn wir über unsere Arbeit sprachen. Aber jene Ermittlung war natürlich abgeschlossen und öffentlich bekannt. Ich sagte nichts darüber, wohin ich am nächsten Morgen fliegen würde.

Kurz und gut, falls Gila gehofft hatte, die Art unserer Beziehung werde sich von Grund auf ändern, sollte sie bald herausfinden, daß dem nicht so war. Ich war eindeutig noch nicht bereit für eine feste Bindung. Im nächsten Jahr steckte ich bis zum Hals in Arbeit, vor allem Spionageabwehr und Terroristenbekämpfung. Wenn ich in Israel war, arbeitete ich so weiter wie eh und je, vom frühen Morgen bis nach Mitternacht, manchmal ganze Nächte hindurch, und an den Wochenenden. Und genau wie bisher verschwand ich immer wieder plötzlich und blieb wochenlang weg.

Schließlich kam es zur Krise, an einem Sonntagnachmittag, als wir von Nesher, dem Vorort von Haifa, in dem Gila wohnte, nach Jerusalem fuhren.

Ich fühlte mich großartig. Der Wind pfiff mir in den Ohren, während ich die Haarnadelkurven auf der schmalen Straße nahm. In der Ferne glänzte die Bucht von Akko im Sonnenlicht. Ich war an jenem Morgen aus der Schweiz zurückgekommen, und die Flasche französischer Wein und der Korb mit Delikatessen, die ich mitgebracht hatte, unbehelligt vom Zoll, standen auf dem Rücksitz. Gila hatte sich vor kurzem das Haar kurz schneiden lassen, was ihre Wangenknochen und Augen hervorhob. Es hatte mich überrascht, aber jetzt, eine halbe Stunde später, fand ich sie reizvoller denn je. Ich stimmte das Volkslied »Bab el Wad« an und langte hinüber, um ihr Bein zu streicheln.

Sie schob meine Hand weg. »Schau bitte auf die Straße«.

Ich hörte zu singen auf. »Ich wollte nur...«

»Du fährst wie ein Irrer«, schnitt sie mir das Wort ab. »Eines Tages finden sie deine Leiche unten im Steinbruch.«

Gute zehn Minuten lang fuhren wir schweigend weiter.

»Ich möchte wissen«, sagte sie plötzlich, »was aus dir werden soll.«

Ich lachte. »Was meinst du damit? Glaubst du, daß ich ums Leben komme?« Das war natürlich keine ganz entlegene Vermutung; bei dieser Arbeit war das nicht abwegig; zwei meiner Freunde waren während eines Einsatzes getötet worden.

»Nein, das habe ich nicht gemeint.« Sie wandte sich mir zu. »Wie wird es mit dir weitergehen? Welche Art von Leben baust du dir auf?«

»Weißt du was? Ich denke nicht darüber nach. Nicht einmal hin und wieder.«

»Man muß aber über solche Dinge nachdenken. Peter, du bist über dreißig.«

»Mir gefällt das Leben und mir gefällt die Arbeit. Darauf kommt es für mich an.«

Es war nicht das, was sie hören wollte, aber es war die Wahrheit. Sie hatte von Anfang an gewußt, wer ich war. Davon abgesehen, schien es ein unauflöslicher Widerspruch zu sein: Sie liebte mich so, wie ich war, und trotzdem wollte sie mich ändern.

»Aber was ist das denn für eine Karriere?« hakte sie nach. »Du bist so begabt, so ein wunderbarer Künstler. Es wäre so einfach für dich, an einem Ort zu bleiben, zu vernünftigen Zeiten zu arbeiten und eine Familie zu gründen.«

Ich atmete tief aus. »Das soll ein schönes Wochenende werden. Können wir später darüber reden?«

»Später«, wiederholte sie. »Das ist dein ständiger Refrain. Nein, wir reden jetzt darüber. Halt an.«

Ich wußte inzwischen, wann Gila es ernst meinte. Ich drosselte das Tempo und fuhr auf den Seitenstreifen. Wir waren ein paar Kilometer von dem drusischen Dorf Usfiyya entfernt, das als schimmernder, verschwommener Fleck in der staubigen Ferne zu sehen war.

»Schau«, sagte sie und sah mich eindringlich an, »ich liebe dich. Sehr. Ich möchte dich heiraten. Aber ich brauche dich bei mir, mit der Freiheit, dich mir zu öffnen, wie es ein Mann gegenüber seiner Frau tut. Wenn du in deinem Geschäft bleibst, kann das nicht funktionieren.«

Erst jetzt ging mir auf, daß sie diese Szene wohl schon seit einiger Zeit geplant hatte.

»Ich bin glücklich so, wie es ist. Warum mußt du ständig mit jemandem zusammensein? Das ist für mich keine Liebe, sondern Leibeigenschaft.«

In einem gewissen Maß reizte mich natürlich das Leben, von dem sie träumte. Aber wozu die Eile?

»Weißt du«, fuhr sie fort, »daß du kein einziges Mal gesagt hast ›Ich liebe dich‹?«

»Ich geb's ja zu, mir ist bei solchen Worten nicht wohl. Aber ich habe gesagt: ›Ich mag dich.‹« Ich machte eine Pause. »Sind denn die Worte so entscheidend?«

Sie schwieg ein paar Sekunden. »Du hast recht«, sagte sie. »Reden wir nicht mehr darüber.«

Wir fuhren weiter nach Jerusalem und stiegen in einem winzigen, abgelegenen Hotel ab, in dem wir die nächsten anderthalb Tage verbrachten. Selten waren unsere Gespräche so vertraut gewesen, nie hatten wir so leidenschaftlich miteinander geschlafen. Dann, am Morgen, an dem wir abfahren wollten, sagte mir Gila beim Frühstück, sie sei zu einer Entscheidung gekommen: sie wolle sich von mit trennen, jedenfalls fürs erste.

»Das kannst du nicht machen«, antwortete ich voll Panik. »Ich« – die Pause war unfreiwillig – »habe dich so gern.«

Wider Willen mußte Gila lachen. Ich lachte mit.

»Hör mal«, sagte sie und nahm meine Hand, »wir müssen beide darüber nachdenken. Wir gehen uns ein paar Monate lang aus dem Weg, ohne jede Verbindung miteinander, und sehen dann, wie uns zumute ist.«

»Das ist dein Ernst?«

»Ja, wirklich.«

»Okay.« Ich zuckte die Achseln. »Was kann ich machen?«

Es überraschte mich, wie schwer mich die Trennung traf. In den folgenden Tagen ging Gila mir nicht aus dem Kopf. Ich redete endlos mit Freunden darüber, ertappte mich sogar dabei, daß ich im Büro jammerte. Mehrmals griff ich zum Telefonhörer, um sie anzurufen. Dann, weil ich wußte, daß es zu nichts geführt und ihr sogar eine gewisse Befriedigung verschafft hätte, nahm ich meine ganze Selbstachtung zusammen und legte wieder auf.

Zwei Wochen später war ich eines Nachmittags im Außeneinsatz. In Nazareth war es zu terroristischen Machenschaften gekommen. Wir waren in Sorge: Nirgends in Israel ist ein möglicher Anschlag ein solcher Alptraum, und deshalb war ich fassungslos über die Funknachricht. Ich sollte sofort ins Hauptquartier zurückkommen.

Ich kam gegen 17.30 Uhr in Uzis Büro in Tel Aviv. Seine schmutzigen Stiefel lagen auf dem Schreibtisch auf einem Haufen Unordnung, eine Zigarette hing zwischen seinen Lippen, und er hatte ein Glas Cognac in der Hand. »Das wurde auch Zeit«, sagte er, weit entfernt von der üblichen herzlichen Begrüßung.

»Was sollte ich denn machen, fliegen? Ich war in Nazareth«, sagte ich, leicht verärgert. Der Rangunterschied hatte zwischen uns nie auch nur die geringste Rolle gespielt.

Er winkte mir, ich solle mich setzen. »Reg dich nicht auf. Trink was.« Er schenkte einen Cognac ein, kam um den Schreibtisch herum, gab ihn mir und griff nach einem Zeigestab. »Bist du je in Südamerika gewesen?« fragte er und klopfte gegen eine Weltkarte an der Wand.

»Uzi, ich bin jetzt nicht in der Stimmung für solche Scherze.«

»Du fährst hin. Wir fahren beide. Wir gehen nach Argentinien, um Adolf Eichmann zu holen.«

Ich wußte sofort, daß das kein Witz war. Nicht einmal er hätte über so etwas Scherze gemacht.

Und doch reagierte ich einen langen Augenblick lang überhaupt nicht. Eichmann war für mich weniger ein Mensch als etwas Abstraktes, ein dunkler Mythos.

Im Grund wußte ich wenig über den Mann, der von so vielen als Architekt des Holocaust verabscheut wurde. Ich hatte kein einziges Buch über die Todesmaschinerie der Nazis gelesen; ich ging Dokumentarfilmen über das Thema aus dem Weg. In den fünfzehn Jahren seit Kriegsende hatte ich, soweit ich mich erinnerte, kein detailliertes Gespräch über das Thema geführt. Meine Phantasie reichte mir.

Jetzt überstürzten sich die Gedanken. Eichmann! Ich sollte ihn mit Händen greifen können! Es ging fast über mein Begriffsvermögen.

Nicht daß es für jemanden auf meiner Ebene ein Geheimnis gewesen wäre, daß wir nach ihm gesucht hatten. In unserer Operationszentrale wurde eine dicke Akte über Naziverbrecher aufbewahrt und von einem Kollegen ständig auf den neuesten Stand gebracht. Die Akte enthielt Hunderte von Namen, von denen die meisten völlig unbekannt waren, darunter Nazis aus der regionalen Verwaltung, besonders blutrünstige Lagerwächter, Kommandanten der mordenden Einsatzgruppen. Wenn wir auf Informationen stießen, die verläßlich wirkten, gaben wir sie im allgemeinen an die Behörden des am meisten betroffenen Landes weiter. Erst im Monat davor hatten wir den Holländern dabei geholfen, einen SS-Offizier zu fassen, der für die Hinrichtung vieler holländischer Partisanen verantwortlich war.

Aber Eichmann war einer der wenigen, die in eine andere Kategorie gehörten, zu denjenigen, deren Verbrechen nicht nur die nationalen Grenzen überschritten, sondern auch maßgeblich für die Barbarei der Nazis waren. Zu denjenigen, die wir selbst haben wollten.

Er stand ganz oben auf der Liste.

Trotzdem sah ich den Fall wie die meisten meiner Kollegen inzwischen realistisch. Unsere Aufgabe war die nationale Sicherheit, und es waren die Araber, die Israels Existenz bedrohten. Wir konnten uns keine besessene Suche gestatten oder zu viele Mittel dafür ausgeben.

Wir versuchten in einem vernünftigen Rahmen, die Familien der berüchtigsten Kriegsverbrecher im Auge zu behalten. Wenn es eine glaubwürdige Meldung gab, daß jemand gesehen worden war, wurden sofort Maßnahmen ergriffen, die Meldung nachzuprüfen. Aber es war klar, daß uns zu diesem Zeitpunkt eine solche Meldung nicht weitergeholfen hätte. Wie macht man auf diesem Planeten eine Person ausfindig, die nicht gefunden werden will und beim kleinsten Anzeichen von Gefahr wegläuft? Eine solche Operation war ihrem Wesen nach Glückssache, hing genauso vom richtigen Zeitpunkt und vom Zufall ab wie von der Vorbereitung.

Persönliche Erfahrung hatte mich in dieser Meinung bestärkt. Vor zwei Jahren, als ich in Deutschland arbeitete, war ich vom Hauptquartier nach München beordert worden. Wir hatten erfahren, daß der Sohn des früheren Gestapochefs Müller, der mehrere Wochen lang Urlaub machen wollte, ein Ticket nach Brasilien gekauft hatte. Der Sohn sollte gründlich observiert werden.

So kam es, daß ich eines Morgens, mit meiner Sekretärin als Paar getarnt, das Haus überwachte, in dem er wohnte (drei Stockwerke, vier Wohnungen auf jeder Etage), als ein Mann in mittleren Jahren durch den Vorderausgang auf die Straße trat. Der Mann stand nicht auf der Liste; wir hatten nur Fotos von dem Sohn, seiner Familie und seiner Mutter bekommen. Aber seine Haltung, sein Gang, sagten mir, daß es ein SS-Mann war! Wir berieten uns hastig flüsternd, dann verließen wir unseren Posten und folgten ihm. Er ging rasch auf ein Ladenzentrum zu, betrat einen Tabakwarenladen, kaufte eine Zeitung. Als er einen Bus Richtung Innenstadt bestieg, beschlossen wir, zu dem Haus zurückzukehren, in dem der Sohn wohnte.

Am Abend bekamen wir ein Bild von Müller. Bis heute sind andere im Geheimdienst skeptisch – manche machen sich über den bloßen Gedanken lustig –, aber wir beide sind uns absolut sicher: Er war es! Aber er kam nie zu dem Haus zurück.

Eichmann war noch schwerer auszumachen. Im Verlauf der Jahre hatte es keine einzige ernstzunehmende Meldung gegeben, er sei gesehen worden. Wir hatten keine Spur, der wir folgen konnten, nicht einmal eine kalte; der Mann wirkte wie ein Phantom, und nach fünfzehn Jahren war es außerdem durchaus möglich, daß er nicht mehr am Leben war.

Womit ich nicht gerechnet hatte, war das Maß, in dem Menschen außerhalb des offiziellen Kreises sich an der Nazijagd beteiligten, Menschen, deren Interesse daran und am jüdischen Wohl im allgemeinen ebensostark war wie unseres.

Im Rückblick war das naiv von mir. Unsere Abteilung bestand aus den fähigsten und engagiertesten Fachleuten, die ein Geheimdienst nur aufweisen kann, und wir setzten die allerbeste Technik ein. Sicher verdankten wir unseren hervorragenden Ruf zumindest teilweise der Tatsache, daß viele Juden, die als Teil einer winzigen Minderheit in anderen Kulturen aufgewachsen waren und sich oft so gut integriert hatten, daß sie von der Mehrheit nicht zu unterscheiden waren, einzigartig qualifiziert waren für dieses seltsame Geschäft. Die beiden berühmtesten Spione, die Israel je hervorbrachte – Wolfgang Lotz, der sich als deutscher Pferdezüchter ausgab und in den höchsten Kreisen der ägyptischen Elite verkehrte, lieferte unschätzbares Material über die deutschen Wissenschaftler und ihr Raketenprogramm; und Eli Cohen, dessen Kontakt zu den höchsten Kreisen der syrischen Regierung und des Militärs es ihm ermöglichte, zuverlässige Zeichnungen der syrischen Befestigungsanlagen auf den Golanhöhen anzufertigen –, spielten beide Rollen, in die sie hineingeboren worden waren. Lotz war der Sohn eines nichtjüdischen Vaters und einer jüdischen Schauspielerin aus Mannheim, und Cohen war ein Jude syrischer Abstammung aus Alexandria in Ägypten. Und sicherlich haben sich noch mehr erfolgreiche israelische Agenten ihren biographischen Hintergrund auf ähnliche Weise zunutze gemacht.

Natürlich fallen nichtisraelische Juden nicht in dieselbe Kategorie. Ihre Loyalität gilt fast immer in erster Linie dem Land in dem sie leben. Es überrascht jedoch nicht, daß sich solche Menschen oft besonders für Dinge interessieren, in denen sie eine Bedrohung der Existenz des jüdischen Volkes sehen.

Wie Uzi mir erklärte, war in diesem Fall genau das geschehen. Der Mann der für Eichmann gehalten wurde, war 1957 von einem emigrierten deutschen Juden in Argentinien entdeckt worden.

Ich schaute Uzi gespannt an und wartete auf eine Erklärung. 1957 – das lag drei Jahre zurück.

»Und …?« half ich nach.

Uzi schüttelte den Kopf. »Es war die reinste Posse. Wir hätten ihn beinahe verloren.«

Mein Freund fuhr fort, unsere Leute hätten die Information zunächst als unwahr abgetan, nachdem ein Ermittler, der nach Argentinien geschickt worden war, zu der Schlußfolgerung kam, sie sei haltlos. Als er sich mit dem Informanten traf, störte ihn das, was er für die übersteigerte Phantasie des Blinden hielt. Als er dann das Haus in der Chucabuo-Straße besichtigte, war er davon überzeugt, es sei ausgeschlossen, daß ein Mann von Eichmanns Format in einer solchen Bruchbude wohnen konnte.

Nur die Hartnäckigkeit des Blinden und die von Dr. Fritz Bauer, dem jüdischen Staatsanwalt in Deutschland, hatten Isser so viel später dazu bewogen, einen zweiten Ermittler hinzuschicken. Inzwischen war die Zielperson, bekannt unter dem Namen Ricardo Klement, zwar aus dem früheren Haus ausgezogen, aber sie war in einem neuen in San Fernando aufgespürt worden, einer ärmlichen Arbeitergegend am Rand von Buenos Aires. Dieses Mal waren die Ergebnisse äußerst vielversprechend. Einigermaßen deutliche Aufnahmen von Klement zeigten eine Ähnlichkeit. Außerdem entsprach das Alter seiner Frau und der beiden älteren Söhne – ein viel kleinerer war ebenfalls identifiziert worden – dem von Vera, Nicolas und Dieter Eichmann. Am ermutigendsten war, daß die Klements bei einem Familienfest beobachtet worden waren, bei dem es sich um den fünfundzwanzigsten Hochzeitstag der Eichmanns handeln mußte.

Während ich zuhörte, hätte ich am liebsten Luftsprünge gemacht und gejubelt. Es war wahr, es mußte wahr sein!

Aber ich hielt mich zurück. »Was ist mit den Lebensumständen?« fragte ich. »Würde ein Mann wie Eichmann …?«

Er zuckte die Achseln. »Menschen tun, was sie tun müssen, um zu überleben.«

»Ist es möglich, daß die Leute einen Verdacht geschöpft haben?«

Uzi seufzte. »Wir hoffen es nicht. Noch nicht.« Er machte eine Pause. »Der Auftrag ist nicht gerade ordentlich und sauber erledigt worden.«

Eine starke Untertreibung. Mein Freund schilderte jetzt die Operation in Buenos Aires. Ein Mann namens Hans hatte sie geleitet, ein fähiger Vernehmungsbeamter, der jedoch als Agent im Außeneinsatz wenig Erfahrung hatte. Während ich zuhörte, schauderte mir angesichts der Blößen, die er und seine Untergebenen sich gegeben hatten. Abgesehen von grundlegenden Vorgehensfehlern – einer drastisch überzogenen Überwachung des Hauses, das Herumfragen an Orten, wo die Anwesenheit der Agenten verdächtig wirken mußte, das Führen von wichtigen Gesprächen, ohne sicherzustellen, daß niemand mithörte –, hatten sie Schnitzer gemacht, die über alles hinausgingen, was man sich vorstellen konnte. Eines Abends überschlugen sie sich mit einem Jeep in einer ruhigen Straße, die nur ein paar Ecken vom Haus der Klements entfernt war. Noch schlimmer, im Bemühen, näher an die Zielperson heranzukommen, sogen sie sich eine Geschichte aus den Fingern, die ihnen nicht einmal ein Kind abgenommen hätte. Sie behaupteten, sie recherchierten als Beauftragte einer amerikanischen Firma in der Gegend, die daran interessiert sei, hier eine Fabrik zu bauen – und das trotz der Tatsache, daß es dort weder Wasser noch Strom gab und die Kanalisation so miserabel war, daß sie jeden Winter überlief. Einmal tischten sie diese haarsträubende Geschichte sogar Klements Schwiegertochter auf. Als sie hörte, daß sie englisch sprachen, ging sie ebenfalls zu dieser Sprache über. Und weil sie besser Englisch konnte als die Agenten, waren diese zu einem hastigen Rückzug gezwungen.

Selbst danach ließen sie nicht locker. Kurz darauf näherten sie sich Klement, um mit einer in einer Aktentasche versteckten Kamera eine Nahaufnahme von ihm zu machen. Sie bekamen die Bilder, aber dann gaben sie sich den Gnadenstoß, als sie den unbezahlbaren Film zum Entwickeln in ein großes Fotogeschäft in der Innenstadt schickten. Und das in einer Stadt, in der es von Nazisympathisanten wimmelte.

»Willst du das Schlimmste hören?« schloß Uzi lächelnd. »Hans kommt mit uns nach Argentinien.«

Denn so unglaublich es angesichts der Litanei wirkte, die ich eben gehört hatte, war die Operation noch durchführbar. Klement war noch am selben Ort. Wir durften uns jetzt keine Sorgen mehr über die Fehler der anderen machen, unsere Aufgabe war, weiterzumachen.

Wir gingen sofort an die Planung. Es war von Anfang an klar, daß ich das Team leiten sollte, das Eichmann faßte.

»Was meinst du, wie viele Männer wirst du brauchen?« fragte Uzi.

Ich mußte keinen Augenblick lang darüber nachdenken: »Nur einen. Mich. Vielleicht noch drei zur Rückendeckung.«

»Meinst du?« Er lächelte. »Ich dachte mir schon, daß du so antworten würdest.«

»Na bitte.«

»Warum? Wie hast du es dir gedacht?«

»Vermutlich arbeiten wir doch nachts, in einer abgelegenen Gegend. Wenn er zu viele Leute sieht, könnte ein solcher Mann in Panik geraten. Außerdem ist es einfacher. Ich kann allein üben.«

»Und wenn er stark ist? Wenn er sich wehrt?«

»Ich bin stärker. Und ich habe die Überraschung auf meiner Seite.«

»Wie? Zeig es mir.«

Ich stand auf. »Wie? Komm auf mich zu.«

Er kam vorsichtig näher. Ich packte ihn unvermittelt, wirbelte ihn herum, nahm seinen Hals in den Schwitzkasten und drückte auf den Kehlkopf, damit er nicht sprechen konnte.

»Siehst du?« Ich ließ ihn los.

Er rieb sich den Hals, legte einen Arm um meine Schulter und führte mich auf den Balkon vor dem Büro. Es war ein herrlicher Frühlingsabend. Wir konnten in der Ferne den angestrahlten alten Uhrenturm von Jaffa sehen, und unter uns schlug das Mittelmeer gegen die alten Hafenmauern.

Uzi massierte sich immer noch leicht den Hals.

»Also?« fragte ich.

»Wir bringen Adolf Eichmann in Jerusalem vor Gericht«, erklärte er. »Und du wirst ihn fassen, Peter. Du, mit deinen eigenen Händen.«

14. Kapitel Der Plan

Uzi und ich sprachen in jener Nacht so lange miteinander, daß es fast schon dämmerte, als ich in meine Wohnung zurückkam. Der Theater-Klub, der beliebte Nachtklub im Keller des Hauses, hatte erst eine Stunde zuvor geschlossen. Bis auf einen Straßenreinigungswagen, der vorbeirumpelte, war alles still. Erschöpft stieg ich in meine winzige Wohnung im zweiten Stock hinauf und fiel ins Bett.

Aber ich konnte die Gedanken nicht abstellen, die durch meinen Kopf rasten. In den vorangegangenen zehn Stunden hatten wir uns über die groben Züge eines Plans geeinigt und über das Team, das eine der schwierigsten Operationen übernehmen sollte, die wir je durchgeführt hatten. Jetzt mußten wir den Plan nur noch verwirklichen.

Die Frage, wer zu dem Team gehören sollte, war weniger schwierig zu beantworten, als man vermuten könnte. In unserem Geschäft war es unmöglich, Talent zu übersehen, wenn es auch nicht immer angemessen belohnt wurde. Für die Außenwelt bleiben wir anonym, aber alle beim Geheimdienst hatten einen Ruf innerhalb der Organisation.

Der dritte Name auf der Liste, nach Uzi und mir, war der von Uzis Stellvertreter als Leiter der Abteilung von Sonderoperationen, Aharon. Er war in der Schweiz geboren, ziemlich asketisch, stellte hohe Ansprüche an sich und alle anderen und war ein Mann, der nicht die mindeste Geduld mit Mittelmäßigkeit aufbrachte. »Das ist schlimmer als kriminell«, hatte ich ihn mehr als einmal mit einem deutschen Akzent sagen hören, der gar nicht zu ihm paßte und an Peter Lorre erinnerte, »es ist dumm.« Es war nicht leicht, mit ihm warmzuwerden, aber bei einem solchen Auftrag war es beruhigend, ihn dabeizuhaben.

Aharon würde vor allem für die Logistik und die Planung zuständig sein. Man konnte sich darauf verlassen, daß er sich bald wie ein verbissener Jeschiwaschüler einschließen und nächtelang über Stadtplänen von Buenos Aires und Karten der Umgebung sitzen würde, um Routen in das Operationsgebiet und aus ihm heraus auswendig zu lernen.

Der nächste war Meir, ebenfalls eine naheliegende Wahl. Seine Stärken machten mehr als wett, was bei anderen als Schwächen gesehen worden wären: seine Schwierigkeiten mit Sprachen und sein Problem, sich anderen Kulturen anzupassen, vor allem dem ungewohnten Essen. In Deutschland war das Essen kein Thema gewesen, aber selbst nach unserer langen Dienstzeit dort sprach er immer noch dasselbe Schuldeutsch wie am Anfang.

Ich bin der Meinung, daß das Thema Sprachkenntnis häufig überbewertet wird; es kann manchmal sogar ein Vorteil sein, die Landessprache nicht zu beherrschen. Dadurch wird es einfacher, sich dumm zu stellen, und weder mit Taxifahrern noch mit Kellnern gibt es längere Unterhaltungen. Selbst wenn ein Fremder jemanden beleidigt, wird das aller Wahrscheinlichkeit nach der Unkenntnis zugeschrieben und nicht für Absicht gehalten.

Dieses Mal war die Frage ohnehin rhetorisch. Nur die wenigsten von uns konnten Spanisch. Eine größere Sorge war, daß Meir möglicherweise in der Öffentlichkeit an einer einheimischen Spezialität würgte. Zum Glück würde Meir die meiste Zeit damit beschäftigt sein, sich um das Versteck und die Wartung der Fahrzeuge zu kümmern.

Auch Danny, mein Fälscherfreund aus Paris, der absolut Beste in seiner Branche, gehörte zum Team. Danny war hohlwangig und sah immer traurig aus, wie eine Figur aus einem Gemälde von El Greco. Er wirkte, als ob er eher in eine Pflegeheim gepaßt hätte als in die Geheimdienstarbeit. Aber irgendwie brachte er das Durchhaltevermögen auf, Stunde um Stunde gewissenhaft zu arbeiten. Auch er war ein Mann, auf den wir auf keinen Fall verzichten konnten.

Die anderen kannte ich nicht besonders gut: den in Deutschland geborenen Hans, der um ein Haar die Ermittlung in Südamerika verpfuscht hätte, aber als ein erstklassiger Vernehmungsbeamter galt; einen Mann namens David, der für die Außenkontakte zuständig war; einen Arzt von einem Krankenhaus in Tel Aviv, der sich um die Gesundheit des Gefangenen und, in unserer totalen Isolation, die des Teams kümmern sollte; außerdem noch mehrere andere, die noch gefunden werden mußten, darunter so gut wie sicher auch eine Frau.

Eine fähigere Mannschaft als unsere ließ sich im israelischen Geheimdienst nicht aufstellen. Wir waren zwar alle erst Ende Zwanzig oder Anfang Dreißig, aber die Schlüsselagenten – Uzi, Aharon, Meir, Danny und ich – hatten jeder schon über zehn Jahre Erfahrung auf dem Gebiet. Genauso wichtig war, daß uns die Arbeitsweise und die Eigenheiten der anderen vertraut waren. Dazu kam, daß wir stärker motiviert waren als üblich. Bis auf Uzi hatte jeder von uns Familienangehörige in den Lagern verloren.

Dann stieß noch ein letztes Mitglied zum Team: Isser Harel selbst. So ungewöhnlich es war, daß der Chef der Geheimdienste eines Landes auch nur daran dachte, während einer solchen Operation selbst in den Außeneinsatz zu gehen, noch dazu angesichts der Möglichkeit internationaler Auswirkungen, die äußerst peinlich werden konnten, ließ sich Isser das nicht nehmen, selbst wenn das bedeuten sollte, daß alle andere Arbeit zum Stillstand kam. Er, der beinahe ohne jede Hilfe die israelischen Geheimdienste zu einer schlagkräftigen Truppe geformt hatte, war besessen davon, seine Vorrechte und seinen Ruf zu wahren. Aber das war kaum Issers einziges Motiv. Ich selbst hatte ihn sagen hören, er hätte alles darum gegeben, Hitler in die Hände zu bekommen. Näher als in diesem Fall würde er seinem Wunsch nie wieder kommen.

Ich sah darin, daß Isser in Buenos Aires sein würde, eine positive Entwicklung. Das bedeutete, daß wir alles, was wir brauchten, sofort bekamen, ohne lange Gespräche zu führen oder uns mit Untergebenen herumzustreiten: Verstecke, Fahrzeuge, Bargeld. Und wir brauchten uns auch keine Sorgen darüber zu machen, daß der Chef unsere Aktivitäten in jedem Augenblick oder täglich überwachte. Er würde im Hotel wohnen, von uns anderen getrennt. Er arbeitete sogar schon an einem seltsamen und hochkomplizierten Plan, nach dem er die meiste Zeit damit verbringen würde, die Cafés der argentinischen Hauptstadt in einem bestimmten Muster aufzusuchen und gelegentlich, aber nicht immer, mit Leuten zusammenzutreffen, mit denen er Informationen austauschen wollte.

Der Plan war typisch für Harel. Der Mann war so verliebt in die Vorstellung von geheimen Aktivitäten, daß er meiner Meinung nach oft über das Ziel hinausschoß und Dinge komplizierte, die im Grunde einfach waren. Außerdem war er vernarrt in Decknamen. Diese Operation hatte er jetzt schon »Attila« getauft.

Nach nur zwei Stunden Schlaf war ich wieder in Uzis Büro. Auch Meir und Aharon waren da. Mir fiel auf, daß wir uns plötzlich mit anderen Augen musterten. Wir sollten gemeinsam die Welt auf den Kopf stellen. Einen Augenblick lang war es, als ob wir uns so gut wie gar nicht kannten.

Dann brach Uzi das Eis. »Gut, ihr habt alle darüber geschlafen. Irgendwelche intelligenten Ideen?«

Typisch Uzi. Während Isser der Prototyp des einsamen Wolfs war, immer auf Sicherheit und Geheimhaltung bedacht, und sich oft nicht einmal seinen dienstältesten Adjutanten anvertrauen wollte, saß Uzi stundenlang mit seinem Team zusammen und besprach jeden möglichen Zug. Ganz gleich, wie wichtig die Operation war, sein Stil war es, den Konsens zu suchen. Obwohl die letzte Entscheidung immer bei ihm lag, vermittelte er das Gefühl, die Ideen aller seien wertvoll und würden von ihm geschätzt. Daran war nichts Altruistisches; er wußte einfallsreiche Agenten zu schätzen und hatte keinerlei Interesse an bloßen Befehlsempfängern.

»Hoffen wir mal, daß dieser Klement bleibt, wo er ist«, sagte Aharon trocken mit seinem seltsamen schweizerdeutschen Akzent. »Hans ist noch drüben und schnüffelt herum.«

»Dagegen können wir nichts machen«, stellte Uzi fest. »Schauen wir uns erst mal an, was wir an Fotos haben?«

Meir schaltete das Licht aus, und einen Augenblick später erschien das Brustbild eines Mannes Mitte Dreißig in SS-Uniform: ausgeprägte Backenknochen, spitze Nase, dünne Lippen, ausdruckslose Augen, die unter dem glänzenden schwarzen Mützenschirm kühl in die Kamera schauten. Das Gesicht hätte aus der Kartei eines Besetzungsbüros stammen können, das Inbild des Nazikommandanten, grausam, entschlossen, seiner selbst äußerst sicher.

Uzi zeigte das nächste Dia, ebenfalls während des Kriegs aufgenommen, aber dieses Mal nicht in Pose, aus der Entfernung. Der Mann trug einen Überzieher und Schaftstiefel, hielt eine Reitpeitsche und schaute nach links.

Hinter mir ging die Tür auf. Ich drehte mich um. Da stand Uzis hübsche Sekretärin Alona, ein Telegramm in der Hand, und starrte auf das Dia.

»Eichmann«, stieß sie hervor.

Uzi nahm ihr das Telegramm aus der Hand. »Ja. Aber das

bleibt unter uns.« Er machte eine Pause. »Haben Sie das verstanden?«

Sie nickte, deutlich erschüttert.

»Gut.«

»Soll ich keine Anrufe mehr zu Ihnen durchstellen?«

»Bitte.«

Sobald sie fort war, ging Uzi zum nächsten Dia über: ein Mann Ende der mittleren Jahre, schon etwas kahl und hohlwangig, eine Brille mit schwarzem Gestell über einem dicken Schnurrbart auf der Nase. Er trug einen sauberen, aber offensichtlich billigen Anzug. Klement, in der Nähe seines Hauses in San Fernando.

Ich beugte mich interessiert vor. Konnte das wirklich derselbe Mann sein?

»Zeig beide Dias nebeneinander«, bat ich.

Das erste Dia erschien neben dem letzten. Ich konzentrierte mich auf die Gesichtszüge, Augen, Ohren, Form der Nase, den Winkel des Kinns. Möglicherweise hatte Klement falsche Zähne. Nur die Ohren und die Backenknochen der gebeugten Gestalt in Buenos Aires zeigten deutliche Ähnlichkeit mit denen des SS-Mannes.

»Nicht leicht zu entscheiden, nicht wahr?« murmelte ich.

»Diese Fotos sind von unseren besten Fachleuten für Identifizierung untersucht worden«, stellte Aharon fest; »man hat auch die Meinung von Ärzten am Tel-Hashomer-Krankenhaus eingeholt. Sie haben ein gutes Gefühl.«

»Es bleibt ein gewisses Risiko«, warf Uzi ein. »Das ist wahr. Wir haben keine absolute Gewißheit, bis wir ihn haben.«

Ein langes Schweigen. »Wenn wir erst sicher sind«, machte Meir zum ersten Mal den Mund auf, »warum bringen wir das Schwein dann nicht an Ort und Stelle um?«

Uzi nickte. »Ich bin mir sicher, daß wir alle dieses Gefühl haben.«

Meir schüttelte bitter den großen Kopf. »Was für eine Chance hat er den Menschen in den Lagern gegeben?« wollte er wissen. »Ich habe sie gesehen, diejenigen, die überlebt haben. Welche Rücksicht hat er auf sie genommen?«

Die anderen waren überraschter als ich. Sie waren nicht mit ihm in Deutschland gewesen, sie hatten nie gehört, daß Meir auch nur annähernd so leidenschaftlich sprach. Lange Zeit gab niemand Antwort.

»Laßt uns nie vergessen«, sagte Uzi schließlich, »daß das einer der Unterschiede zwischen ihm und uns ist.«

Und doch verstand ich in den nächsten beiden Tagen, während ich mich durch die dicke Eichmann-Akte arbeitete, Meirs Standpunkt immer besser. Weil ich es mir seit langem angewöhnt hatte, solchem Material aus dem Weg zu gehen, merkte ich immer wieder, daß ich gegen alle Erwartung erschüttert war. Die Einzelheiten trafen mich sogar stärker als die groben Umrisse der Karriere des Mannes. Was war wohl in den Teilnehmern einer Konferenz vor sich gegangen, bei der es zum Beispiel um Richtlinien dafür ging, ob ein Vierteljude länger leben durfte als ein Dreiachteljude, und um wieviel länger? Wer, in Gottes Namen, hatte Monat für Monat dasitzen können und zuhören können, wie unschuldige Seelen um ihr Leben bettelten – deutsche Juden, die im Ersten Weltkrieg Helden gewesen waren; Menschen, die er als Kind gekannt hatte; Eltern, die sich mit ihrem Schicksal abgefunden hatten, und ihre kleinen Kinder retten wollten –, ohne sich auch nur ein einziges Mal zum Mitleid bewegen zu lassen? Was für eine Art von menschlichem Wesen hatte sich so viele Tricks ausdenken können, die den zum Tod Verdammten auch noch die Würde nahmen?

Als ich die Akte weglegte, war mir nicht nur von Grund auf schlecht, mich überkamen auch dunkle Ahnungen. Eichmann baute sich als ein schrecklicherer Gegner vor mir auf als jeder, den ich bisher verfolgt hatte. Zu Millionen waren Menschen genau wie ich nach seinem Belieben vernichtet worden. Vor fünfzehn Jahren waren Nazigenerale im Feld – ganze Armeen! – blindlings seinem Befehl gefolgt. Wenn das Böse in ihm mir schon auf dem Papier absolut unfaßbar erschien, galt dasselbe wohl erst recht für die leibhaftige Person. Welche Blödheit, welche Arroganz hatte mich dazu bewogen, die alleinige Verantwortung für seine Gefangennahme zu übernehmen? Es gab unendlich viele Möglichkeiten, daß etwas schiefging. Ein Polizist konnte zufällig im falschen Augenblick vorbeigehen, oder jemand konnte aus dem Fenster schauen. Und danach würden sich meine Kollegen, möglicherweise das ganze jüdische Volk, nur noch daran erinnern, daß wir Adolf Eichmann hätten fassen können, und daß er durch meine Schuld entkommen war.

Nie zuvor in meiner Laufbahn hatte ich vor so etwas Angst gehabt, doch jetzt fürchtete ich mich vor dem Versagen. Einmal war ich sogar nahe daran, Uzi vorzuschlagen, daß wir einen anderen Plan ausarbeiten sollten. Aber im selben Augenblick übernahm ein anderer Teil in mir das Kommando: »Halt den Mund! Du wirst tun, was du versprochen hast!« So schwieg ich.

Als Reaktion darauf vergrub ich mich in die Arbeit. Es war immer mein Prinzip, mich ausschließlich auf den vorliegenden Auftrag zu konzentrieren. Deshalb hatte ich es nie gern, wenn ich mich gleichzeitig mit mehreren Einsätzen beschäftigen mußte; das macht mich weniger effektiv. Damit ich mein Bestes gebe, muß ich vierundzwanzig Stunden am Tag mit einem Auftrag leben, und ich habe wenig Geduld für jemanden oder irgend etwas, das mich davon ablenkt. Jetzt ging es mir sogar mit meinem Selbstzweifel so.

Für diese Operation waren schon die äußeren Vorbereitungen endlos. Weil der Kauf bestimmter Dinge in Argentinien wahrscheinlich Verdacht wecken würde, mußten Aharon, Meir und ich den Einsatz Schritt für Schritt und Tag für Tag durchdenken und die Liste dessen, was sich dort ohne Aufsehen besorgen ließ (Hammer, Nägel, Sägen, Holz und andere Baumaterialien; Ventilatoren und Hygieneartikel) und was von Israel aus hingeschickt werden mußte, immer wieder überarbeiten. Schließlich wurden die folgenden Sachen nach Buenos Aires geschickt, an vier verschiedene Adressen, mit drei verschiedenen Flügen, verpackt in gut gepolsterte, aber unauffällig wirkende Pakete:

- Acht französische Sprechfunkgeräte mit Reservebatterien
- Vier britische Feldstecher
- Sechs Taschenlampen
- Ein Dutzend falsche Nummernschilder
- Zwei Sätze Elektrowerkzeuge im Kleinformat
- Drei Paar Handschellen
- Ein tragbares Fälscherlabor
- Einbruchswerkzeuge, auch für komplizierte Schlösser
- Ein kompletter Schminkkasten mit Perücken, falschen Zähnen und Barthaar.

Gleichzeitig machte ich in der Turnhalle einen Intensivkurs, der meine Kraft und meine Reaktionsschnelligkeit verbessern sollte. Weil ich besessen davon war, mein Können in einer realistischeren Umgebung zu verbessern, machte ich mir meinen Ruf zunutze, ich sei ein unberechenbarer Spinner. Zur Überraschung und zum wachsenden Entsetzen meiner Kollegen, von denen keiner auch nur die leiseste Ahnung hatte, was ich wollte, erwischte ich sie unvorbereitet, sprang sie an, wenn sie pfeifend den Flur entlanggingen oder in eine Aktennotiz vertieft um die Ecke kamen, und packte sie an der Kehle. Ich stellte fest, daß Frauen besonders geeignet als Opfer waren, um einen Griff auszuprobieren, der einerseits so kräftig war, daß er bis auf ein Luftholen alle Laute unterband, und andererseits so zurückhaltend, daß er keinen bleibenden Schaden anrichtete. Was Männer anlangte, waren mir die größten am liebsten; ich brauchte jede Menge Übung für meine Hebeltechnik. Mein Lieblingsopfer war ein Mann namens Mikael, ein Berg von einem Agenten, ein Muskelpaket von 230 Pfund, der bald die Flucht ergriff, wenn er auch nur hörte, ich sei in der Nähe.

Uzi machte mein plötzlich so irrationales Verhalten einen Riesenspaß. Mehrere Male sah ich ihn auf dem Flur, wie er mich beim Anpirschen beobachtete und erwartungsvoll lächelte. Aber es entging mir auch nicht, mit welcher Vorsicht er die Distanz zu mir wahrte.

Seltsamerweise stellte mir nie jemand Fragen darüber. Sie wußten zwar nicht, was wir vorhatten, aber jedermann im Gebäude war bewußt, daß jederzeit etwas losgehen konnte, daß nichts unbedingt so sein mußte, wie es schien; daß sie, wenn sie zuließen, daß sie überfallen wurden, möglicherweise zum Erfolg einer Operation beitrugen.

Außer Isser war der einzige Mensch im Gebäude, der vor einem Überfall sicher war, Amos Manor, der Chef der inneren Sicherheit. Das hatte nichts mit seiner Prominenz zu tun. Mir war bewußt, was für Sorgen er im Augenblick hatte. Manor war ein großzügig denkender Mann und er war von jeher »einer von uns« gewesen. Er gehörte zu den wenigen Nichtbeteiligten, die genau über Attila Bescheid wußten, und hatte sich von Anfang an besorgt darüber geäußert, daß so viele tüchtige Agenten gleichzeitig fort waren, was lebenswichtigen Operationen zu Hause schaden könne. Es war nicht einfach, einen solchen Standpunkt einzunehmen, und ich gehörte zu denen, die den Mut bewunderten, mit dem er ihn aufrechterhielt; aber dazu kam noch seine Enttäuschung darüber, daß er nicht selbst dabei war. Amos hatte Auschwitz überlebt, aber der größte Teil seiner Familie nicht.

»Peter«, sagte er eines Nachmittags zu mir, nahm meinen Arm, als ich den Flur entlangkam, und führte mich in sein Büro, »komm, laß uns ein bißchen reden.«

Wir verbrachten etwa eine halbe Stunde mit einem Gespräch über Fragen der inneren Sicherheit, darüber, wer während meiner Abwesenheit welche meiner Aufgaben übernehmen sollte und was vordringlich war. Als ich aufstand und gehen wollte, legte er mir den Arm um die Schulter und schaute mich ernst an. »Tu mir einen Gefallen. Gib ihm für mich einen Extradruck auf den Hals.«

Wir hatten so wenig Zeit, und jede Vorbereitung konnte entscheidend wichtig sein! Zu den Dingen, die immer wieder aufgeschoben wurden, gehörte mein Plan, für mehrere Mitglieder des Teams eine zusätzliche Identität zu schaffen. Falls Eichmann oder jemandem in seiner Umgebung in dieser abgelegenen Gegend ein unbekanntes Gesicht auffiel, konnte das die Operation gefährden.

Schließlich ließ es sich nicht länger hinausschieben. Sobald ich eine freie Stunde hatte, packte ich einen von uns am Kragen und schleppte ihn in mein behelfsmäßiges Atelier im dritten Stock des Hauptquartiers. Man muß sich anstrengen, wenn man ein anderer Mensch werden will. Es geht nicht nur um andere Kleider, anderes Haar oder ein bißchen Schminke. Man muß lernen, sich in einer ganz neuen Haut wohl zu fühlen, anders sprechen und sich anders bewegen, sich anderen gegenüber so verhalten, wie es dieser andere Mensch täte.

Bei den meisten von uns, die eher lässige Typen waren, fing ich mit einem gut geschnittenen Anzug an. Das war ein Erfahrenswert. Es ist verblüffend, welche Wirkung teures Tuch auf die Selbsteinschätzung eines Mannes haben kann, der sonst so aussieht, als kaufe er nur in Trödelläden ein. Ich brauche gar nicht mehr zu tun, damit er anders geht und sitzt, sich häufiger rasiert und weniger oft flucht. Es kommt nicht selten vor, daß ihnen das schnell gefällt. Ihr neues Selbst ist schließlich soviel kultivierter als das, an das sie gewöhnt sind, und es scheint bei vielen anderen außerdem gut anzukommen. Wenn die gepflegte Erscheinung nicht so verflucht viel Arbeit machen würde, angefangen beim Kaufen neuer Kleider über die Sorge, daß sie nicht zerknittert aussahen, die gründliche Rasur an jedem Morgen und alle zwei Wochen einen Haarschnitt, hätten sich einige diesen Stil vielleicht sogar über den Auftrag hinaus zu eigen gemacht.

An einem frühen Abend gelang es mir, Uzi, Meir und Aharon gleichzeitig im Atelier zu versammeln. Es war wieder ein langer, angespannter Tag gewesen, deshalb hielt ich es für eine gute Idee, an den Perücken zu arbeiten. Nachdem jeder zwei Bier getrunken hatte, fiel die Anspannung etwas von uns ab. Während ich Uzi für die Perücke präparierte und ihm dann eine nach der anderen aufsetzte, stießen sich die anderen in die Rippen, zeigten mit dem Finger und waren bald nicht mehr in der Lage, ihr Lachen zu unterdrücken. Unser Freund sah mit seinem geröteten, wettergegerbten Gesicht wie ein unansehnliches Mädchen von achtzehn aus, das verzweifelt versucht, schick zu wirken.

»In so was könnte ich mich glatt verlieben«, stellte Meir fest und grinste.

Uzi führte seine Version eines verführerischen Ganges vor. »Du hast dich schon in schlimmere Puppen verknallt. Aber erst mußt du was mit deinem Haar unternehmen.« Er machte eine Pause. »Laß dir welches wachsen.«

Ich suchte nach einer neuen Perücke, als das Telefon klingelte. Uzi nahm den Hörer ab, die Perücke immer noch schief auf dem Kopf.

»Nur wir vier – ich, Peter, Aharon und Meir«, sagte er. Wir wußten sofort, daß es Isser war. Sein üblicher Gruß bestand in der Frage, wer sonst noch im Zimmer sei.

Fünf Minuten lang hörte Uzi zu, ohne ein Wort zu sagen.

Schließlich legte er auf und wandte sich uns zu, ausdruckslos. »Möglicherweise werden wir beauftragt, Mengele auch noch zu holen. Offenbar hat einer von uns seine Frau beschattet, und der Agent ist überzeugt davon, daß auch Mengele in Buenos Aires ist.«

Eine lange Pause entstand, während wir die aufregende Information zu verdauen versuchten.

»Was haben sie für Anhaltspunkte?« meldete sich schließlich Aharon zu Wort. »Ist er dort identifiziert worden?«

»Sie haben etwas beim Überwachen der Post- und Telefonverbindungen mit Deutschland aufgeschnappt. Offenbar hat Isser das Gefühl, die Information sei so verläßlich, daß wir ihr nachgehen müssen.«

Ich schüttelte den Kopf. Das war Wahnsinn. Natürlich war die Aussicht verlockend: Mengele, dieser sadistische Arzt, dessen grauenhafte pseudowissenschaftliche Experimente und dessen Vergnügen daran, die Selektionen in Auschwitz selbst vorzunehmen, ihm den Beinamen »Todesengel« eingetragen hatten. Seine Verbrechen waren ungeheuerlich, und gewiß mußte auch er vor Gericht gebracht werden. Aber es war nicht der richtige Zeitpunkt. Verglichen mit Eichmann, der Herr über das Schicksal eines jeden Juden auf dem Kontinent gewesen war, war Mengele ein kleiner Fisch.

»Wenn wir das versuchen«, sagte ich laut, »verlieren wir beide.«

Aharon stimmte mir mit einem tiefen Seufzer zu.

»Das ist keine Bitte, sondern ein Befehl«, sagte Uzi.

Aber gleich darauf wurde er milder. »Na ja, vergeßt das erst mal. Es ist noch nichts entschieden. Warten wir ab, was sich an dieser Front tut.«

In meinem Atelier mußte ich noch eine Aufgabe erledigen, eine ganz persönliche, die ich allein übernahm. An einem Nachmittag schloß ich alle Läden und schaltete alle Lampen aus, richtete eine starke Leuchte auf einen Perückenkopf und arbeitete in den nächsten dreieinhalb Stunden mit Farben und Formgips an dem weißen Oval vor mir. Erst bildete ich den dünnen Mund und das längliche Kinn nach, die spitze Nase und die ausgeprägten Backenknochen, dann die dunklen Augen und die dichten Brauen. Schließlich tönte ich das Gesicht hautfarben ein. Nun fertigte ich eine Perücke an, dunkelbraun, mit lichter werdendem Haaransatz. Am Ende hob ich das Ergebnis hoch und stellte es auf eine Puppe in Uniform, mit Rock, Stiefeln und Uniformmütze.

Ich trat zurück an die Wand, vier Meter entfernt, und schaute es mir an. Es war verblüffend. Der Adolf Eichmann vom Foto starrte mich an. Ich meinte, eine Ader pulsieren, einen Muskel spielen zu sehen.

So sieht er jetzt nicht mehr aus, mußte ich mich mahnen. Der Mann ist fünfzehn Jahre älter. Auf den Fotos war Klement fast kahl, und die Augen versteckten sich hinter dicken Brillengläsern. Das Gesicht hat jetzt Falten; dazu kommt noch, daß es im Ausdruck widerspiegelt, was er erlebt hat.

Trotzdem ändert sich das Wesentliche an einem Gesicht nie. Ehe ich nach Argentinien fuhr, mußte ich jeden Quadratzentimeter in diesem Gesicht kennen.

Während meiner ganzen Laufbahn als V-Mann hatte ich so gearbeitet. Das war ein wichtiger Teil meiner emotionalen Vorbereitung. Wie ein Leistungssportler sich jede Phase eines Bewegungsablaufs vergegenwärtigt, mußte ich mir die kommende Herausforderung Schritt für Schritt vor Augen führen und so das Gefühl bekommen, daß ich eine Situation unter Kontrolle hatte, die keineswegs vorhersehbar war.

So eindeutig ein gewisser Selbstbetrug darin lag – er war trotzdem nötig. Wenn ein Agent tüchtig sein soll, braucht er eine Menge »Biß«. Er muß an einen Auftrag mit der Gewißheit herangehen, daß er triumphieren wird, darf sich nicht auf die eigenen Schwächen konzentrieren, sondern muß die des Gegners im Auge behalten.

Und weit mehr als das, er muß eine tiefe Abneigung gegen die Zielperson entwickeln. Das ist kein Gesellschaftsspiel. Die Motivation hängt ausschließlich von diesen starken Gefühlen ab. Die Abneigung muß heftig und im Idealfall persönlich sein. In diesem Fall schien das freilich kaum ein Problem zu sein. Adolf Eichmann war ein Ungeheuer; das wußte die ganze Welt. Ich mußte nur den Zorn in mir anstacheln.

Und doch erwies sich das schließlich als gar nicht so einfach. Selbst als ich mir die Szene vorstellte – wie ich im Dunkeln auf ihn zuging, langsamer wurde, bis wir uns auf dem schmalen Trottoir begegneten, stehenblieb, ihn ansprach, ihn packte –, funktionierte etwas entscheidend Wichtiges nicht. Ich spürte eine seltsame Distanz dem allen gegenüber, als ob ich einem anderen im Film zuschaute. Es war nicht schwierig, dieses Gefühl zu analysieren. Gerade weil der Holocaust das unaussprechliche Entsetzen bedeutete, hatte ich mir angewöhnt, ihn ohne Leidenschaft zu sehen. Nachdem ich mich so lange geweigert hatte, den eigenen Verlust und den Schmerz an mich heranzulassen, fehlten mir diese Gefühle jetzt.

Für die Operation, die ich vor mir hatte, war das eindeutig ein Problem. Jetzt ertappte ich mich zum ersten Mal dabei, daß ich mir bestimmte Fragen stellte: Warum hatte ich nicht zugehört, wenn sie einmal über meine Schwester sprachen, ihre Kinder, das Dorf? Warum war ich nicht wenigstens ein einziges Mal so stark gewesen, dann dabei zu bleiben?

Der Mann, der am späten Freitagnachmittag, bevor wir abreisten, in der Wohnung meiner Mutter in Haifa stand, kam ihr völlig unbekannt vor. Er war dunkel, hatte dichte Koteletten und einen buschigen Schnurrbart und erklärte in schlechtem Jiddisch, er sei ein Freund ihres Sohnes Peter, ein Amerikaner, der am Technion-Institut in der Nähe studiere. Er suche ein möbliertes Zimmer und habe von Peter gehört, sie habe vielleicht eines frei.

»Ein Zimmer? Hier?« Meine Mutter schüttelte den Kopf. »Peter spinnt. Man weiß nie, was ihm als nächstes einfällt.« Sie machte eine Pause. »Aber kommen Sie herein. Ich erwarte ihn jeden Augenblick zum Sabbat.«

Ich trat mit unbewegter Miene ein.

Offenbar war die Tarnung, die ich mir für den Auftrag zugelegt hatte, makellos. Nicht einmal ich war mir sicher gewesen, daß ich die eigene Mutter täuschen konnte.

Vertraute Sabbat-Gerüche strömten durch die Wohnung: Brathuhn, gefilte Fisch, Kischke, der Hefezopf, der im Ofen buk. Die Gerüche meiner Kindheit, die ein Gefühl äußersten Wohlbehagens in mir heraufbeschworen. Einen Augenblick lang hatte ich ein schlechtes Gewissen.

»Wie heißen Sie denn?« fragte meine Mutter.

»Moshe Feldman, Mrs. Malkin.«

»Gut, Moshe Feldman, nehmen Sie Platz, machen Sie es sich bequem. Möchten Sie Tee? Eine Tasse Borschtsch?«

»Ja, danke, gern.«

»Was von beidem? Drücken Sie sich deutlich aus. Macht man das nicht in Amerika, oder sind die Leute da zu höflich?«

»Tee, danke.«

Meine Mutter.

Als sie in die Küche ging, wanderte mein Blick zu den Familienbildern an der Wand gegenüber. Sie hingen schon seit Jahren dort, aber ich hatte sie bisher nicht weiter beachtet. Jetzt ging ich hinüber und blieb vor ihnen stehen. Meine Eltern als Brautpaar, aufgenommen vor der Synagoge in unserem Dorf. Ich und meine Brüder, wie wir etwas verlegen auf einer Wiese standen, die Arme umeinandergelegt. In der freien Hand hielt Jacob, nicht älter als sechs Jahre, seine Bi-

Mein Vater und meine Mutter in Palästina in den 40er Jahren

1960 in Israel vor der Abfahrt nach Argentinien

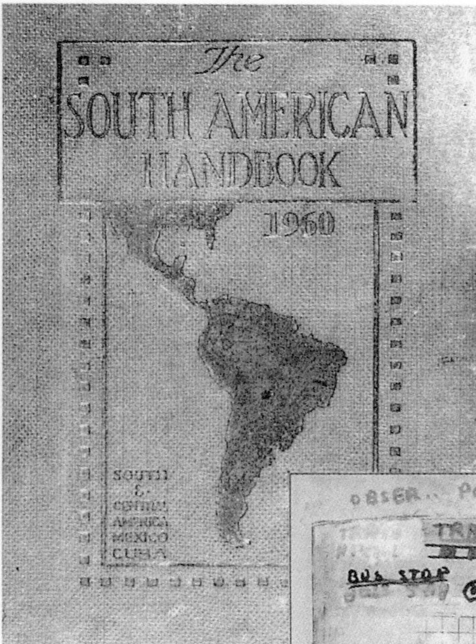

Das »Südamerika-Handbuch«, in das ich zeichnete, während ich den Gefangenen beaufsichtigte

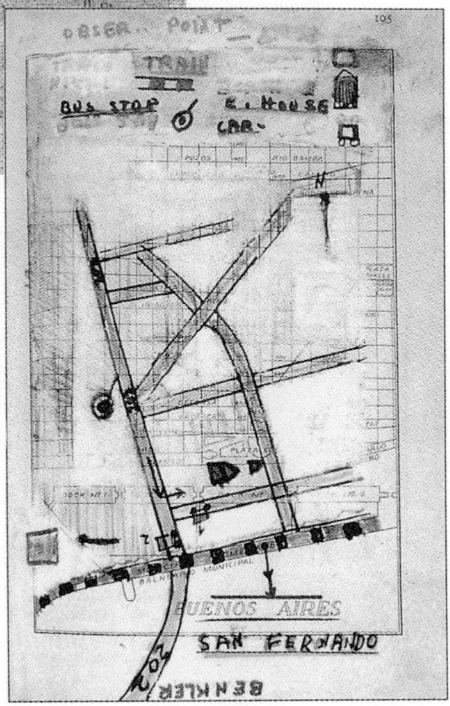

Meine Karte von Buenos Aires mit dem Plan für unsere Überwachung

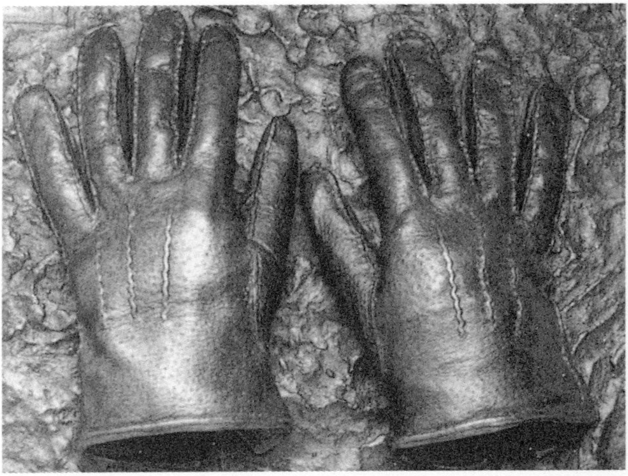

Ein Abguß der Handschuhe, die ich in jener Nacht in der Garibaldi-Straße trug. Sie sind jetzt im »Museum of Jewish Heritage« in New York City

Das Haus, in dem wir Eichmann gefangenhielten

Meine Schwester Fruma, die im Holocaust ermordet wurde

Mein Bruder Jacob

Das Gesicht von Eichmann, in eine Karte von Südamerika gezeichnet

Eichmann, Hitler, die Züge – so wie in Picassos »Guernica«

Eine Studie der Kontraste: Obersturmbannführer Adolf Eichmann

Herr Adolf Eichmann vor Gericht in Jerusalem

Haasi Eichmann, der kleine Junge, den ich auf dem Schoß seines Vaters sitzen sah

bel. Eine Reihe von Fotos, die meine Schwester Fruma zeigten, vom Alter von drei oder vier bis Anfang Zwanzig. Wie hübsch sie war. Takele, ihr Sohn, mein Spielkamerad, so blond wie seine Mutter, meine Mutter und ich, posierte mit seiner kleinen Geige. In der Ecke hing ein Foto, das seine Schwester, die kleine Bielkede, inmitten der wildwachsenden Blumen am Fluß zeigte.

Meine Mutter kam zurück ins Zimmer. »Das sind Peters Schwester und ihre Kinder«, erklärte sie. »Er will nie über sie sprechen. Er hat als Junge wohl zuviel Weinen gehört.«

»Ich verstehe«, murmelte ich.

Sie nickte kurz und stellte den Tee auf den Tisch. »Hier bitte, Ihr Tee.«

Ich setzte mich auf die Couch. »Was ist passiert? Sind Sie hierhergekommen, aber Ihre Tochter nicht? Warum?«

»Ihr Amerikaner, ihr haltet das für so einfach.« Sie seufzte. »Ich habe alles getan, um ihnen die Papiere zu besorgen. Es war nichts zu machen. Die ganze Welt war gegen die Juden.«

»Was war mit ihrem Mann?« Ich konnte mich überhaupt nicht an meinen Schwager erinnern, war mir ziemlich sicher, daß sein Name nie gefallen war. Keines der Fotos zeigte ihn.

»Der!« Sie spuckte das Wort geradezu aus. »Der hatte keinen eigenen Verstand. Er hat nur auf den Rabbi gehört.« Sie stand auf und nahm die Pose eines alten Geistlichen an, gebeugt, aber zugleich ungeheuer selbstsicher. »Bleibt hier«, intonierte sie und gestikulierte dramatisch, so leidenschaftlich, daß ihr beinahe die Stimme wegblieb. »Ich verspreche euch, daß es vorübergeht. Der Herr wird dafür sorgen.« Sie richtete sich auf und fügte mit der eigenen Stimme verächtlich hinzu: »Diese Rabbis. Ich habe immer zu meinem Mann, Peters Vater, gesagt, daß man niemals einem Bärtigen trauen soll.«

In einem Reflex schaute ich zu dem großen, ovalen Foto von meinem Vater hinüber, das bei den anderen hing, und auf dem er ungewöhnlich streng aussah. Er hatte sein Leben lang einen Vollbart gehabt.

»Wo bloß Peter bleibt?« fragte sie sich. Sie ging zum Fenster, schob den Vorhang beiseite und schaute hinaus.

»Erzählen Sie mir von Ihrer Tochter«, sagte ich, mit der sanften Stimme des anderen.

Sie drehte sich um und sah einen Augenblick lang tief betroffen aus. »Warum? Glauben Sie, ich spreche über solche Dinge, um mir die Zeit zu vertreiben?«

»Es tut mir leid. Sie haben recht.«

Aber gleich darauf setzte sie sich neben mich auf die Couch und erzählte. »Fruma war mein erstes Kind, das einzige Mädchen. Sie war mir von allen meinen Kindern am ähnlichsten.« Sie redete eine volle Viertelstunde weiter, erinnerte sich an den unglaublichen Charme, den meine Schwester als kleines Mädchen gehabt hatte, an ihre Neugier auf die Welt, an ihre Brautzeit, ihre Heirat, ihr Glück darüber, daß sie Mutter wurde. Zu meiner Überraschung klang keine Spur von Traurigkeit dabei mit. Die Erinnerung schien sie sogar aufzumuntern.

Eine Pause entstand. »Und sie wollte hierherkommen«, sagte ich, »obwohl ihr Mann ...«

»Dieser Lump!« Sie schnitt mir mit jäher Heftigkeit das Wort ab. »Er war fast so schlimm wie die Nazis. Als es gefährlich wurde, lief er weg und ließ sie sterben.« Sie machte eine Pause und faßte sich. »Fruma wollte unbedingt weg. Das war ihr einziger Wunsch. So sehr ich mich hier auch bemüht habe, sie hat sich dort noch größere Mühe gegeben. Sie ist bis nach Warschau gefahren, sie hat gebettelt. Und dann ihre dauernde Sorge um die Kinder! Andere wußten nicht, was kommen würde, oder wollten es nicht wahrhaben, aber Fruma wußte es. Sie war meine Tochter.«

Einen langen Augenblick saßen wir schweigend da, jeder in

einer Ecke der Couch, während es im Zimmer dunkler wurde. Plötzlich klatschte sie mit übertrieben guter Laune in die Hände. »Die Sonne ist untergegangen. Ich muß die Sabbatkerzen anzünden.« Sie eilte zum Tisch. »Ich bin sehr enttäuscht. Wenn er im Land ist, kommt er jeden Sabbat. Bis auf seinen Bruder Yechiel – und der hat eine eigene Familie – ist er alles, was mir auf der Welt geblieben ist.«

Seltsam. Ich hatte immer geglaubt, es sei umgekehrt.

Sie zündete die Kerzen an, bedeckte die Augen und wiegte sich sacht im Gebet. Es war für mich eines der schönsten Bilder, die ich je gesehen hatte.

Als sie dieses Mal die Hand von den Augen nahm, glänzten sie. »Entschuldigung«, sagte sie und stand auf. »Ich schaue noch einmal nach Peter.«

Sie ging auf den Balkon und schaute über das Geländer, drei Stockwerke über der Straße.

Als ich mich anschlich und sie von hinten packte, erschreckte ihr durchdringender Schrei sogar mich.

»Keine Angst«, sagte ich mit meiner Stimme. Lachend nahm ich die Perücke ab.

Sie schnappte nach Luft. »Peter! Peter, du bringst mich um!« Sie war wütender, als ich erwartet hatte. »Hörst du, du bringst mich um! Warum? Warum tust du so etwas?«

Ich mußte so lachen, daß ich ins Wohnzimmer zurückwankte und auf der Couch zusammenbrach.

»Was ist denn mit dir los? Das soll ein Witz sein? Warum tut man der eigenen Mutter so etwas an?«

Aber wider Willen mußte sie jetzt auch lachen.

»Ich weiß es nicht«, sagte ich. »Zum Spaß.«

»Du willst es mir nicht sagen?«

»Ich weiß es nicht. Ich komme eben auf solche Ideen.«

Plötzlich war sie wieder ernst. »Dann sag mir, warum du nach Fruma gefragt hast.«

»Ich habe mir die Bilder angeschaut, und da bin ich eben darauf gekommen.«

»Du schaust dir diese Bilder sonst nie an. Warum willst du plötzlich etwas über deine Schwester hören? Wo fährst du hin?«

»Ich bin neugierig geworden, das ist alles.« Ich machte eine Pause. »Hast du ein Bild von ihr übrig?«

»Auf einmal willst du ein Bild?«

»Ja. Mama.«

Sie drehte sich um und ging ins Hinterzimmer. Als sie wiederkam, hatte sie außerdem einen Stapel Briefe in der Hand, mit einem braunen Band verschnürt. »Hier sind Briefe von ihr. Vielleicht möchtest du sie lesen, jetzt, wo du auf einmal dein Gefühl entdeckst.«

Ich nahm sie. »Danke, Mama.«

»Sag mir«, wiederholte sie, »wo fährst du hin?«

»Nach Paris«, sagte ich und schaute ihr direkt in die Augen. Im Grunde stimmte das. Wir sollten einige Tage in Paris verbringen, ehe wir nach Argentinien weiterreisten.

»Deshalb wolltest du etwas über deine Schwester hören? Weil du nach Paris fährst?«

»Mama, das eine hat mit dem anderen nichts zu tun.«

»Paris? Ist das wahr?«

»Ja, ich schwöre es.«

Sie wußte, daß ich ihr nicht mehr sagen durfte, mehr noch um ihretwillen als meinetwegen. Wie immer nahm sie es auf ihre Weise hin.

»Ich nehme an, das heißt, daß du am nächsten Freitag nicht hier bist.«

»Nein, Mama.«

Sie reichte mir einen Teller mit gefilte Fisch, so zubereitet, wie ich es am liebsten mochte, wie mein Vater vor mir, mit viel »Yccch«, dem Familienwort für Aspik.

Als ich nach dem Meerrettich griff, nahm meine Mutter meine Hand. »Bitte«, sagte sie, »es ist mir wirklich ernst, sei vorsichtig.«

Wir aßen schweigend weiter.

Ich las die Briefe in jener Nacht im Bett, das Foto neben mir aufgestellt. Sie waren eine Offenbarung. Für mich war Fruma eine Erwachsene gewesen, eine Mutter. Wer hätte sich vorstellen können, daß sie so mädchenhaft war, so witzig, so bereit, über sich und ihre Umgebung zu lachen? Und selbst als ihre Welt zusammenbrach, nahm sie an unserem Leben teil, als ob sie nebenan wohnte. Ich kam fast in jedem Brief vor. Sie wußte Bescheid über mein Leben auf der Straße und meinen wachsenden Sinn für Unabhängigkeit und riet unserer Mutter, sich keine allzu großen Sorgen darüber zu machen, aber gleichzeitig war sie selbst besorgt darüber, ob ich denn auch in der Schule noch mitkam.

Spät in der Nacht legte ich die Briefe weg und löschte das Licht. Aber so müde ich war, ich konnte nicht schlafen.

Am Nachmittag des 27. April 1960 versammelte sich das Team zu unserer letzten Besprechung auf israelischem Boden in Issers Büro.

Besucher, die das innere Heiligtum des israelischen Meisterspions zum ersten Mal betraten, waren im allgemeinen etwas enttäuscht. Das spärlich möblierte Zimmer, dem es völlig an Vornehmheit fehlte, hätte das Büro eines völlig phantasielosen Funktionärs auf mittlerer Ebene sein können.

Freilich wußten diejenigen, die Isser auch nur flüchtig kannten, daß der gediegene Rahmen, der im allgemeinen Leuten in seiner Stellung zustand, zu ihm nicht paßte. Er war unglaublich sparsam, asketisch im Persönlichen, und sein Desinteresse am herkömmlichen Komfort (und seine Abneigung dagegen, das

Geld der Steuerzahler auszugeben) war sprichwörtlich. Als er einmal in unserer eleganten Pariser Botschaft untergebracht wurde, brachte er den Botschafter in Verlegenheit, weil er um ein einfaches Bett in einem einfachen Zimmer bat. Es war kein Zufall, daß seine Agenten im Ausland in Bruchbuden absteigen mußten, wenn die Umstände es nicht anders erforderten.

Für Isser war so gut wie alles eine Prinzipienfrage. Als junger Mann lief er aus dem Kibbuz weg, in dem er die ganzen Jahre seit seiner Ankunft in Palästina verbracht hatte, weil ihm die Entschuldigung für eine Kränkung, die er als solche empfunden hatte, verweigert wurde. Darin lag seine Stärke als Führungspersönlichkeit. Nichts war halbherzig, es gab keinen Kompromiß mit dem, was er für schlecht hielt – aber dadurch konnte die Arbeit für ihn auch eine Pest werden.

Isser saß jetzt hinter seinem schlichten Holzschreibtisch, wie üblich fast verborgen hinter einem Berg von Papieren. Auf einem Stuhl zu seiner Linken saß seine Sekretärin Dvora und paffte an ihrem Markenzeichen, einem Zigarillo. Der Rauch tauchte die Szene in bläulichen Nebel. Als wir näher kamen, ging Isser um den Schreibtisch herum und begrüßte uns, dann führte er uns in die Konferenzecke, an ein wackliges Tischchen mit Sitzgruppe am einzigen Fenster im Raum.

»So, Peter«, sagte er, nahm mich am Ellbogen und schenkte mir ein besonders herzliches Lächeln. »Ich habe gehört, daß du jeden hier im Haus überfällst.«

Ich schaute auf ihn hinunter und erwiderte das Lächeln. »Stimmt. Sie könnten der nächste sein.«

Isser stieß ein kurzes, trockenes Lachen aus und langte nach oben, um mich wie ein jüdischer Onkel in die Wange zu kneifen. Er hatte zwar selbst wenig Sinn für Humor, aber er kannte meine Ader für Späße, und darüber hinaus hielt er noch ein gewisses Maß an Witz und Spott für durchaus motivierend.

Als ich mich setzte, fiel mir auf, daß Meirs spärlicher Haarwuchs noch feucht von der Dusche war und daß seine Khaki-Uniform ungewöhnlich gut gebügelt wirkte. Sogar Uzi war sorgfältig gekleidet und gepflegt erschienen. Wir kamen nicht jeden Tag mit Isser zusammen.

»Gut, Leute, reden wir«, sagte er und nahm ebenfalls Platz. Dvora, deren Knopfnase in einem Gesicht mit sonst teigigen Zügen seltsam deplaziert wirkte, setzte sich zu seiner Linken, den Stenoblock vor sich. Obwohl er Ruhe vortäuschte, war Isser offensichtlich genauso aufgeregt wie wir. Seine Augen glänzten, jede Bewegung verriet unterdrückte Energie.

Wir erwarteten, daß er die Frage anschneiden würde, die wir im Kopf hatten: die der zweiten Zielperson, Mengele.

Er atmete tief aus. »Ich möchte damit beginnen, daß ich ausspreche, was mir am Herzen liegt«, fing er an. »Wir stehen vor einer historischen Reise. Ich brauche euch nicht zu sagen, daß das kein gewöhnlicher Auftrag ist. Wir wollen den Mann fassen, an dessen Händen das Blut unseres Volkes klebt.« Er machte eine Pause, schaute von einem Gesicht zum anderen. »Aber es ist nicht der Geist der Rache, der uns dazu treibt. Uns bewegt unser eingewurzeltes Gefühl für Gerechtigkeit.

Es könnte durchaus zu schwierigen Nachwirkungen kommen. Das wissen wir. Aber der Staat Israel ist der rechtmäßige Vertreter des jüdischen Volkes. Ihr müßt euch in den Wochen, die vor euch liegen, daran erinnern. Ihr seid Schutzengel der Geschichte, die historischen Sendboten des jüdischen Volkes.«

Der ethische Aspekt der Operation – nicht nur die Frage der Legalität, sondern auch die der moralischen Berechtigung, einen Mann auf dem Boden eines befreundeten Landes zu entführen und ohne Gerichtsverfahren ins Ausland zu bringen – hatte Isser von Anfang an große Sorgen gemacht. Er war sehr genau in Fragen der persönlichen Integrität und mußte sich mit diesen Fragen allein auseinandersetzen, denn er hielt es für wichtig, daß sie keinen von uns belasteten.

Ich fing Uzis Blick auf. Wir beide hatten ausführlich über dieselben Themen gesprochen. Isser hätte sich keine Sorgen machen müssen: Niemand von uns zweifelte auch nur einen Augenblick lang an unserem moralischen Recht, vielmehr sogar unserer moralischen Verpflichtung zu diesem Unternehmen. Unter allen Völkern der Welt waren wir das einzige, das bereit war, ein Risiko auf sich zu nehmen und diesen Mann der Gerechtigkeit zu überantworten. So gut wie niemand außer uns schien gewillt zu sein, Naziverbrecher wegen ihrer Vergangenheit zur Rechenschaft zu ziehen. Mancherorts, vor allem in Lateinamerika, schienen Mörder geradezu den Status von Ehrengästen zu haben.

Aber in unserem Blickwechsel lag auch gemeinsame Überraschung. Weder Uzi noch ich hatten Isser je so erlebt. Normalerweise war er schroff und kühl, jetzt aber sprach er lange, bewegend, sogar beredt.

Von Mengele würde heute nicht die Rede sein. Vielleicht war dieser Plan aufgegeben worden.

»Wir bringen Adolf Eichmann nach Jerusalem«, fuhr er fort und schlug nachdrücklich auf den Tisch, »und vielleicht erinnert sich die Welt dann an ihre Verantwortung. Sie wird erkennen, daß wir als Volk niemals vergessen. Unser Gedächtnis reicht zurück zu den Anfängen der aufgezeichneten Geschichte. Das Buch der Erinnerung liegt aufgeschlagen da, und die Hand schreibt noch immer ...«

Plötzlich, als ob ihn die Beredsamkeit verlassen hätte, stand er auf und wandte sich an Uzi. »Sind deine Leute bereit?«

»Alle bereit«, erwiderte der überrascht.

Jetzt wurde Isser sein altes Selbst, ging die wichtigsten Punkte der Operation durch, informierte uns über neue Entwicklungen, vor allem darüber, daß ein sicheres Versteck in Buenos Aires angemietet worden war und etliche andere in Erwägung gezogen wurden.

Meir hob die Hand. »Ich hoffe, daß es einen großen Keller oder Dachboden hat, für das eigentliche Versteck.«

Isser wandte sich Dvora zu. »Notieren Sie, daß wir das an David telegrafieren.«

Seine nächsten Worte waren offenbar an mich gerichtet. »Ich glaube, daß Hans alles in allem gute Arbeit geleistet hat. Deshalb ziehe ich ihn von diesem Projekt nicht ab. Er soll die Vernehmung übernehmen, aber ich will außerdem, daß er euer Fremdenführer am Schauplatz der Operation ist.«

»Hören Sie«, meldete ich mich zu Wort, »es ist wichtig, daß ich Klements Bewegungen selbst observiere. Ich muß das tun.« Ich zögerte. »Hat es außerdem Sinn, Hans wieder in den Außeneinsatz zu schicken? Er ist in der Gegend schon so oft gesehen worden.«

Isser lächelte kühl. Seine blauen Augen durchbohrten mich. »Du hast genug Zeit, das Nötige zu tun.« Er machte eine Pause. »Mach dir keine Sorgen wegen Hans, Peter, denk an die Gefangennahme. Ich warne dich – keine Körperverletzung. Kein Kratzer.«

Der nächste Punkt auf der Tagesordnung war die schwierige Frage, wie Attila – und wir – das Land verlassen sollten. Das Problem mußte noch gelöst werden. Eine Schiffsreise von Buenos Aires nach Israel konnte bis zu zwei Monaten dauern, mit mehreren möglicherweise gefährlichen Unterbrechungen in ausländischen Häfen unterwegs. Und weil in der nächsten Zeit keines unserer Schiffe in argentinischen Gewässern erwartet wurde, hätte es sofort Verdacht erregt, wenn eines angekommen wäre.

Mit dem Flugzeug hinauszukommen, war möglicherweise noch schwieriger, weil unser Land keine direkte Flugverbindung mit Argentinien unterhielt. Aber Isser deutete an – zufrieden damit, daß er zu seiner Geheimnistuerei zurückkehren konnte –, er arbeite an einem vielversprechenden Plan. Er könne jedoch im Augenblick, was sich von selbst verstehe, noch keine Einzelheiten nennen.

Plötzlich stand er auf und zeigte damit, daß das Gespräch zu Ende war. »Ich reise übermorgen ab. Wir sehen uns in Tierra del Fuego wieder.«

15. Kapitel Buenos Aires

Eigentlich war die Szene absurd, für uns aber war es die normale Arbeitssituation: Da saßen wir vier, Uzi, Aharon, Meir und ich, im eleganten Wohnzimmer einer luxuriösen Wohnung an einer der vornehmsten Straßen der Erde, in der Avenue Wagram in Paris, und beugten uns über den Stadtplan in einer trostlosen, eine halbe Welt entfernten Arbeitergegend.

Inzwischen kannten wir den Plan von San Fernando fast auswendig. Das Haus der Klements in der Calle Garibaldi war mit einem schwarzen X markiert; die achtzig Meter, die Ricardo Klement jeden Morgen zur Bushaltestelle an der Straße 202 hin- und jeden Abend zurückging, waren mit einer gestrichelten blauen Linie eingezeichnet; die Busroute war grün, Straßen, die in der Gegend und aus ihr hinaus führten, waren rot. Verschiedene Observierungspunkte, vor allem ein Eisenbahndamm mit Blick auf das Haus, waren ebenfalls eingezeichnet.

Unsere Gespräche drehten sich jetzt um die Logistik der Gefangennahme. An welcher Stelle sollten wir ihn fassen? Wo sollte das Fluchtauto stehen? Was war mit dem Auto, das uns Deckung gab?

Jeder von uns hatte eine eigene Auffassung von der Sache, die sich auf persönliche Erfahrung stützte.

Aber uns allen war auch klar, daß die Gespräche zum gegenwärtigen Zeitpunkt nichts endgültig festlegen konnten. Wir konnten keine abschließende Entscheidung über das Vorgehen treffen, ehe wir das Zielgebiet aus der Nähe beobachtet, uns mit dem Rhythmus des Verkehrs und der Fußgänger vertraut gemacht hatten, mit den Blickwinkeln aus Gebäuden in Schlüsselpositionen und von Straßenecken aus und mit dem Verhalten der Einheimischen gegenüber Fremden.

Kurz gesagt, wir lebten in dem seltsamen Zwischenstadium, das vielen Operationen vorausgeht. Die Planungsphase lag hinter uns, wir waren vorbereitet, konnten aber noch nichts tun.

»Kommt«, sagte Uzi plötzlich und stand auf, »amüsieren wir uns ein bißchen.«

Schließlich waren wir auch deshalb nach Paris gekommen, um die Stadt zu genießen, das großartige Essen, und um unsere Sorgen vorerst zu verdrängen. Sobald wir in Argentinien waren, konnten wir nicht mehr frei über unser Leben verfügen. Wir würden unter unerbittlichem Druck stehen, konnten niemandem trauen als uns selbst, denn schon der harmloseste Schnitzer hätte die ganze Operation gefährdet.

So gingen wir hinaus in den herrlichen Mainachmittag, besorgten uns zwei Flaschen Wein, französisches Weißbrot, verschiedene Käse- und Wurstsorten und fuhren mit unserem gemieteten Citroën in den grünen Bois de Boulogne.

Aber bald, nachdem wir ein einigermaßen sicheres Gelände gefunden hatten, bereiteten wir uns wieder auf die Gefangennahme vor, zum Beispiel darauf, daß wir mitten in der Aktion gesehen wurden. Meir wurde zu seiner Verblüffung dazu aufgefordert, Attila zu spielen. Er kam aus einer Baumgruppe auf einen schmalen Pfad und ging langsam in meine Richtung. Ich schaute mich nach Passanten um. Es waren keine da. Als wir einander gegenüberstanden, zuckte er zusammen, und ich sprang ihn an. Ich packte ihn mit einem einfachen Nelson, hievte ihn auf meinen Rücken und schleppte ihn zum Citroën.

Er leistete nur pro forma Widerstand, war aber furchtbar schwer. Aharon sprang aus dem Auto, packte ihn an den Beinen, und gemeinsam schoben wir ihn hinein, stiegen ein und warfen die Tür zu.

Einen Augenblick später klopfte Uzi ans Fenster und hielt die Stoppuhr hoch, damit wir einen Blick darauf werfen konnten. »Zweiundfünfzig Sekunden«, sagte er. »Viel zu lang.«

Wir stiegen aus und begannen noch einmal von vorn. Aber als ich ihn eben packen wollte, kam Uzis leises, dringliches Kommando. »Warte!«

Ich konnte mich gerade noch bremsen, als ich eine Gruppe von Reitern in voller Montur sah, die dreißig Meter entfernt auf eine Lichtung ritten.

»Worüber machst du dir denn Sorgen?« rief ich lächelnd. »Glaubst du, wir sehen merkwürdiger aus als die?«

»Auf die Plätze«, erwiderte Uzi. »Wir müssen dabei auf dreißig Sekunden kommen.«

Ich zeigte auf Meir. »Schön. Sag ihm mal, daß er mit uns zusammenarbeiten soll. Ich krieg' seinen Hals nicht richtig in den Griff.«

»Das liegt am Instinkt«, erwiderte Meir. »Warten wir doch mal ab, wie es aussieht, wenn du deinen Hals anbietest und weißt, daß er gleich zugedrückt wird.«

»Schön«, seufzte Uzi, »okay. Aharon, jetzt bist du Attila.«

Das erwies sich als kluger Schachzug. Aharon war nicht nur ein viel überzeugenderer Klement, weil er mit vorgetäuschter Panik reagierte, statt plötzlich voller Niedertracht loszugehen, sondern Meirs ungeheure Kraft half uns auch dabei, den Gefangenen schnell in das Auto zu verfrachten. Nach mehreren Versuchen waren wir bei fünfunddreißig Sekunden.

Im Gefühl, wir hätten eine Pause verdient, setzten wir uns auf den Rasen und belegten unsere Brote.

»Weiß irgend jemand was über das Essen in Argentinien?« fragte Meir, während er sich ein hartgekochtes Ei in den Mund stopfte.

»Keine Sorge«, erwiderte Uzi, »die essen auch.«

»Steaks«, sagte Aharon. »Jede Menge Steaks. Die besten der Welt.«

»Was noch?«

»Was meinst du mit was noch? Magst du keine Steaks?«

»Schon, die mag ich. Ich will bloß wissen, was es sonst noch gibt.«

Aharon seufzte. »Hör mal, ich bin ja auch noch nie dort gewesen. Ganz normale Sachen. Eier, Suppe, Brot. Das sind doch auch Menschen.«

Wir aßen schweigend.

»Was ist mit heute abend?« fragte Meir. »Was gibt es zum Essen?«

Jetzt war es an der Zeit, die Dinge in die richtige Perspektive zu rücken. Vermutlich war das für einige Zeit unsere letzte Chance. »Ich will dich mal was fragen«, sagte Uzi. »Was wäre dir lieber, wenn du die Wahl hättest: zehn Millionen Dollar oder bei diesem Auftrag dabeizusein?«

Ich erwiderte sein Lächeln. »Man kann sich jederzeit Methoden ausdenken, zehn Millionen Dollar zu verdienen.«

Er nickte. »Weißt du, woran ich immer denke?«

»An was?«

»An die Reaktion zu Hause, wenn bekanntgegeben wird, daß wir ihn haben. Ich stell' mir die Schlagzeilen vor – ›Eichmann in Jerusalem‹. Ich sehe vor mir, wie die Leute auf der Straße tanzen.« Er machte eine Pause. »Das werden sie, weißt du.«

»Ich weiß.«

»Es ist albern, aber das geht mir eben durch den Kopf.«

»Es ist nicht albern. Ich habe mir genau dasselbe vorgestellt.«

Aharon flog zwei Tage früher als wir anderen nach Buenos Aires: weil er dafür verantwortlich war, daß wir uns in einer großen und bis jetzt völlig unbekannten Stadt zurechtfanden, brauchte er die zusätzliche Zeit.

Am Abend, ehe wir ihm folgen sollten, beschlossen Uzi, Meir und ich, in eines der besseren Restaurants der Stadt zu gehen, ein Lokal namens Pied de Cochon im alten Hallenviertel.

Wir hatten uns kaum gesetzt, als Meir schon schimpfte. »Wißt ihr denn nicht, was *pied de cochon* heißt? Ich glaube wirklich nicht, daß wir als Juden in einem solchen Augenblick hier sein sollten. Das bringt furchtbares Unglück.«

»Was hast du denn vor, willst du uns zu koscherem Essen bekehren?« zog ich ihn auf. »Wenn du so gegen Schweinefleisch bist, dann bestell doch das Kalbshirn in brauner Butter. Ich nehme das.«

Seinem Gesichtsausdruck nach war der Ekel eindeutig nicht gespielt. »Ich nehme bloß eine kleine Zwiebelsuppe und Forelle«, murrte er. »Aber am liebsten wäre mir ein schöner Teller mit Kebab.«

Uzi schaute von der Speisekarte auf. »Unser Kosmopolit.« Er nickte Meir zu. »Der bringt mich noch dazu, daß ich mir kultiviert vorkomme.«

Währenddessen kam der Kellner und brachte den hervorragenden Rheinwein, den wir bestellt hatten. Meir hob das Glas. »*Le' chayim*!«

Sofort wurde ihm klar, was für einen Riesenfehler er gemacht hatte. Uzi schaute den Kellner an, der offenbar unbeteiligt weiter seinem Geschäft nachging, dann wandte er sich Meir zu und durchbohrte ihn mit Blicken. »Ich schlage vor, daß du das

Kalbshirn nimmst«, sagte er auf englisch. »Verglichen mit deinem Hirn ist das vermutlich eine Verbesserung.«

Der Rest des Essens verlief ohne Zwischenfälle. Der arme Meir war entschlossen, keine weitere Aufmerksamkeit auf sich zu lenken, und machte den Mund so gut wie gar nicht mehr auf. Als die Rechnung kam, nahm ich sie und hinterließ ein Trinkgeld von fünfunddreißig Prozent. Es war eine Art Aberglauben, daß ich beim letzten Essen vor dem Anfang eines neuen Auftrags ein überhöhtes Trinkgeld gab. Für mich bedeutete dies, daß man geben muß, damit einem gegeben wird.

Wir drei reisten am Abend des 3. Mai 1960 über Genf ab, an Bord einer alten viermotorigen Propellermaschine. Ich reiste mit einem deutschen Paß auf den Namen Maxim Nolte. Auf der anderen Seite des Ganges saßen Uzi und Meir, die sich als britische Geschäftsleute ausgaben.

Meir, dem beim Fliegen immer unbehaglich zumute war, schien noch nervöser zu sein als sonst. In den ersten beiden Stunden lehnte er sein riesiges Gestell alle fünf Minuten über Uzi, damit er aus dem Fenster schauen konnte.

»Was schaust du dir da eigentlich an?« wollte sein Sitznachbar schließlich wissen.

»Nichts«, sagte Meir. »Ich will bloß sehen, was da unten ist.«

»Da unten sind Wolken. Hör mal, wollen wir die Plätze tauschen?«

»Nein!«

»Dann schau mit den Augen, nicht mit dem Körper.«

Dann setzten sogar mir, dem das Fliegen nie auch nur das geringste ausgemacht hatte, die Nerven zu. Zum ersten Mal ertappte ich mich dabei, daß ich auf jedes Absacken und jede Bewegung reagierte, weniger um meine Sicherheit besorgt als um die der Operation. Wäre es nicht der Gipfel der Ironie, wenn wir starben, ehe wir auch nur in seine Nähe kamen?

Meir und ich hatten genügend Anlässe zu Angst und Sorge auf diesem Flug. Er dauerte fast zweiundzwanzig Stunden, eine Zwischenlandung in Recife in Brasilien zum Auftanken eingeschlossen, und zeichnete sich durch häufige und heftige Turbulenzen aus. Als wir landeten, waren die meisten Kotzbeutel an Bord voll.

Aber sobald wir am frühen Nachmittag des 4. Mai das Rollfeld in Buenos Aires betraten, fiel die Erschöpfung von uns ab und machte sofort dem belebenden Gefühl der Vorfreude Platz. Wir stellten uns gleich der ersten Hürde, der Paß- und Zollkontrolle. Diese Formalitäten, die dem Auslandsreisenden nur lästig sind, bedeuten für einen V-Mann, daß eine neue Operation auf fremdem Boden aus der Taufe gehoben wird.

Wir gingen in den trostlosen, einstöckigen Terminal (er ähnelte dem in Tel Aviv) und stellten uns der Absprache entsprechend an verschiedenen Schaltern an. Selbstverständlich waren unsere Pässe vollkommen in Ordnung. Sie waren schon vor Wochen an die argentinische Botschaft in London geschickt und mit Visa für drei Monate abgestempelt worden. Der junge schnurrbärtige Beamte, dem ich meinen gab, blätterte ihn schnell durch, warf einen kurzen Blick auf das Foto und das Rückflugticket und knallte seinen Stempel darauf.

»Guten Aufenthalt in Buenos Aires«, sagte er auf englisch und zeigte beim Lächeln zwei verfaulte Zähne. Uzi und Meir wurden links und rechts neben mir ebenfalls schnell abgefertigt.

Als ich durch die Gepäckausgabe ging, auf meinen Koffer wartete und die Träger beobachtete, die sich mit fast komischer Lässigkeit bewegten, überraschte mich eine einsame Gestalt, die ganz am Rand auf dem Gepäck saß. Es war Danny, der Fälscher. Er war offenbar mit einem früheren Flug angekommen, und ich nahm an, er warte auf ein anderes Mitglied des Teams. Ich ging an ihm vorbei und vermied den Blickkontakt. Es gab keinen Grund dafür, daß wir einander hätten kennen können.

Es dauerte gute vierzig Minuten, bis das Gepäck aus dem Flugzeug auf das Aluminiumgestell fand. Ich nahm es herunter, blieb aber stehen, damit Meir vor mir durch die Zollkontrolle ging. Uzi tat es mir nach, und deshalb wechselten wir einen flüchtigen, besorgten Blick, als der Zollbeamte, der lässig den größeren der beiden Koffer von Meir überprüfte, ein in braunes Papier eingeschlagenes Paket herauszog, es prüfend hochhob und den Herrn darum bat, er solle es bitte zur Inspektion öffnen.

Meir band ruhig die Schnur auf und zog das Papier auseinander. Große rote Äpfel rollten heraus, mehrere Tafeln Suchard-Schokolade und eine dicke Salami. Der Beamte starrte den Inhalt an, schaute zu Meir auf, starrte dann wieder auf den Inhalt. Schließlich forderte er Meir auf, alles wieder einzupakken. Die Sachen waren zwar seltsam, aber nicht unerlaubt.

Während ich das beobachtete, biß ich mir auf die Lippen, damit ich nicht explodierte. Meir! Wenn ihn jemand am Abend der Gefangennahme zu einem halbwegs ordentlichen Essen einlud, würde er die ganze verfluchte Operation total vergessen.

Sofort war mir bewußt, daß jemand neben mir stand. Ich drehte mich um und sah Danny. Er war blaß, schwitzte heftig und atmete schwer.

»Peter«, sagte er dringlich, »nimmst du meinen Koffer?«

»Danny, was soll denn das?«

»Bitte, ich flehe dich an.«

»Ich habe selber Gepäck«, erwiderte ich mit harter Stimme. »Außerdem dürfen wir nicht miteinander reden.«

»Ich weiß«, sagte er. »Aber bitte, trag' ihn durch den Zoll.«

Es gab kaum einen schlechteren Zeitpunkt zum Streiten, und der Mann wirkte völlig verängstigt.

Ich nickte kurz. »Aber ich warte nicht auf dich. Du kannst ihn dir nachher abholen.«

Mit den Geheimfächern voller Druckplatten, Tinte und jeder vorstellbaren Papiersorte wirkte das verfluchte Ding tonnenschwer. Aber für das bloße Auge sah das alles nur nach den üblichen Utensilien eines Künstlers aus. Ich hievte den Koffer in die Schlange und kam ohne Zwischenfall durch. Danny folgte und nahm ihn bald zurück.

Fünf Minuten später wartete ich mit Uzi und Meir am Straßenrand auf ein Taxi. Das Wetter überraschte mich. Es war extrem kalt für den Mai, nicht über vier Grad, und es regnete leicht. In meinem dünnen Anzug fror ich bis aufs Mark.

»Reizend«, sagte ich leise und stieß Meir in die Rippen. »Es überrascht mich bloß, daß auf der Salami nicht gestanden hat ›Koscher – made in Israel‹.«

Er schenkte mir sein verlegenstes Lächeln. »Die hab' ich in Genf auf dem Flughafen gekauft. Man weiß doch nie, wann man was zum Futtern braucht.«

Während ein altes Taxi vorfuhr, schüttelte ich den Kopf. »Was für ein Anfang. Erst dein Gourmetschmaus, dann kriegt Danny Muffensausen. Und es ist eiskalt hier.«

Dankbar stiegen wir drei in das Taxi, und Uzi gab dem Fahrer einen Zettel mit einer Adresse in Buenos Aires. Nach ein paar Minuten rasten wir auf der breiten Autobahn Richtung Hauptstadt. Endlose grüne Wiesen erstreckten sich bis zum Horizont. Auf beiden Seiten der Straße weideten Rinder.

»Schöne Autobahn, nein?« sagte der Taxifahrer in passablem Englisch.

Uzi stieß einen zustimmenden Laut aus.

»Generalissiomo Perón, er das gebaut. Er viel getan. Leider fort.«

Wir wußten gut Bescheid über die unruhige politische Lage nach Juan Peróns Sturz vor fünf Jahren und machten uns Sorgen darüber. Daß möglicherweise bewaffnete Soldaten die Straßen kontrollierten, machte unsere Aufgabe ganz bestimmt nicht leichter. Keiner von uns gab dem Fahrer eine Antwort. Die Autobahn interessierte uns nicht mehr. Uzi hatte die Karte auseinandergefaltet und hielt regelmäßig Ausschau nach Orientierungspunkten und Nebenstraßen. Vielleicht mußten wir auf dieser Straße mit Adolf Eichmann zurückfahren.

Trotzdem wurde ich aufmerksam, als der Fahrer harmlos weiterplauderte. »Ist kalt in Argentinien, Sirs, no?«

»Kälter, als ich erwartet hatte«, pflichtete ich ihm bei. »Aber es wird wärmer werden, stimmt's?«

Er schaute zu mir nach hinten. »Warum? Ist Mai.«

Ich nickte unglücklich, als ich begriff. »Ach.«

Natürlich. Wir waren in der südlichen Hemisphäre. Es war fast Winter. Unglaublicherweise hatte niemand in unserem Elitekommando – vielleicht niemand im ganzen vielgerühmten Mossad – daran gedacht.

Die Adresse, die wir bekommen hatten, entpuppte sich als elegantes, vierstöckiges Haus in einem wohlhabenden Viertel. Steinputten schmückten die Fassade. In einer weitläufigen Wohnung im ersten Stock erwarteten uns Aharon und David, der für die Außenkontakte zuständig war.

David, in der Tschechoslowakei geboren, klein, mit rosigen Wangen, trug eindrucksvolle Maßanzüge. Seine vorzeitig weiß gewordenen Haare paßten zu seinen kultivierten Manieren und seinem ausgezeichneten Spanisch. Er wirkte gleichermaßen weltläufig und unschuldig. Sein Kindergesicht und seine lockere, offene Art flößten sofort Vertrauen ein. Das war der letzte Mensch, den man als V-Mann verdächtigt hätte.

David war noch nicht lange bei der Organisation. Ich wußte,

daß Isser ihn nicht besonders mochte, vor allem einer Eigenschaft wegen, die er jetzt, beruflich begründet, hemmungslos ausleben konnte: Der junge David lebte gern auf großem Fuß, gab gern Geld aus, und jetzt spielte er das, was er liebend gern gewesen wäre: einen verschwenderischen Geschäftsmann aus einer europäischen Familie mit viel Geld.

Auf mich hatte er noch nie einen glücklicheren Eindruck gemacht. David hatte unter dem Vorwand, er halte hier Ausschau nach Möglichkeiten, das Geld der Familie zu investieren, die letzten zehn Tage in einer Orgie des Geldausgebens verbracht, hatte Villen gemietet und insgesamt fünftausend Dollar Kaution für Autos bezahlt, die nicht einmal in Ordnung waren.

Isser konnte kein Wort dagegen sagen, obwohl ihn das Vergnügen, das David an dieser Rolle hatte, schier zum Wahnsinn trieb. Für den Erfolg des Plans war dieses Täuschungsmanöver entscheidend wichtig. Isser selbst hatte angeordnet, daß wir acht Wohnsitze und acht Fahrzeuge zur Verfügung haben sollten.

Außerdem hätte David selbst dann, wenn er das gewollt hätte, die Vorbereitungen nicht wesentlich billiger treffen können. Wir brauchten sichere Wohnungen, die so groß waren, daß unser gesamtes Team untergebracht werden und, falls es notwendig wurde, auch ein Gefangener versteckt werden konnte; sie mußten außerdem gegen neugierige Blicke abgeschirmt sein und eine schnelle Flucht ermöglichen. Es hatte sich herausgestellt, daß es äußerst schwierig war, kurzfristig an Häuser heranzukommen, die diesen Kriterien entsprachen. Nur wenige Besitzer waren dazu bereit, ihr Eigentum für weniger als ein Jahr zu vermieten, ganz zu schweigen von den zwei Monaten, auf die dieser verrückte Ausländer hinauswollte. Noch schlimmer war, daß zu den meisten Wohnsitzen, die geeignet und groß genug waren, Personal im Haus gehörte, das übernommen werden mußte. Im Flur des Hauses, in dem wir uns im Augenblick befanden, amtierte ein uniformierter Concierge, was die Wohnung als Versteck nutzlos machte. Jeder Agent weiß, wie lästig ein Concierge sein kann, und in einer Diktatur muß man davon ausgehen, daß die meisten Concierges Polizeispitzel sind.

Was die Autos anlangte, war die Lage fast genauso katastrophal. Auf der Fahrt vom Flughafen hierher war mir aufgefallen, daß die meisten Autos auf der Straße mindestens ein Jahrzehnt alt waren, darunter die reinsten Museumsstücke. Selbst diejenigen, die großartig aussahen, auf Hochglanz poliert, tuckerten röhrend voran, spuckten schwarze Abgase aus und wirkten so, als ob nur Draht und Glück sie zusammenhielten.

Es war rasch festgestellt worden, daß die Autovermietungen in Buenos Aires klein waren und aufs Geratewohl geleitet wurden. Die verfügbaren Autos waren noch schrottreifer als die auf der Straße, und man bekam sie nur gegen horrende Mietpreise.

Kurz gesagt, auf keines der bis jetzt beschafften Fahrzeuge war Verlaß. Von nun an mußten David und Aharon schlicht und einfach alles nehmen, was sie bekommen konnten, und wir mußten auf Meirs magische Hände vertrauen.

Das alles erfuhren wir innerhalb von zehn Minuten. Isser hatte angeordnet, er wolle sobald wie möglich mit Uzi und mir sprechen, und wir hatten kaum Luft geholt, als David schon in Filzhut und Mohairmantel vor uns stand: »Wir sollten uns auf den Weg machen.«

Wir quetschten uns in eine Schrottmühle, einen Ford Baujahr 52, und zuckelten durch den Verkehr. Bald erreichten wir die breiteste Avenue, die ich je gesehen hatte. »Das ist der Avenido Nueve de Julio«, verkündete Uzi, der den Stadtplan studierte. »Wohin fahren wir?«

»Zu einem Lokal namens Opera Café«, sagte Aharon, der am Steuer saß. »Von hier aus sind es etwa zehn Minuten.«

Inzwischen war es später Nachmittag, kurz vor der Dämmerung. Ich hatte gehört, Buenos Aires sei Paris sehr ähnlich, und ich sah bald, warum. Boulevards und kunstvolle Balkongitter erinnerten tatsächlich an die französische Hauptstadt. Aber die munteren Menschen auf den vollen Trottoirs und in den Cafés mit ihrer theatralischen Gestik erinnerten mich eher an Italien.

Das einzige, was störte, waren die schwer bewaffneten Soldaten in Jeeps und Panzerwagen an jeder wichtigen Kreuzung.

Das Auto hielt am Rand einer dicht befahrenen Straße, und Aharon zeigte uns die Richtung. »Dort. Ich warte auf euch.«

Das Opera Café war riesig, hell beleuchtet und voll, aber wir sahen Isser sofort. Er erhob sich aus einem tiefen Sessel an der Wand, kam auf uns zu und umarmte uns wie verlorene Söhne. Aber sobald wir saßen, kam er sofort zur Sache.

»Ich weiß, daß ihr müde seid, aber ich möchte, daß ihr heute abend das Terrain sondiert. Ich möchte, daß die Pläne für die Festnahme in den nächsten beiden Tagen endgültig festgelegt werden.«

Wir nickten. Auch wir wollten endlich in die Gänge kommen.

Er trank einen Schluck Whiskey. »Noch eins, aber das ist im Augenblick nicht eure Sorge. Wir arbeiten immer noch daran, uns neben Attila auch um den Doktor zu kümmern. Wir haben etliche Adressen, die überprüft werden müssen. Irgendwelche Fragen dazu?«

O nein, nein! Das war also immer noch im Busch! Verflucht noch mal, und ob ich Fragen hatte! Aber keine, die Isser Harel von einem Untergebenen hören wollte.

Ich schüttelte den Kopf. »Keine Fragen.«

»Gut.« Er schaute auf die Uhr. »Ich muß weg.« Dann

machte er eine Pause und schien uns zum ersten Mal zu mustern. »Besorgt euch Mäntel. Ihr könnt sie auf die Spesenrechnung setzen.«

Fünf Minuten später fuhren wir weiter. Nachdem wir David an der Wohnung abgesetzt hatten, machten Uzi, Aharon und ich uns auf den Weg Richtung Norden, nach San Fernando. Es nieselte jetzt, und die Nacht war dunkel. Wir merkten bald, daß sich die Landschaft veränderte, daß die großen Gebäude kleineren Platz machten, dann kam offenes Land. Wir bogen ein paarmal ab, dann waren wir auf der 202, einer dicht befahrenen, zweispurigen Straße, die direkt nach San Fernando führte.

Als wir uns der Gegend näherten, straffte sich Uzis Rücken neben mir, und er kniff hinter den dicken Brillengläsern die Augen zusammen. Die Karten und Fotos, mit denen wir uns bei den Einsatzbesprechungen befaßt hatten, erwachten zum Leben. Es war fast so, als ob wir schon einmal hier gewesen wären.

Jetzt regnete es in Strömen. Aharon bog von der Hauptstraße in eine Nebenstraße ab und dann auf einen schmalen, unbefestigten Weg ein, fuhr um die größeren Pfützen herum. Die Gegend wirkte noch ärmer, als auf den Fotos zu sehen gewesen war. Die Häuser waren klein und baufällig. Nur wenige hatten Strom.

»Wir sind parallel zur Garibaldi-Straße«, sagte Aharon.

Wir fuhren ein Stückchen weiter, kamen auf eine breitere Straße, und dann trat Aharon ruckartig auf die Bremse. Vor uns in der Dunkelheit hielt jemand eine rote Lampe hoch. Zwei Gestalten kamen auf das Auto zu. Mit angestrengtem Blick konnten wir ausmachen, daß beide mit Pistolen und Schlagstöcken bewaffnet waren. Wir waren nicht bewaffnet.

Soldaten. Sie waren sehr jung und vermutlich viel nervöser als wir.

Unser Plan für einen solchen Fall bestand darin, daß wir uns als Touristen ausgaben, die sich auf der Suche nach einem Hotel in der Innenstadt jämmerlich verfahren hatten. Aber unser gebrochenes Spanisch stieß nur auf Schweigen. Ein Soldat leuchtete Aharon ins Gesicht; der zweite musterte unser Nummernschild. Dann winkten sie uns wortlos weiter.

Ein paar Minuten später bogen wir in eine weitere Parallelstraße zur Garibaldi-Straße ein, und Aharon machte den Motor aus. »Wir sollten das Auto hier stehen lassen«, sagte er. »Es wäre blöd, wenn die Soldaten es noch einmal sähen.«

Also stiegen wir aus und kämpften uns, Aharon voran, durch den dicken Schlamm und den peitschenden Regen. Noch nie war ich so schnell so gründlich durchnäßt worden. Der alberne Anzug klebte mir am Körper, meine Schuhe quietschten. Das einzige, was uns mit unserem Unglück aussöhnte, war, daß unsere Fußspuren weggespült wurden.

Nach etwa zehn Minuten erreichten wir einen steilen Abhang. Auf allen vieren krochen wir mühsam hinauf. Aharon war ein Genie. Wir waren auf dem Eisenbahndamm, den wir auf der Karte markiert hatten. Direkt vor uns lag ein zweites Gleis, und gleich dahinter bot sich wie im Märchen der Anblick, der uns inzwischen durch die Bilder so vertraut war. Links lag die Straße 202, immer noch dicht befahren, und direkt vor uns stand das Haus der Klements.

Wir knieten uns auf die Holzschwellen. Aharon, der als einziger richtig angezogen war, holte zwei starke Ferngläser von Zeiss aus der Tasche seines schweren Mantels.

Das Haus war etwa fünfzig Meter entfernt, aber mit dem Feldstecher hatte ich das Gefühl, ich könne es berühren. Ich schaute durch eines der beiden Vorderfenster, das weiße Vorhänge einrahmten, in das Innere. Im schwachen Schein einer Petroleumlampe konnte ich einen Tisch und Stühle ausmachen und eine Tür, die in ein Hinterzimmer führte.

Plötzlich kam eine Frau ins Blickfeld. Sie war stämmig, bewegte sich schwerfällig und nahm etwas – ein Magazin? eine Zeitung? – vom Tisch; dann war sie außer Sicht.

Jetzt fiel es mir leichter, die Skepsis des ersten Ermittlers zu verstehen. Konnte der so schneidig-elegante Obersturmbannführer tatsächlich so weit heruntergekommen sein? War es vorstellbar, daß ein Mann, der von Schlössern und Palästen aus das Schicksal von Millionen diktiert hatte, in einem tristen Häuschen wohnte, dem jeder Komfort fehlte? Konnte diese farblose, pummelige Frau die Lebensgefährtin des Mannes sein, der etlichen der glanzvollsten und schönsten Frauen im faschistischen Europa den Hof gemacht hatte?

Ich brauchte alle Willenskraft dazu, den Zweifel aus meinem Kopf zu vertreiben.

Ich schaute auf die Leuchtzeiger meiner Uhr. Kurz nach 19.15 Uhr. Den Berichten nach kam Klement normalerweise zwischen 19.20 Uhr und 20.00 Uhr nach Hause.

Ich musterte die Gegend um das Haus herum. Den niedrigen Maschendrahtzaun. Den kleinen, mit Pfützen gesprenkelten Vorgarten. Den Verschlag gleich dahinter, der nach einem Geräteschuppen aussah, in dem aber auch ein kleiner Generator stehen konnte.

Wieder ein Blick auf die Uhr: 19.23 Uhr. Ein einsamer Radfahrer bog in die Garibaldi-Straße ein und radelte durch den Regen. Irgendwo schlug eine Tür zu. Ich richtete den Feldstecher wieder auf die Bushaltestelle an der Straße 202 und den Kiosk gegenüber.

Ich stieß Uzi an. »Gott sei Dank kann meine Mutter mich nicht sehen. Sie glaubt, ich bin in Paris.«

»So jedenfalls bekommen wir beide eine Lungenentzündung«, flüsterte er lächelnd zurück. »Die Frage ist nur, ob vorher oder nachher.«

Wieder Schweigen, absolute Konzentration. Da löste sich

plötzlich ein hell erleuchteter Bus aus dem Verkehrsstrom und hielt quietschend an. Auf meiner Uhr war es 19.35 Uhr. Als der Bus wegfuhr, waren am Straßenrand zwei Gestalten zu sehen.

Sie gingen nebeneinander über die Straße. Die eine war eine Frau, gut eingepackt gegen Kälte und Nässe. Die zweite, ein Mann mit Hut und in leichtem Trenchcoat, schien das Wetter nicht zur Kenntnis zu nehmen.

»Das ist er«, zischte Aharon.

Auf der anderen Straßenseite trennten sich die beiden, und der Mann bog in die Garibaldi-Straße ein. Meine Hand war wie taub, aber ich hielt den Feldstecher mit festem Griff. Es war zu dunkel, seine Gesichtszüge auszumachen, ich sah nur, daß er eine Brille mit dicker Fassung trug.

Aber da war der entschlossene, gemessene Gang, der erhobene Kopf, der Blick geradeaus.

Nun hatte ich keinerlei Zweifel mehr. Es war Adolf Eichmann.

16. Kapitel
Der Weg zur Garibaldi-Straße

Am folgenden Morgen sollte die systematische Überwachung des Zielgebiets durch mich beginnen. Auf dem Weg dorthin machte Aharon einen Abstecher in eine andere Gegend und hielt vor der Nummer 4261 in der Chucabuco-Straße.

»Da hat er früher gewohnt«, erklärte er. »Wir haben Glück gehabt.«

Weder Meir noch ich, die neben ihm auf dem Vordersitz saßen, beide verkleidet, mußten fragen, was er damit meinte. Diese Unterschichtsgegend war lebendiger als die andere, mit vielen Fußgängern auf den Straßen. Hier wäre eine verdeckte Operation unmöglich gewesen.

Zehn Minuten später setzte uns Aharon an einer Bushaltestelle an der Straße 202 ab. Wir warteten eine Viertelstunde auf den Bus der Linie 203, derjenigen, mit der Attila zur Arbeit in einer Autofabrik in Buenos Aires und zurück fuhr.

»Bunkerley«, sagte ich, gab dem Fahrer einen Zehn-Peso-Schein und hielt zwei Finger hoch, damit er sah, daß ich zwei Fahrscheine wollte. Es war die nächste Haltestelle nach der Garibaldi-Straße.

Der Bus war halb leer. Er war mindestens zwanzig Jahre alt und vermittelte mir diese seltsame, unangenehme Empfindung, die ich in alten öffentlichen Verkehrsmitteln im Winter immer habe: kalt und zugleich stickig. Aus vielen der schäbigen Ledersitze ragten die Stahlfedern heraus.

Von unserem Beobachterposten ganz hinten stellte ich fest, daß die anderen Fahrgäste, vor allem Frauen, mitten am Morgen eines Werktages, aber auch ein paar Land- und Fabrikarbeiter, durchaus gepflegt wirken wollten; selbst die ärmsten waren ordentlich gekleidet. Es wurde wenig geredet. Die meisten sahen vor sich hin oder zum Fenster hinaus und wirkten in ihre Gedanken vertieft. Niemand schien zu einem besonderen Ort unterwegs zu sein.

Auch in den nächsten Tagen, als wir in verschiedenen Bussen dieselbe Strecke in beiden Richtungen immer wieder abfuhren, bestätigte sich dieser Eindruck. Natürlich ging es mir dabei nicht nur darum, mit Attilas Bewegungen vertraut zu werden, sondern auch darum, daß ich mich an seine Stelle versetzte. Ich wollte wissen, so genau, wie es irgend ging, was er unmittelbar vor unserer Begegnung erlebte. Falls der Mann, den wir verfolgten, mir auch nur entfernt ähnlich war – falls er überhaupt menschlich war –, würde er kaum in Höchstform sein. Wenn er aus diesem gräßlichen Bus ausstieg, hinein in den frostigen Winterabend, in Gedanken bei nichts Besonderem, würde er nichts vorhaben, als in das warme Haus gleich um die Ecke zu kommen.

Wir stiegen in der Nähe der Garibaldi-Straße an der 202 aus dem Bus. Während der Bus dröhnend abfuhr, warf Meir einen Blick auf den Kiosk. »Ich glaube, ich besorg' mir ein belegtes Brot«, sagte er und griff in die Tasche.

Ich hinderte ihn mit einem bösen Blick daran. »Warum hängst du dir nicht einfach ein Schild auf den Rücken, auf dem steht AUSLÄNDER IN DER GEGEND?«

Widerstrebend hielt er mit mir Schritt, als ich über die Straße ging und in die Garibaldi-Straße einbog. Um diese Zeit war viel Betrieb auf der Straße; die Leute bewegten sich lässig zu Fuß oder auf dem Rad, alle zwanzig bis dreißig Sekunden fuhr ein Auto vorbei. Auch das mußte ich zu einer anderen Tageszeit und unter anderen Umständen überprüfen. Eine Umgebung ist so regelmäßig wie ein Uhrwerk, dessen Mechanismus man erst kennenlernen muß.

Als wir auf das Haus der Klements zugingen, kam die Frau plötzlich um die Ecke herum und trat in den Garten. Wir gingen gelassen weiter, Fußgänger an einem frostigen Wintermorgen, aber mein Herz schlug wild. Aus der Nähe war sie noch korpulenter, als sie am Vorabend gewirkt hatte, mit ungekämmtem, schmutzig-blondem Haar und den groben, ausdruckslosen Zügen einer Bäuerin bei Brueghel.

Wir waren noch etwa zwanzig Schritte vom Haus entfernt. Ein Junge von fünf oder sechs Jahren in brauner Jacke und zerlumpten Cordhosen kam heraus und rannte ihr nach. Als wir auf gleicher Höhe waren, hob die Frau eine große Wanne mit Wäsche auf und trug sie ins Haus, den Jungen im Schlepptau.

Meir und ich hatten genug gesehen; genauer gesagt, wir hatten genug von uns sehen lassen. Da wir in nicht einmal einer Stunde an der Stelle, an der er uns abgesetzt hatte, mit Aharon verabredet waren, machten wir einen Umweg zur Bushaltestelle und bekamen den Bus zurück nach Buenos Aires.

Als wir an der vereinbarten Stelle ankamen, war unser Freund nirgends zu sehen. Zwischen Verärgerung und Sorge warteten wir. Es regnete wieder, und wir hatten immer noch keine Winterkleidung. Deshalb gaben wir nach einer halben Stunde auf und fuhren per Taxi zur Wohnung zurück.

Wir brauchten nicht lange zu warten.

Kurz nach uns kam Aharon, begleitet von Uzi. Ihre Kleidung triefte nicht nur, sie war auch ölverschmiert. Das Auto hatte den Geist aufgegeben. Uzi, der sein Pech und Argentinien im allgemeinen verfluchte, befahl Meir, mit ihm zurückzufahren und das elende Ding zum Laufen zu bringen. Es war die erste in einer ganzen Reihe solcher Episoden. Schließlich prüfte Meir, um Zeit zu sparen, den Motor jedes Mietwagens sofort, wenn wir ihn bekamen.

An jenem Abend kehrte ich allein nach San Fernando zurück. Als ich ankam, kurz nach 18.00 Uhr, war es schon dunkel. Ich legte mich auf den Eisenbahndamm und wartete. Obwohl ich dieses Mal, nachdem ich mir einen Regenmantel und Handschuhe gekauft hatte, vernünftig angezogen war, fühlte ich mich alles andere als wohl. Ganz gleich, wie ich mich drehte oder wendete, irgendwie lag ich immer in einer Pfütze.

Aber ich vergaß das sehr schnell. Das Innere des Hauses war gut beleuchtet. Ich sah den kleinen Jungen, der nur die Unterhosen anhatte, auf dem Wohnzimmerboden spielen. Ich beobachtete ihn mit atemloser Faszination. Er schien ein glückliches Kind zu sein, sprang herum und war vergnügt. Die Mutter, die gelegentlich ins Blickfeld kam, schien Nachsicht mit ihm zu haben, ließ ihn machen, was er wollte, und lachte über seine Späße.

Kurz nach 19.00 Uhr hielt ein Motorrad vor dem Haus, und einen Augenblick später bekamen die Leute darin Gesellschaft von einem Blonden Anfang Zwanzig. Das war vermutlich Dieter, einer der älteren Söhne; unseren Berichten nach hatte er ein Motorrad.

Jetzt spielte das Kind nicht mehr, sondern stützte sich auf den Fenstersims und schaute in den Regen hinaus.

Denn tatsächlich, verflucht noch mal, es regnete wieder. Aber ich sah den Jungen deutlich, ein außerordentlich schönes Kind, das einem Renaissance-Künstler als Engel hätte Modell stehen können. Er erinnerte mich an meinen ermordeten Vetter Takele.

Aber wonach hielt er Ausschau? Wartete er auf seinen Vater?

Richtig, kurz nach 18.30 Uhr fuhr der Bus Nr. 203 die Haltestelle an, und Klement stieg aus. Er war genauso gekleidet wie am Abend davor, und er ging mit demselben entschlossenen Schritt, die Hände an den Seiten, auf das Haus zu.

Die letzte Beobachtung war entscheidend wichtig. Selbst wenn er bewaffnet war, kam er nicht schnell an die Waffe heran.

Für unsere Zwecke hätte es gar nicht besser stehen können: Er war ein Mann mit festen Gewohnheiten. In Nürnberg hatte der Kommandant von Auschwitz ausgesagt, jeder Zugladung mit Juden sei ein Telegramm von Eichmann vorausgegangen, immer mit denselben Worten: »Nach den Anweisungen für die ›Sonderbehandlung‹ zu behandeln« – das Codewort für Vergasen, eine grausige Information, nun jedoch für uns ein günstiges Vorzeichen. Am entscheidenden Abend hätte uns die geringste spontane Regung seinerseits Ärger machen können.

Das Muster setzte sich fort, als das Licht heller wurde, sobald Klement ins Haus kam. Dasselbe war am Vorabend geschehen und spielte sich, wie ich noch herausbekommen sollte, jeden Abend ab. Auch das gehörte zu den festen Gewohnheiten von Klement, die zu den Akten genommen wurden.

Klement hatte jetzt Hut und Mantel abgelegt und stand neben dem Jungen. Er hob ihn hoch und wirbelte ihn herum, dann ging er neben ihm zu Boden und kroch auf allen vieren. Beide lachten.

In jedem anderen Fall hätte mich eine solche Szene auch zum Lächeln gebracht. Sie erinnerte mich an meinen Vater und mich im selben Alter. Mehr noch, ein solcher Vater wollte ich eines Tages auch sein.

Jetzt gingen sie ans Fenster. Der Junge setzte sich auf den Schoß des Mannes, und beide schauten hinaus.

Sie blieben lange so sitzen und schauten nur hinaus, wie in einem gemeinsamen Tagtraum. Dann hörte ich zu meiner Rechten ein Grollen. Langsam wurde es lauter. Jetzt rührte sich der Mann und zeigte hinaus. Einen Augenblick später tauchte ein Güterzug auf und donnerte auf dem Gleis direkt unter mir vorbei.

Mich packte ein fast unbeschreibliches Ekelgefühl.

Der Vater lächelte leicht, und seine Lippen bewegten sich. Mit ausgestrecktem Finger half er dem Kind beim Zählen.

Du Schwein, dachte ich. Die Züge haben es dir immer noch angetan!

17. Kapitel
In der abgeschirmten Wohnung

Unsere Wohnung wurde voll. Als ich nach dem zweiten nächtlichen Besuch in San Fernando zurückkam, stellte ich fest, daß zusätzlich zu David, Aharon, Uzi, Meir und mir, Danny eingezogen war. Wir wechselten kein Wort über den seltsamen Vorfall auf dem Flughafen. Als ich an jenem Abend zu ihm kam, während er an einem Paß arbeitete, in einem Hinterzimmer über seinen Arbeitstisch gebeugt wie ein kleiner Angestellter in einem Roman von Dickens, eine Lupe in der einen, einen messerscharfen Bleistift in der anderen Hand, schaute er mit feuchten, erwartungsvollen Augen zu mir auf und begrüßte mich mit einem Nicken.

»Wann bist du angekommen?« fragte ich.

»Vor zwei Stunden. Du hast ihn gesehen?«

Ich nickte. »Er hat im Haus mit seinem kleinen Sohn gespielt. Es hat wie ein Bild auf einer Vatertagskarte ausgesehen – wie wir mit unseren Vätern.«

Als er mich anlächelte, merkte ich sofort, daß meine Bemerkung gedankenlos gewesen war. Oder, wer weiß, vielleicht wollte ich ihm heimzahlen, was er mir auf dem Flughafen angetan hatte. Wie auch immer, ich bereute es. Danny war in Ungarn geboren, wo Eichmann seinen grausamen Perfektionismus auf die Spitze getrieben hatte; er schaffte es nicht einmal, den Namen dieses Mannes auszusprechen. Danny hatte seinen Vater in Bergen-Belsen verloren.

Ich schaute mir die sorgfältig geordneten Utensilien auf dem großen Tisch neben seinem Arbeitsplatz an – Pinsel, Bleistifte, Lupen, Papiermesser, Siegel, Wachs und Brenner, um es flüssig zu machen, Kameras, Filme, Material und Wannen zum Entwickeln; stapelweise Papier, in verschiedenen Farben und unterschiedlicher Herkunft – und dachte wehmütig daran, wie schwer das gewesen war.

»Hast du deine Malutensilien mitgebracht?« fragte er. Wie er wußte, hatte ich sie immer dabei.

»Nur ein paar.« Ich machte eine Pause. »Es war mir nicht so wichtig.«

»Ich weiß. Ich weiß.«

Weil wir auf keinen Fall Verdacht wecken wollten, trafen wir beim Kommen und Gehen groteske Vorsichtsmaßnahmen, sorgten dafür, daß wir aus dem Haus waren, ehe der Concierge um 8.30 Uhr kam und seinen Platz am Vordereingang einnahm, und nicht vor 18.00 Uhr zurückkamen, wenn er ging. Das war natürlich eine unhaltbare Situation, und alle waren erleichtert, als David am Morgen des dritten Tages bekanntgab, er habe genau die Villa gemietet, die wir brauchten, in einem reichen Vorort, eineinviertel Stunden von San Fernando entfernt. Auf Issers Befehl sollten Meir und ich sofort dort einziehen und das Haus vorbereiten.

Als wir durch ein Tor in einer hohen Steinmauer auf das Grundstück fuhren, ließ David unsere Gesichter nicht aus den Augen, während wir alles in uns aufnahmen.

»Ich hab' nicht übertrieben, oder?« fragte er strahlend. »Hübsches Anwesen, meint ihr nicht auch?«

»Nein, David«, gab ich zu, »du hast nicht übertrieben.«

Der weitläufige Rasen wurde eingerahmt von einem wunderschön gepflegten Garten. Links plätscherte ein Bach, und daneben war ein Steingarten, der wie aus Japan importiert wirkte. Rechts führte ein mit Platten belegter Weg über einen grasüberwachsenen Hügel hinauf. Das Haus selbst, mit einem maurischen Vorbau, war riesig, ein Anblick aus einem Hollywood-Film.

»Wie in aller Welt hast du diesen Palast gefunden?« fragte ich, während wir auf den Vordereingang zugingen. »Der muß doch mindestens fünftausend Dollar im Monat kosten.«

»Frag nicht«, erwiderte er mit unverhohlener Befriedigung. »Aber selbst das Doppelte reicht noch nicht.«

Drinnen hingen üppige Kronleuchter von den hohen Decken, und chinesische Teppiche verschluckten unsere Schritte. Die weiten Räume waren mit spanischen Antiquitäten möbliert.

Das alles war natürlich nur ein Extra. Meir und ich stiegen schnell die gebohnerte Treppe hinauf, an den Schlafzimmern und dem Arbeitszimmer im ersten Stock vorbei auf den Dachboden. Am Ende der Treppe war eine kleine Holztür, dahinter stützten Balken im Zickzack das Dach. Wir lösten einen Balken und zogen ihn einen halben Meter weit vor. Perfekt! Hier ließ sich eine bewegliche falsche Wand bauen, hinter der Platz genug war, einen Menschen zu verstecken.

Das Material, das wir brauchten, war schon im Auto; wir hatten es unterwegs in einer Holzhandlung gekauft. Als wir die Treppe herunterkamen, stand zu unserer Überraschung ein Mann in Arbeitskleidung neben David im Eingang.

»Wir haben ein Problem«, sagte David verdrossen auf deutsch. »Der Vermieter hat mir nichts davon gesagt, daß wir einen Hausmeister haben.«

Der Mann merkte, daß über ihn gesprochen wurde, und nickte und lächelte in unsere Richtung.

Ich lächelte zurück. »Können wir ihn nicht loswerden?«

David zuckte die Achseln. »Er wohnt in einem Häuschen hinter der Villa. Er hat die Anweisung, sich hier für uns nützlich zu machen.«

Meine Aufgabe war es nun, Isser die Neuigkeit beizubringen. Drei Stunden später saß ich an einem Fenstertisch in einer Bar an der Avenida Corrientes, dem neuesten Lokal auf der ständig wechselnden Liste von Treffpunkten mit unserem Chef, als eine kleine Gestalt in einem schweren Pelzmantel mit einer großen Pelzmütze auf dem Kopf hereinkam. Die Größe verriet ihn, dazu die auffälligen Ohren, die aus dem dicken Pelz herausragten, und daß er Hans, den Verhörexperten, im Schlepptau hatte.

Ich hatte Hans zwar seit Monaten nicht gesehen, aber wir begrüßten uns nur mit einem flüchtigen Nicken. Ich hatte den Mann nie gemocht, fand ihn arrogant und anmaßend, jemand mit wenig Flexibilität und noch weniger Humor. Und natürlich wurde er mir auch dadurch nicht sympathischer, daß er ähnliche Verachtung für mich empfand. Im allgemeinen hielt ich den Mund, wenn er in der Nähe war, in erster Linie aus Selbstschutz. Hans war der Typ, der alles registriert, was in seiner Gegenwart gesagt wird, sei es auch nur im Spaß, für den Fall, daß es ihm später nützen könnte.

»Ausgezeichnete Wahl«, meinte dieser Speichellecker sofort zu Isser. »Ich kenne das Haus gut. Erstklassig.«

»Isser«, meldete ich mich zu Wort und ignorierte Hans, »wir haben ein Problem mit der Villa.« Und ich berichtete von dem Hausmeister.

Einen langen Augenblick schwieg er. »Sag David, er soll die andere Villa mieten. Sie ist nicht perfekt, aber wir müssen dann eben damit auskommen.«

Trotz seiner gekonnt vorgetäuschten Ruhe wußte ich, daß die Neuigkeit Isser den Tag verdorben hatte. In seinem Universum mußte alles nach seinen Vorstellungen laufen.

Kurz darauf war ihm die Enttäuschung anzumerken. »Peter«, sagte er und nickte hinter dem Kellner her, der eben unsere Getränkebestellungen aufgenommen hatte, »du trinkst ja gar nichts. Bestell dir was.«

Ich habe mir nie viel aus Alkohol gemacht. »Aber ich hab' doch eine Cola bestellt.«

»Etwas Hartes. Die Besitzer von solchen Lokalen erwarten, daß die Gäste Whiskey trinken.«

»Isser hat recht«, sagte Hans.

Ich warf ihm einen vernichtenden Blick zu. »Isser«, sagte ich leise, »ich mag keinen Whiskey.«

»Ich will nicht, daß du die Aufmerksamkeit auf dich lenkst.« Er winkte dem Kellner und bestellte einen Whiskey für mich.

»Trink einen«, meinte er. »Die sollen sehen, daß du bist wie die anderen.«

»Das ist doch verrückt. Denen ist das piepegal.«

»Peter«, sagte er genervt, als ob ich derjenige mit einer fixen Idee wäre, »tu's einfach mir zuliebe, ja?«

Ich trank einen Schluck Whiskey, als er zum Geschäft kam. »Wir haben nicht viel Zeit. Ich habe beschlossen, daß wir noch einmal mit allen verfügbaren Mitteln versuchen, den Doktor ausfindig zu machen.«

Ich nickte und ließ mir meine beträchtlichen Sorgen nicht anmerken. »Ich sag' den anderen Bescheid. Natürlich sollte klar sein, daß wir noch an Attila arbeiten müssen.«

In Wahrheit hatte ich mir schon einen genauen Plan für die Gefangennahme zurechtgelegt, aber ich wollte auf keinen Fall, daß irgend jemand von uns auch nur einen Augenblick nicht Eichmann die Priorität gab.

»Nein«, unterbrach Hans. »Im Fall von Attila ist alles schon klar. Du mußt es nur noch durchführen.«

Ich war fassungslos, völlig verblüfft. Eine derartige Chuzpe war unerhört! Und das in Issers Beisein. Ich schaute den Alten an, weil ich sehen wollte, wie er reagierte. Er sagte kein Wort.

Trotzdem gelang es mir, den Mund zu halten. Gelegentlich hatte ich es erlebt, daß Isser Rivalitäten unter seinen Männern schürte, sogar ein gewisses Maß an Animosität. Aber mit Hitzköpfen hatte er überhaupt nichts im Sinn. So überheblich Hans auch war, ich konnte mir einfach nicht vorstellen, daß er möglicherweise einen solchen Kampf gewann. Daß Isser jetzt so befremdlich zögerte, konnte nur eine Reaktion auf den ungeheuren Druck sein, unter dem er stand. Wohl noch nie in seinem Leben hatte so viel auf dem Spiel gestanden. Aber am Ende war bestimmt Verlaß darauf, daß er, der am meisten geachtete Geheimdienstprofi, die richtige Entscheidung traf. Oder nicht?

David unterschrieb am selben Nachmittag den Mietvertrag für die neue Villa. Anderthalb Stunden später waren Meir und ich im Haus und richteten uns ein. Wir hofften, daß bis zur Mitte des nächsten Tages, dem 7. Mai, Danny der einzige Bewohner der ersten Villa bliebe. Als Stillebenmaler (das war seine Tarnung) verließ er selten das Haus, und deshalb war es unwahrscheinlich, daß sich ein Wichtigtuer für ihn interessierte, wie neugierig er auch sein mochte. Um sicherzugehen, baute ihm Meir trotzdem im Kamin ein Versteck für seine Fälschungen. Falls es nötig sein sollte, genügte ein Streichholz, damit die gefälschten Papiere in Flammen aufgingen.

Die neue Villa, die der immer erfindungsreiche Isser mit dem Decknamen Tira versehen hatte, konnte es mit der Vorgängerin nicht aufnehmen. Es war ein weitläufiger Bau, der alle möglichen Stilmerkmale in sich vereinigte, in einem Erholungsgebiet im Norden, eine Stunde von der Hauptstadt entfernt, gelegen; meistens wurde er als Sommerhaus benutzt, deshalb gab es keine Heizung. Die dicken Mauern, die das Haus bei Hitze kühl hielten, verwandelten es jetzt in einen Kühlschrank. Außerdem hatte es weder einen Dachboden noch einen Keller, also zunächst auch keinen überzeugenden Ort für den Einbau eines Verstecks.

Andererseits war die Gegend relativ abgelegen, und eine

etwa zweieinhalb Meter hohe Mauer umgab das Haus; Personal war nicht vorhanden. Innen, im Erdgeschoß, gab es ein großes, gemütlich ausgestattetes Wohnzimmer, eine moderne, gut eingerichtete Küche, drei kleine Schlafzimmer und, erreichbar durch eine Schiebetür aus Glas hinter einem kurzen Flur, eine Veranda, deren Holzumzäunung dicht überwuchert war. Die Zimmer im ersten Stock waren unbenutzt, die Möbel darin mit Tüchern und Planen abgedeckt. Dort war es noch kälter als im Erdgeschoß.

Meir schlug vor, daß wir das Schlafzimmer neben der Küche für den Gefangenen vorbereiten sollten. Es war der wärmste Ort im Haus, hatte nur ein winziges Fenster und bot schnellen Zugang zur Terrasse, von der aus der Gefangene im Fall von Gefahr aus der Villa weggebracht werden konnte. Dort konnten wir ihn auch, wie Meir nach näherer Untersuchung feststellte, im Notfall verstecken.

Wie vorher bestand unsere erste Aufgabe darin, ein Versteck zu bauen. Nachdem wir das dem Hof nächste Brett des Verandabodens entfernt hatten, befestigten wir Schienen daran, damit wir es auf- und zuschieben konnten. Darunter waren vierzig Zentimeter Platz bis zum Betonfundament, reichlich Raum, einen gefesselten und geknebelten Mann vorübergehend unterzubringen. Von oben aus, im dichten Laub versteckt, bauten wir das Gerüst für eine Art Speiseaufzug. Im Notfall ließ sich schnell eine Holzplatte darauflegen, auf der wir den Gefangenen hinunterlassen konnten, was uns nicht nur die Arbeit erleichterte, sondern außerdem seinen Rücken vor dem kalten Beton schützte.

Als nächstes brachten wir im Zimmer des Gefangenen eine Klingel an, die mit dem Vordertor und dem Wohnzimmer verbunden war. Mit einem unauffälligen Druck konnten von draußen aus die Bewacher alarmiert werden, wenn Gefahr im Anzug war.

Schließlich machten wir uns daran, die Fenster abzudecken, um das Haus vor neugierigen Blicken zu schützen. Diese Arbeit machte uns ziemlich trübsinnig, denn inzwischen war es später Nachmittag und noch kälter. Die Decken, die David zu diesem Zweck besorgt hatte, für siebzig Dollar pro Stück, waren aus reiner Wolle und stammten aus Schottland. Als wir sie mit zentimeterlangen Nägeln an den Wänden festklopften, sehnten wir uns nach nichts so sehr wie danach, uns in diese Decken zu wickeln.

Als wir endlich fertig waren, in völliger Dunkelheit saßen und lustlos an harten belegten Broten kauten, vertrieben wir uns die Zeit damit, im Geist eine Liste der Dinge zu machen, die dieser Mistkerl von David am nächsten Tag besorgen sollte: Decken für uns, mehrere Heizöfen, Lampen und Taschenlampen, zwei Kartenspiele und ein Schachspiel mit Brett und für alle Fälle noch ein paar zusätzliche Decken.

Am nächsten Tag zogen wie geplant die anderen ein, und am Abend kam noch ein Agent, mein alter Kollege Jack. Es war entschieden worden, daß wir für die Jagd auf Mengele noch Verstärkung brauchten.

Am Tag danach wuchs das Kontingent weiter, als ein großer, adrett gekleideter, etwa vierzigjähriger Mann eintraf. Uzi stellte ihn als Dr. Maurice Klein vor. Die beiden kannten sich schon seit Jahren. Klein, Leiter der Anästhesie an einem großen Krankenhaus in Tel Aviv, gehörte zu den zahlreichen Ärzten, die mein Freund bei der Behandlung seiner verschiedenen Kriegsverletzungen kennengelernt hatte.

»Wir sind froh, daß Sie hier sind«, sagte ich zu Klein. »Ich hoffe, Sie haben Erfahrung mit der Behandlung von doppelseitiger Lungenentzündung.«

Er lächelte gutmütig. »Ich habe das hier eigentlich für einen Urlaub gehalten. Ich habe geglaubt, ich kriege nur einen Patienten, um den ich mir Sorgen machen muß.«

Wie ich noch erfahren sollte, steckte hinter der gelassenen Art des Arztes eine stahlharte Konstitution. Als Überlebender des Holocaust ohne Erfahrung beim Geheimdienst hatte er Uzis Angebot, an dem Auftrag mitzuarbeiten, begeistert angenommen.

Was die Autos anlangte, erwies sich der Umzug in die neue Villa schon jetzt als nützlich, weil Meir im Hof völlig unbeobachtet an den Motoren herumflicken konnte. Sogar wir waren verblüfft über die Autos, die David immer wieder anbrachte – jedes eine Persönlichkeit für sich, die uns auf die Palme brachte; einmal abgefahrene Reifen und Vorderfenster, die nicht zugingen; ein anderes ließ sich nicht abschalten; und das nächste, das eine neue Kupplung brauchte, blieb an jeder zweiten Kreuzung stehen.

Jedes hätte Stoff für einen klassischen Sketch von Laurel und Hardy geliefert. Auch für uns waren die Folgen alles andere als komisch. Nachdem wir zwei weitere Autos auf der Straße hatten stehenlassen müssen, hatte Isser angeordnet, daß wir von nun an, wann immer das möglich war, im Konvoi fuhren.

Mit den meisten gab sich Meir nicht einmal ab. Weil bis zur Gefangennahme nur noch wenige Tage Zeit blieben, konzentrierte er sich auf die beiden Autos, die an jenem Abend eingesetzt werden sollten: einen grauen Chrysler und einen schwarzen Mercedes.

Vor allem auf den Mercedes. Das war das Auto, mit dem Attila in die Gefangenschaft gefahren werden sollte.

Für das Auge des Laien – meines zum Beispiel – sah der Mercedes bestens aus. Aber je gründlicher Meir nachschaute, desto besorgter wurde er, und schließlich schickte er David rund um die Uhr in die Stadt, damit er Ersatzteile auftrieb. Sogar die Glühbirnen mußten ausgetauscht werden. Als er endlich zufrieden war, stattete Meir das Auto mit einer eigenen Erfindung aus, einem Federmechanismus, mit dem wir in Sekundenschnelle die Nummernschilder wechseln konnten.

In der Morgendämmerung des neunten Mai riß mich ein langes Klingeln an der Vordertür aus dem Tiefschlaf. Ich war erschöpft von der Observation in San Fernando am Abend davor – verschiedene Teile meiner Tarnung lagen noch auf zwei Stühlen, auf die ich sie achtlos geworfen hatte –, ging benommen ins Wohnzimmer, wo ich fast über Uzi gestolpert wäre, der unter einem Mantel auf dem Teppich schlief, und machte die Haustür auf.

»Was ist los mit euch?« wollte Hans wissen, schob sich an mir vorbei und kam ins Wohnzimmer.

Als er den Fuß unseres Operationsleiters sah, der unter dem Mantel hervorragte, halb bedeckt mit einer löcherigen Socke, ging er hinüber und stieß ihn mit der Stiefelspitze an. »Uzi, wach auf.«

Uzis Lider flatterten; dann öffnete er die Augen und schaute sich orientierungslos um.

»Der Alte will, daß wir alle Kräfte aufbieten, um Mengele ausfindig zu machen«, sagte Hans scharf. »Ich habe eine Liste mit Adressen. Sie müssen sofort überprüft werden.«

Uzi setzte sich auf und tastete nach seiner Brille. »Was soll das heißen? Was für Adressen?«

Hans griff in die Innentasche seiner Jacke und holte mehrere Blatt Papier heraus. »Sie stehen in diesem Bericht. Ihr sollt die rot markierten überprüfen. Wir müssen bis heute abend wissen, ob dieser Teil der Operation fortgesetzt wird.«

Während Uzi einen Blick auf die erste Seite warf und versuchte, aus den handschriftlichen Aufzeichnungen schlau zu werden – einem Bericht über Mengeles mutmaßliche Aufenthaltsorte in letzter Zeit, der vor allem auf abgefangener Korrespondenz und anderen Daten aus zweiter Hand beruhte –, drehte sich unser Besucher um und ging zur Tür. »Ich habe was anderes zu tun. Ich komme am späten Nachmittag wieder, um den Operationsplan in Sachen Attila zu besprechen.«

Eine halbe Stunde später saß ich hinter dem Lenkrad eines fünfzehn Jahre alten Buicks, zum ersten Mal seit unserer Ankunft am Steuer. Uzi dirigierte mich, und gegen 7.15 Uhr fanden wir das Haus. Es war ein weitläufiges, dreistöckiges Gebäude im Viertel Vicente López, einem der reichsten in Buenos Aires. Wir parkten den Wagen um die Ecke, etwa hundert Meter entfernt, saßen im Auto und warteten.

Nach kurzer Zeit ging die Vordertür auf und eine junge, sportlich gekleidete Frau kam heraus, hinter ihr drei Kinder mit Schultaschen. Nach einer Viertelstunde kam sie allein zurück. Eine halbe Stunde später erschien ein jugendlicher Mann in der Tür, bekam von der Frau einen Kuß auf die Stirn und fuhr weg.

»Weißt du, was das ist?« bemerkte Uzi. »Das ist wie eine Komödie im amerikanischen Fernsehen.«

»Ich mach' einen Besuch bei der Frau«, beschloß er ein paar Minuten später. Er schrieb die Nummer eines Hauses in sein Notizbuch und riß eine Seite heraus. Er wollte so tun, als suche er nach dem Haus. »Warte hier auf mich.«

Uzi ging zur Tür und klingelte. Die Frau machte auf, sie wechselten ein paar Worte, und er verschwand im Haus. Eine halbe Stunde verstrich, ehe die Tür wieder aufging, Uzi herauskam und zum Abschied winkte.

»Stell dir vor«, sagte er, als er ins Auto stieg, »sie sind tatsächlich Amerikaner. Sie hat mir sogar amerikanischen Kaffee vorgesetzt.«

»Und der Doktor?«

Er schüttelte den Kopf. »Pech gehabt. Er hat dort gewohnt, aber wir haben ihn um einen Monat verpaßt. Sie bekommen immer noch deutschsprachige Zeitungen aus der Schweiz.«

»Was sind das für Leute?«

»Sie sind aus Philadelphia, eben erst hergezogen, haben ihn nicht kennengelernt. Sie wissen nur, was der Vermieter ihnen erzählt hat.«

»Keine Nachsendeadresse?«

»Natürlich nicht. Er hat sich nicht mehr gemeldet, seit er ausgezogen ist.«

Keiner von uns mußte aussprechen, was offenkundig war: Wie er sich unsichtbar gemacht hatte, entsprach genau dem, was bei Hans' Ermittlung im Fall Eichmann passiert war.

Um zwölf trafen wir uns mit Aharon vor einem Kino in der Innenstadt, und Uzi stieg zu ihm ins Auto. Weil die für heute morgen angesetzte Strategiebesprechung der beiden verschoben worden war, wollten sie jetzt miteinander reden, auf der Fahrt zur Villa. Ich kannte mich in der Stadt nicht aus, deshalb sollte ich ihnen nachfahren.

Das klang einleuchtend. Was ich nicht bedacht hatte, war, daß Aharon, ins Gespräch vertieft, vergessen könnte, daß ich hinterherfuhr. Bald beschleunigte er, und nach einer Weile fuhr er so schnell, daß ich Mühe hatte, in seiner Nähe zu bleiben, während ich mich auf schmalen, unbekannten Straßen durch den Verkehr schlängelte. Ich hupte, um ihn auf mich aufmerksam zu machen, aber entweder hörte er es nicht oder es fiel ihm im allgemeinen Gehupe nicht auf. Plötzlich bog er ohne Vorwarnung scharf ab. Vermutlich funktionierte sein Blinker nicht. Ich bog um die Kreuzung und sah gerade noch, wie er einen Abhang hinaufraste und auf der anderen Seite verschwand.

Mich packte die Verzweiflung.

Ich trat das Gaspedal durch und war gerade dabei, aufzuholen, als er, fünfzig Meter vor mir, eine gelbe Ampel überfuhr und in einer weiteren Kurve verschwand. Ich hielt nur kurz an der Kreuzung und raste hinter ihm her, dann trat ich auf die Bremse. Dreißig Meter vor mir gingen sechs Armee- und Polizeifahrzeuge in Stellung. Eine Straßensperre!

O Gott, war mein erster Gedanke, jetzt haben sie uns erwischt!

Die jungen Soldaten kamen mit grimmigen Gesichtern auf mich zu, die Gewehre schußbereit.

Ich holte tief Luft und lächelte. Dazu waren wir schließlich ausgebildet worden.

»Was ist denn?« fragte ich auf englisch und holte meinen Paß heraus.

Sie gaben keine Antwort, winkten mich nur mit einer Bewegung der Gewehre aus dem Auto.

Aber inzwischen hatte ich gemerkt, daß auch andere Autos angehalten und ihre Fahrer zum Aussteigen genötigt wurden. In wenigen Minuten waren es über zwanzig. Wir mußten eine Schlange bilden und eine Anhöhe hinauf und über eine feuchte Wiese gehen. Auf der anderen Seite stand ein kleines Polizeirevier aus Beton.

Im Eingangsflur waren fünf Tische aufgestellt worden. Hinter jedem saß ein Polizist, Pulver und Papier für Fingerabdrücke vor sich. Ich schaute mich verzweifelt nach einem Europäer oder Amerikaner um, der mir aus der Patsche half. Unter keinen Umständen durfte ich meine Fingerabdrücke hinterlassen.

Und was, fragte ich mich, während ich in einer der Schlangen stand, war mit dem Auto? Wer wußte, was im Kofferraum sein mochte? Baumaterial, wie es ein echter Tourist nicht brauchte? Vielleicht sogar ein falsches Nummernschild.

Es dauerte mindestens eine halbe Stunde, bis ich an die Spitze der Schlange rückte. Als ich mich dem jungen Polizisten gegenübersetzte, krampfte sich mir der Magen zusammen. Ich machte deutlich, daß ich kein Spanisch sprach, und er rief einen zweiten Polizisten.

»Nix gut«, sagte der zweite Mann, als ich ihm meinen Führerschein vorlegte. Er tat, als wolle er ihn zerreißen, was wohl hieß, daß ich die falsche Hälfte des Papiers hatte. Uzi, hol ihn der Teufel, hatte versehentlich die richtige Hälfte behalten.

Ich lächelte, zuckte die Achseln und holte ein Bündel weiterer gefälschter Papiere heraus: meinen Paß, meinen Krankenversicherungsschein, die Autozulassung. Daneben legte ich das ungeöffnete Päckchen Kent, das ich immer bei mir habe.

Sofort veränderte sich die Miene des Polizisten. »Sind Sie Tourist?«

»Ja, ein Maler. Sie haben ein schönes Land.«

Er kritzelte ein paar Worte in einen Loseblatthefter, drückte kräftig einen großen Gummistempel auf das Blatt, riß es heraus und gab es mir. »Okay«, sagte er, »zeigen das Polizisten auf Straße.« Mit der anderen Hand steckte er die Zigaretten ein.

Am Fuß der Steigung wartete eine neue Gruppe von Autofahrern. Allmählich begriff ich, was sich abspielte: die Peronisten hatten im Zusammenhang mit ihrer Kampagne, die Feierlichkeiten zum bevorstehenden hundertfünfzigsten Jahrestag Argentiniens zu stören, in einem Militärstützpunkt in der Nähe eine Bombe gelegt.

Die Frage war jetzt, wie ich zur Villa zurückfand. Ich war die Strecke nur zweimal gefahren, und nie selbst. Und ich hatte die Adresse nicht. Deshalb wunderte ich mich über mich selbst, als ich, meinem Instinkt folgend, nach etwa einer Stunde in eine Gegend kam, die mir vertraut vorkam; und dann sah ich tatsächlich die Villa vor mir!

Ich stürmte in Hochstimmung ins Haus und erzählte meine Geschichte. Ich fühlte mich so gut, so heldenhaft, daß ich es nicht einmal fertigbrachte, auf Aharon wütend zu sein.

Aber Hans, der zur Besprechung gekommen war, fegte mein Hochgefühl sofort beiseite.

»Das nehme ich dir nicht ab«, schnitt er mir das Wort ab.

»Ich bin selbst auf dieser Straße gekommen, und nichts ist passiert. Und Aharon und Uzi sind dieselbe Strecke gefahren.«

Ich schaute ihn mit kalter Wut an. »Was, du glaubst, ich lüge? Offensichtlich seid ihr durchgekommen, ehe die Straße gesperrt wurde. Schau, hier ist der Passierschein, den ich von dem Polizisten bekommen habe.«

Uzi griff nach dem Blatt Papier und musterte es. »Vielleicht sollte ich das zu Danny schicken«, bemerkte er mit einem kleinen Lächeln. »Es könnte nichts schaden, wenn jeder von uns so einen hätte, für alle Fälle.«

Nicht einmal jetzt wollte Hans mir glauben. Das war krankhaft bei ihm: er mußte in absolut jeder Sache die letzte Autorität sein.

Außerdem verhieß das nichts Gutes für das, was als nächstes kam: der Plan für die Gefangennahme. Ich fürchtete mich seit Tagen davor, hatte aber auch Pläne gemacht.

»Hört zu«, fing er äußerst selbstbewußt an, »es gibt nichts zu besprechen. Isser hat meinen Plan schon gebilligt.«

»Und wie sieht dein Plan aus?« fragte Uzi mit dem Anschein echten Interesses. Uzi, der instinktiv auf die Gefühle anderer Rücksicht nahm, war nicht dazu imstande, Hans mit der Verachtung zu behandeln, die er verdiente, und wirkte deshalb manchmal beinahe so, als ob er sich von ihm einschüchtern ließe.

Hans breitete eine Karte des Zielgebiets auf dem Tisch vor uns aus. »Peter, du wartest hier auf ihn« – er zeigte auf die Garibaldi-Straße, kurz vor dem Haus – »und springst ihn hier an, auf dem Weg. Du ringst ihn zu Boden und hältst ihn fest. Meir, du hast dich hier versteckt, und jetzt kommst du heraus und hilfst Peter. Ich und das restliche Team warten um die Ecke in zwei Autos auf der 202.« Er zeigte auf zwei kleine Rechtecke auf dem Seitenstreifen. »Sobald wir sehen, daß du ihn hast, kommen wir um die Ecke, laden euch ein und fahren ab.«

Er machte etwa fünf Minuten lang in dieser Art weiter, zeigte auf Punkte auf der Karte, dann trat er zurück und schaute erwartungsvoll von einem zum anderen. »Schnell und einfach«, schloß er. »Kein Problem.«

Kein Problem. Bei der Armee hatte ich vor langer Zeit gelernt, daß es Zeit wird, sich Sorgen zu machen, sobald jemand diese Worte ausspricht.

Aber ich hatte nicht vor, Hans die Befriedigung zu gönnen, daß ich aus der Haut fuhr.

»Isser hat diesen Plan gebilligt?« fragte ich ruhig.

»In jedem Detail.«

»Laß mich sehen, ob ich dich richtig verstanden habe.« Ich machte eine Pause. »Meir und ich sollen uns exponieren, bis du beschließt, mit dem Auto zu kommen?« Ich machte wieder eine Pause. »Eine Frage. Was ist, wenn zufällig ein Polizist vorbeikommt oder auch nur ein Fußgänger?«

Er schürzte die Lippen. »Das wird nicht passieren. Wir handeln mit der gebotenen Schnelligkeit.«

»Bloß als theoretische Möglichkeit«, insistierte ich. »Ich bin mir sicher, daß du daran gedacht hast. Was passiert, wenn wir bei der Entführung überrascht werden?«

»Selbstverständlich habe ich daran gedacht.« Er machte eine bedeutungsvolle Pause. »Ihr laßt unter keinen Umständen Attila los. Ihr identifiziert ihn und erklärt, daß ihr Israelis seid, vom jüdischen Volk mit einer Mission betraut, die ein historisches Unrecht wiedergutmachen soll. Aber ich wiederhole« – jetzt wedelte er tatsächlich mit dem Finger vor mir herum –, »daß ihr ihn auf keinen Fall loslassen dürft.«

Das hätte die Geduld eines Heiligen auf die Probe gestellt. Der Mann hatte keine Ahnung von der Grundregel im Geschäft: mit dem Unerwarteten zu rechnen und sich eine Alternative auszudenken.

»Du Vollidiot!« explodierte ich. »Du Amateur! Das ist der

übelste Plan, den ich je gehört habe. Glaubst du etwa, wir sind hier, um jüdische Helden zu werden?«

Sein Gesicht wurde weiß vor Zorn. »Das ist der Plan, und du mußt ihm folgen. Das ist Issers Befehl.«

»Folg ihm doch selber. Das ist kein Plan, mit dem wir Eichmann in Jerusalem vor Gericht bringen, das ist ein Plan, der Meir und mich in Buenos Aires ins Gefängnis bringt!«

»Zu jedem Plan gehört ein kalkuliertes Risiko«, sagte er kalt, als ob er das Klischee erfunden hätte. »Zu jedem.«

»Stimmt, Hans – und das ist das einzige Risiko, das einzugehen ich bereit bin.«

»Du kannst es dir nicht aussuchen, das ist ein Befehl«, wiederholte er.

»Fick dich doch ins Knie! Wir sind hier nicht bei der deutschen Armee. Wenn du und Isser so verliebt in euren Plan seid, dann macht es doch selbst. Hier bin ich Hamlet; ich spiel' das Stück auf meine Weise.«

Hans machte eine Pause. Etwas ging ihm durch den Kopf. Ich kam erst später darauf, daß er Angst hatte. Er kannte solche Operationen bisher nicht. Von den anderen Vorzügen abgesehen, vor allem dem, daß er die Anerkennung dafür einstecken konnte, sah sein Plan vor, daß er dem Tatort fernblieb. »Das steht nicht zur Diskussion«, war alles, was ihm einfiel. »Es ist beschlossene Sache.«

»Wir haben genug gehört«, unterbrach Uzi energisch. »Zufällig weiß Peter ein bißchen mehr über Operationen als du. Und zufällig hat er recht.« Er machte eine Pause. »Wir sprechen mit Isser, damit der Plan geändert wird. Isser ist nicht Gott. Auch er macht Fehler.«

Am nächsten Tag um zehn Uhr morgens versammelten wir uns im Wohnzimmer von Dannys Wohnung in der Innenstadt. Isser saß uns anderen in einem Sessel gegenüber. Seine

Augen waren blutunterlaufen, seine Haut schlaff. Er hatte pausenlos gearbeitet, vor allem am Fluchtplan. Und der war meisterhaft. Er hatte mit Spitzenleuten von El Al zusammengearbeitet und für einen außerplanmäßigen Sonderflug gesorgt, der die israelische Delegation zur Feier des hundertfünfzigsten Jahrestags von Tel Aviv nach Buenos Aires bringen sollte. Die daran beteiligten argentinischen Bürokraten mit ihren komplizierten Vorschriften und noch schwierigeren Persönlichkeiten hatten es ihm jedoch nicht leicht gemacht.

Es war Donnerstag, der 10. Mai. Ursprünglich hatte das der Tag X sein sollen. Daß die Aktion verschoben worden war, lag zum Teil daran, daß Meir mehr Zeit für die Autos bekam, die immer noch unsere Achillesferse waren. Der zweite Wagen, der bei der Gefangennahme benutzt werden sollte, der Chrysler, war noch nicht fertig. Aber außerdem brauchten die meisten von uns eine Ruhepause, so begierig wir auch darauf waren, loszuschlagen.

Uzi hatte die Aufgabe, die Meinungsverschiedenheit zwischen Hans und mir vorzutragen. Er schilderte die entgegengesetzten Pläne fair, ohne eine persönliche Vorliebe auch nur anzudeuten. Meiner wich in verschiedenen Punkten von dem Ablauf ab, dem ich so heftig widersprochen hatte. Ein Punkt war dabei besonders wichtig: Ich wollte, daß eines der Autos, der Mercedes, in der Garibaldi-Straße stand, mit offener Kühlerhaube, als ob er defekt wäre. Meir sollte auf der Straße neben dem Auto stehen, von der offenen Kühlerhaube verdeckt, und so tun, als ob er am Motor herumhantierte; Hans und Uzi sollten sich im Wageninnern verstecken. Wenn ich vom Wagen weg auf Attila zuschlenderte, sollte es so aussehen, als hätte ich nicht das geringste mit dem scheinbar leeren Wagen zu tun. Aber sobald wir uns getroffen und ich ihn überwältigt hatte, sollte Meir auftauchen; wir würden ihn gemeinsam ins Auto schaffen und abfahren. Das zweite Auto, gefahren von

Aharon, sollte gleich darauf zu uns stoßen, von der 202 in die Garibaldi-Straße einbiegen und die Führungsposition übernehmen. Das war unsere Absicherung für den Fall einer Straßensperre. Falls wir verfolgt wurden, würden wir versuchen, den Verfolgern zu entkommen, bis wir Attila in das andere Auto umladen konnten, dann würden wir zurückkommen, um die Verfolger abzulenken.

Jetzt war ich an der Reihe. Ich wollte die Stärken meines Plans unterstreichen, sein Tempo und die einfache Vorgehensweise, und ich wollte auch Einwände gegen die Alternative vortragen. Im Plan von Hans, stellte ich fest, gab es schlicht und einfach zu viele Imponderabilien. Abgesehen davon, daß wir mit dem Gefangenen Passanten gegenüber exponiert waren, was war mit der Möglichkeit, daß diejenigen, die in den Autos auf der 202 warteten, von den entgegenkommenden Scheinwerfern geblendet wurden und nicht sehen konnten, was geschah? Was war mit der noch größeren Wahrscheinlichkeit, daß ein Polizist, dem zwei Autos auf dem Seitenstreifen auffielen, anhielt und die Papiere sehen wollte? Was war, wenn einer der großen Sattelschlepper, die auf der 202 fuhren, genau am falschen Ort und genau zum falschen Zeitpunkt an den Straßenrand fuhr und die Zufahrt zur Garibaldi-Straße völlig blockierte? Während wir das Haus der Klements observiert hatten, war das einmal passiert.

Isser musterte mich einen langen Augenblick gründlich. Er kannte mich gut, wußte vor allem, daß man mir keine zu kurze Leine lassen durfte, wenn ich effektiv sein sollte.

»Ich verstehe, Peter«, sagte er, »daß es wichtig ist, daß du den Plan akzeptieren kannst. Ich habe eine Frage: Was ist, wenn Attila das Auto sieht, das vor ihm auf der Straße parkt, und in Panik gerät? Was ist, wenn er das Trottoir verläßt und über die Wiese daneben zu seinem Haus geht?«

Das war ein berechtigter Einwand. Von Anfang an hatte der

einzige Vorteil des anderen Plans darin gelegen, daß er den Verdacht Attilas gering hielt. Ich hatte viel darüber nachgedacht.

»Er geht bestimmt geradeaus weiter«, sagte ich. »Da bin ich mir sicher.«

Hans, der neben Isser saß, schüttelte wütend den Kopf.

»Hören Sie«, sagte ich. »Stellen Sie sich vor, Sie sind Attila. Sie steigen aus dem Bus, gehen über die Straße, biegen in die Garibaldi-Straße ein. Jetzt sehen Sie ein Auto mit offener Kühlerhaube. Es steht etwa dreißig Meter von Ihrem Haus entfernt. Was tun Sie? Kehren Sie um und gehen auf die Straße zurück?« Ich machte eine Pause. »Ich sag' Ihnen, was passiert. Sie sind ein stolzer deutscher Offizier, ein Gewohnheitstier. Ein kleiner Dialog geht Ihnen durch den Kopf. Sie schämen sich ein bißchen, daß Sie überhaupt solche Ängste haben. Schließlich ist es jetzt schon fünfzehn Jahre her. Sie können nicht jedesmal weglaufen, wenn sich etwas Ungewöhnliches tut. Es ist unmöglich, so zu leben. Sie sind nahe am Haus, und Sie freuen sich auf das Heimkommen. Sie gehen weiter.«

»Du glaubst nicht, daß er über die Wiese geht? So kommt er auch nach Hause.«

Ich schüttelte den Kopf. »Ich habe viel Zeit in Deutschland verbracht und viele Deutsche mit ihren blankgeputzten Schuhen gesehen. Sie gehen nicht durch den Dreck, wenn es nicht unbedingt nötig ist.« Ich machte eine Pause. »Da ist noch etwas. Falls Hans' Plan schiefgeht – falls die Polizei kommt oder ich bei der Gefangennahme gestört werde und er entkommen kann –, dann war's das. Wir kriegen nie wieder die Chance, ihn zu schnappen. Bei meinem Plan arbeiten wir selbst dann, wenn er Verdacht schöpft und uns aus dem Weg geht, einfach weiter am Motor, schlagen die Kühlerhaube zu und fahren weg. Aller Wahrscheinlichkeit nach sagt er sich dann, daß er paranoid war, und wir versuchen es später noch einmal.«

Isser hievte sich aus dem Sessel, kam herüber zu mir und legte mir die Hände auf die Schultern. Das war sowohl ein Segen als auch eine Warnung. »Gut. Ich bin einverstanden. Aber es geht auf deine Kappe, Peter.«

18. Kapitel »Un momentito, señor«

Am 11. Mai standen Meir und Uzi bei Tagesanbruch auf, um die Autos zu testen. Als sie eine Stunde später zurückkamen, war Uzi euphorisch.

»Wie neu«, verkündete er. »Als ob wir sie eben aus dem Ausstellungsraum gefahren hätten!«

Aber Meirs Begeisterung hielt sich in Grenzen. Er wußte besser als wir anderen, daß bei diesen Autos auf nichts Verlaß war, und er würde genau wie ich in der vordersten Linie stehen. Den ganzen Tag über ging er immer wieder in den Hof und beschäftigte sich mit den Motoren.

Wenigstens hatte er etwas, womit er sich die Zeit vertreiben konnte. Für uns andere gab es nur das Warten. Wir unterhielten uns ziemlich geistesabwesend, wir spielten Schach und Rommé. Es war völlig sinnlos, sich hinzulegen, um auszuruhen, denn allein mit unseren Gedanken kamen wir nervöser als vorher aus dem Bett.

Ich hatte an jenem Tag nur die Aufgabe, das Zimmer des Gefangenen auf seine Ankunft vorzubereiten. Das dauerte nur zwanzig Minuten. Nachdem ich das Bett aus Eisen, mit niedrigen, geschwungenen Seitenstangen, frisch bezogen hatte, legte ich einen gestreiften Schlafanzug, ein Handtuch, ein großes schwarzes Taschentuch und eine schwarze Motorradbrille darauf. Das Taschentuch sollte als Augenbinde dienen, die

Brille sie festhalten. Als nächstes füllte ich einen weißen Emaillekrug mit Wasser und stellte ihn mit einem leeren Glas auf den Nachttisch, in Reichweite des Gefangenen. In die Schublade kam ein Toilettenbeutel mit einer Zahnbürste, Zahnpasta, einem Kamm und einer Bürste, Mundwasser, einer Nagelschere, mit allem, was in einen solchen Beutel gehört, außer Rasierklingen.

An einer Seitenstange befestigte ich ein Paar Handschellen.

Das Zimmer war winzig, nicht größer als drei auf dreieinhalb Meter, wirkte aber größer, weil es so karg möbliert war. Das einzige weitere Möbelstück war ein hoher Holzhocker. Ein ungerahmter Spiegel hing an der Wand gegenüber dem Bett. Das Fenster war mit einer von Davids Decken verhängt.

Eine Stunde, bevor wir abfahren mußten, ging ich in mein Zimmer am Gang gegenüber, zog die Kleider aus, legte mich in der Unterwäsche hin und versuchte, mich zu entspannen. Ich versuchte, an Gila zu denken, an meine Mutter, aber nichts funktionierte. Ein lebhaftes, hartnäckiges Bild überschattete alles andere: Klement, der in der Dunkelheit auf mich zukam.

Ich versuchte tief und regelmäßig durchzuatmen. Ich mußte die Zweifel von mir weghalten, aber sie kamen immer wieder: Er war ein ausgebildeter Soldat; ein Mann, der aus dem Instinkt heraus fünfzehn Jahre lang überlebt hatte. Der kleinste Fehler von meiner Seite – eine plötzliche Beschleunigung des Schritts, ein unbedachter Blick zum Auto –, und er konnte weg sein. Oder er konnte ohne jeden Grund weglaufen.

Klement. Es war Selbstschutz, das wurde mir klar, daß ich mich weigerte, seinen richtigen Namen zu benutzen. Auf unausgesprochene Weise blieb die Person, die in den Protokollen aus Nürnberg so oft erwähnt wurde, ein überlebensgroßer Gegner, während ich mich auf jemanden einstellen mußte, der nur ein Mensch war.

Und außerdem blieb die schreckliche Frage: War er es wirklich?

Die Beweise dafür waren gewachsen, die älteren Söhne waren die Eichmanns und die Frau war dieselbe Vera Liebl, mit der er während seiner mörderischen Karriere verheiratet gewesen war. Aber wir hatten die Möglichkeit nie ganz ausschließen können, daß der Mann ein Stiefvater und zweiter Ehemann war, daß Ricardo Klement gar kein Falschname war.

In den letzten Tagen war sogar ein Plan für diese Möglichkeit ausgearbeitet worden. In diesem Fall sollten Meir und ich ihn in eine mehrere hundert Kilometer entfernte einsame Gegend im Norden bringen, ihm Geld geben, ihn davor warnen, den Mund aufzumachen, und über die Grenze nach Brasilien verschwinden.

Ich ging ins Bad, spritzte mir kaltes Wasser ins Gesicht und musterte mich im Spiegel. Wie sieht ein Kidnapper aus? Dann setzte ich die Perücke auf und kämmte sie sorgfältig zurecht. In meinem Zimmer zog ich dunkle Kleidung an, eine dunkelblaue Strickjacke und ein Paar schwarze Hosen, die ich mir hier gekauft hatte. Ich beschloß, den schweren Mantel zurückzulassen, obwohl es draußen noch immer sehr kalt war. Ich stopfte ein Paar pelzgefütterte Handschuhe in die Hosentaschen. Die Handschuhe waren natürlich ein Schutz gegen die Kälte, aber das war nicht der Hauptgrund dafür, daß ich sie gekauft hatte. Der Gedanke daran, daß ich die bloße Hand über den Mund legte, der den Tod von Millionen befohlen hatte, den heißen Atem und den Speichel auf meiner Haut zu spüren, erfüllte mich mit einem ungeheuren Ekel.

18.40 Uhr, fünf Minuten vor der Abfahrt. Im Wohnzimmer stand Meir in einem dicken Mantel, der seiner Gestalt einige Pfunde hinzufügte. Darunter trug er für den Fall, daß er sich rasch umziehen mußte, einen engen und wenig dazu passenden Sportanzug.

Dr. Klein stand neben ihm, die Arzttasche in Reichweite, mit einem Gesicht, das nichts verriet. Während er wartete, bewegte er geistesabwesend Figuren auf dem Schachbrett.

Es war soweit. Im Hof stiegen Aharon, Jack und der Arzt in den Chrysler. Weil sie sich nicht exponieren würden, waren sie alle nicht verkleidet. David machte das Vordertor auf. Uzi zeigte ihnen den erhobenen Daumen, als sie auf die Straße hinausfuhren.

Das Tor ging hinter ihnen zu. Es war kalt, und es sah nach Regen aus. David rieb sich die Hände, versuchte, sich nützlich zu machen, und war dabei das Inbild der Ängstlichkeit. Falls etwas schiefging, mußte er Isser informieren, der ungeduldig auf Neuigkeiten wartete. Zweifellos würde David auch derjenige sein, der uns einen Anwalt besorgte.

Hans saß schon hinter dem Lenkrad des Mercedes, und Meir wartete auf dem Rücksitz. Die falschen Nummernschilder waren mit Dreck bespritzt worden, so daß sie unleserlich waren. Als ich hinten einstieg, setzte sich Uzi auf den Beifahrerplatz. Hans ließ den Motor an. Wir waren unterwegs.

Wir legten es mit Absicht darauf an, daß es knapp wurde. Die Fahrt von dreißig bis fünfunddreißig Minuten nach San Fernando ließ uns etwa eine Viertelstunde Zeit, bis Attilas üblicher Bus ankam, nicht soviel Zeit, daß ein Auto mit einer Panne ernsten Verdacht erweckte.

Wir fuhren schweigend, zunächst durch den mehr denn je verlassenen Stadtrand, dann durch den dichten Verkehr auf der Hauptstraße. Es donnerte, und gelegentlich sahen wir einen Blitz, aber es regnete nicht. Uzi und Meir starrten beide geradeaus, und hin und wieder beleuchteten die Scheinwerfer der entgegenkommenden Autos ihre Züge. Während ich sie beobachtete, überkam mich plötzlich ein Gefühl von Herzlichkeit. Ich verdankte diesen Männern schon mehr, als ich ihnen je sagen konnte; und jetzt legte ich wieder einmal mein Leben in ihre Hände. In dieser seltsamen Stimmung war ich sogar Hans gegenüber milde gestimmt, der durch die Windschutzscheibe geradeaus starrte und dessen Kinnlade heftig arbeitete. Vielleicht war er doch nicht so übel. Er wollte nur, was wir alle wollten; und wenn er es unbedingt auf eigene Weise tun wollte, nun ja, wer von uns hatte nicht sein ganzes Ich in dieses Projekt investiert?

Kurz nach 19.15 Uhr kamen wir in San Fernando an. In der Garibaldi-Straße hielten wir zwanzig Meter vor dem Haus. Vor uns, auf dem Seitenstreifen, konnten wir den Chrysler ausmachen, dessen Scheinwerfer ausgeschaltet waren.

Die Straße war verlassen. Es regnete immer noch nicht, aber der Wind hatte zugenommen, und es blitzte alle paar Minuten. Ich stieg aus, streckte die Beine. Diese Blitze störten mich; in meiner dunklen Kleidung und nur zum Teil von Büschen und Bäumen verdeckt, war ich möglicherweise vom Haus aus zu sehen.

Von einem Augenblick auf den anderen kamen die Blitze häufiger, und der Donner grollte stärker, aber es war immer noch trocken. Alles wirkte jetzt fast surreal, wie eine Szene aus einem biblischen Monumentalfilm von Cecil B. de Mille.

Ich ging vierzig Schritte zurück und maß den Abstand zu der Stelle, an der ich ihm begegnen wollte. Dann wartete ich. Der Wind beutelte mich, und ich versuchte, warm zu bleiben. Zehn Minuten verstrichen. Fünfzehn. Zwanzig.

Ich ging zum Auto zurück. Meir steckte den Kopf unter die offene Kühlerhaube. Die Fenster waren so beschlagen, daß ich nicht hineinsehen konnte. Ich klopfte leicht gegen die Windschutzscheibe. Uzis Kopf kam hoch. Ein Blitz zuckte und beleuchtete gespenstisch sein Gesicht.

»Es wird spät. Was machen wir?« fragte ich.

»Vielleicht haben wir ihn verpaßt.« Die Antwort kam von Hans. »Vielleicht ist er früher gekommen.«

Ich schüttelte den Kopf. »Nein. Er ist noch nicht da. Das sieht man am Licht im Haus.«

Zu meiner Überraschung nahm er das ohne Widerspruch hin.

»Wir bleiben«, beschloß Uzi. »Ich will das nicht noch einmal machen müssen. Geben wir ihm noch eine Viertelstunde.«

Ich blieb fürs erste neben dem Auto stehen.

In diesem Augenblick tauchte der Bus 203 aus Buenos Aires Richtung Norden auf, ein ebenso vertrauter wie erschreckender Anblick.

Buchstäblich im selben Moment bog ein junger Mann auf einem Fahrrad in die Garibaldi-Straße ein. Sein Mantel wehte hinter ihm wie ein Cape. Als er uns sah, rief er uns auf spanisch etwas Freundliches zu und radelte zu uns heran.

Zum Teufel, laß uns in Ruhe, dröhnte es in mir. Hau ab, du gottverfluchter Barmherziger Samariter.

Meir lächelte, als er näher kam, schüttelte den Kopf, warf die Kühlerhaube zu und gab ihr zur Abrundung einen liebevollen Klaps.

Der junge Mann fuhr winkend weiter und bog um die Ecke. Sofort machte Meir die Haube wieder auf.

Ich zog mich zurück, zählte die Schritte. Fünfzehn. Zwanzig. Dreißig.

Der Bus stand jetzt an der Haltestelle. Ich erstarrte, schaute wie gebannt hin, den Wind im Gesicht. Als er abfuhr, stand dort Attila, eine Silhouette im Licht der entgegenkommenden Scheinwerfer, neben ihm eine untersetzte Frau. Ein paar Schrecksekunden lang, als sie die Straße überquerten, sah es so aus, als gehörten sie zusammen. Aber auf der anderen Seite ging sie nach links, er nach rechts.

Als er in die Garibaldi-Straße einbog, schlenderte ich lässig auf ihn zu. Es regnete immer noch nicht, aber die Blitze zuckten, der Donner grollte.

Es war der Tag des Jüngsten Gerichts.

Sollte er über die Wiese weglaufen, so hatte ich kurz zuvor beschlossen, dann würde ich ihm nachrennen. Aber er kam auf mich zu, gegen den Wind gebeugt, den Mantel eng um sich gezogen, den Kragen hochgestellt, die Hände in den Taschen.

Ich ging jetzt am Auto vorbei. Er war nur noch zwanzig Meter von mir entfernt. »Paß auf seine Hände auf!« zischte Hans plötzlich aus dem Wagen. »Ich glaube, er hat eine Waffe.«

O Gott, hätte ich ihn am liebsten angebrüllt, halt die Klappe!

Aber ich beherrschte mich. Möglicherweise hatte er recht. Ich mußte mit der Möglichkeit rechnen und Attilas rechte Hand erwischen.

Wir waren fünfzehn Meter auseinander. Ich hörte seine Schritte, regelmäßig wie ein Uhrwerk. Bleibt er stehen, wenn er das Auto sieht? Nein. Er zögerte nicht einmal. Sieben Meter zwischen uns. Fünf.

»*Un momentito, señor.*« Der einfache Satz, den ich seit Wochen geübt hatte.

Er blieb stehen. Hinter den Brillengläsern im schwarzen Gestell begegnete sein Blick dem meinen. Er trat einen Schritt zurück. Ich sprang ihn an, griff nach seiner rechten Hand.

Wir fielen hart zu Boden und rollten in den flachen Graben neben dem Gehweg. Ich lag mit dem Rücken im zentimeterhohen Schlamm und hielt Attila mit aller Kraft fest, eine Hand an seiner Kehle, die andere fest um seine rechte Hand. Er stieß Gurgellaute aus. Als ich mich auf die Beine kämpfte und ihn mit mir hochzog, lockerte ich den Druck auf seine Kehle.

Plötzlich stieß er einen durchdringenden Schrei aus – wie der Urschrei eines in die Enge getriebenen Tieres. Ich packte fester zu und schnitt den Schrei ab.

Einen Augenblick lang war ich perplex, erholte mich aber schnell wieder. Das nützt dir gar nichts, du Schwein, dachte ich, als ich ihn zum Auto schleppte. Das ist dein Ende! Jetzt tauchte Meir auf. Er nahm die Füße des Gefangenen, ich hielt die Schultern und den Kopf. Wir waren am Auto. Die Hintertür ging auf, und wir schoben ihn hinein.

Ich rutschte nach, hielt ihn immer noch fest, meine Hand auf seinem Mund. Meir lief um das Auto herum zum Beifahrersitz. Hans ließ den Motor an. Beim Anfahren zogen wir ihm die Motorradbrille über die Augen. Meir reichte mir von vorn eine Decke, und wir warfen sie über Attila. Ganz zugedeckt lag er jetzt völlig reglos auf dem Boden.

»Ein Laut, und du bist tot«, sagte Hans.

Ich preßte immer noch die Hand auf den Mund unter der Decke. Klement deutete ein Nicken an.

Wir fuhren schweigend, wie uns befohlen worden war. Plötzlich war ich erschöpft. Jetzt, wo wir es tatsächlich getan hatten, empfand ich vor allem tiefe Erleichterung, fühlte mich befreit von einer erdrückenden Last.

Es dauerte ein paar Minuten, bis ich merkte, daß wir allein waren. Der Chrysler war nicht zu sehen. Offenbar merkte es Hans im selben Augenblick.

»Wo sind sie?« fragte er plötzlich auf englisch.

»Wo sollen sie schon sein?« zischte ich. »Noch auf der 202!«

Aber es war nicht der richtige Zeitpunkt für Schuldzuweisungen. Uns allen war nur allzu bewußt, daß wir schutzlos waren und daß es möglicherweise Straßensperren gab.

Quälende Minuten später sahen wir die unverwechselbaren Scheinwerfer des Chryslers hinter uns. Wir fuhren langsamer, damit Aharon sich neben uns setzen konnte, lächelten erleichtert und hoben zum Zeichen des Siegs die Daumen. Die Gesichter unserer Kollegen wirkten erleichtert. Ein paar Augenblicke später hatten sie die abgesprochene Position eingenommen, etwa hundert Meter vor uns.

Jetzt nahm ich endlich die behandschuhte Hand vom Mund

des Mannes. Der Handschuh war durchnäßt von seinem Speichel. Ich starrte auf die knochige Gestalt unter der Decke. Konnte das wirklich das Ungeheuer sein, das für solchen Horror verantwortlich war? Wie hatte er eine solche Bedrohung sein können?

Eine Viertelstunde später fuhren die beiden Autos in den Hof der Villa ein.

»Habt ihr ihn?« rief David atemlos, schlug das Tor hinter uns zu und stürzte zum Mercedes. Er schaute hinein. »Ihr habt ihn!«

Ich stieg aus, und er schloß mich in die Arme, bedeckte mein Gesicht mit Küssen.

»Hör auf, ja?« sagte ich und wischte mir das Gesicht mit dem Ärmel ab.

Jetzt kamen Aharon, Jack und der Arzt aus ihrem Wagen, ungeheuer erleichtert, und erklärten gleichzeitig, sie hätten weder die Gefangennahme sehen können, noch wie unser Auto abgefahren war. Sie verstummten sofort, als sie sahen, wie Uzi den Gefangenen aus dem Auto holte und ihm eine Binde um die Augen band. Wortlos klopften sie mir der Reihe nach auf die Schulter.

Uzi und ich führten Attila in sein Zimmer, mit Hans im Schlepptau. Wir schlossen hinter uns die Tür und musterten den Gefangenen zum ersten Mal. Er stand mitten im Zimmer, noch im Mantel, die Motorradbrille vor den Augen. Er war völlig steif, bis auf die Hände, die sich krampfhaft öffneten und schlossen. Der Mann war außer sich vor Angst.

Vor Monaten schon hatte Fritz Bauer eine Liste der persönlichen Kennzeichen Eichmanns nach Tel Aviv geschickt, die aus den SS-Akten stammte. Hans, dessen wichtigste Aufgabe als Verhörexperte darin bestand, für eine eindeutige Identifizierung zu sorgen, kannte sie auswendig.

– Drei Zentimeter lange Narbe unter der linken Augenbraue

– Zwei Goldbrücken im Oberkiefer
– Ein Zentimeter lange Narbe auf der zehnten Rippe links
– Tätowierung der Blutgruppe unter linker Achselhöhle
– Größe: 1,73–1,75
– Gewicht: 70 Kilo (1934)
– Kopfumfang: 56
– Haar: Dunkelblond
– Augen: Blaugrau
– Kopfform: Länglich und schmal
– Schuhgröße: 41
– SS-Nrn.: 45 326 und 63 752
– Parteimitgliedschaftsnummer: 889 895

Hans wies uns an, ihn aufs Bett zu legen, immer noch voll bekleidet.

»Wie heißt du?« wollte Hans scharf wissen, ein Herr, der mit seinem ungehorsamen Hund spricht.

»Ich bin Ricardo Klement«, lautete die zittrige Antwort. Seine Stimme war schwach und ganz rauh.

»Wie heißt du?«

»Ich bin Ricardo Klement.«

Viermal wurde die Frage gestellt und die Antwort wiederholt.

»Zieht ihm die Jacke und das Hemd aus«, sagte Hans schließlich böse auf englisch, mit scharfer Verachtung.

Ich begriff, warum er im Hauptquartier der »spanische Inquisitor« genannt wurde. Einem Mann in der Lage des Gefangenen mußte der Ton äußerst bedrohlich vorkommen, vielleicht auch auf grauenhafte Weise vertraut.

Als wir den Gefangenen auf die Füße zogen, fiel es mir plötzlich auf: Er trägt seine Brille nicht. Mein Gott! Was war mit der Brille passiert?

Ich sagte kein Wort. Was sollte ich machen? Hans erzählen, daß ich nicht auf seine Brille geachtet hatte?

Wir zogen ihm den Mantel, die Jacke, das weiße Hemd, die Krawatte und die Schuhe aus. Er stand in Hosen und Socken vor uns. Die Hände bewegten sich immer noch. Hans wies mich an, den linken Arm hochzuheben. Wo die Tätowierung der Blutgruppe hätte sein müssen, war eine kleine Narbe. Etwas war entfernt worden.

Die Narbe auf der Brust saß genau an der richtigen Stelle.

Schweigend fingen wir damit an, Maß zu nehmen. Seine Größe, den Kopfumfang, die Schuhgröße. Wir schwirrten alle drei mit Maßbändern um ihn herum wie Schneider, die einem Herrn für einen guten Anzug Maß nehmen.

Alles stimmte genau, bis auf die Zahnbrücken. Der Mann vor uns trug ein Gebiß.

»Wie heißt du?« wollte Hans wieder wissen.

»Otto Heninger«, sagte er jetzt. Das war der Name, den er vor vielen Jahren benutzt hatte, als Holzfäller.

Wir schauten einander an. Der Name sagte uns nichts.

»Deine SS-Nummer«, sagte Hans scharf, »war 45 526.«

Eine Pause entstand. »Nein«, korrigierte er, »45 326.«

»Gut. Und jetzt – wie heißt du?«

»Ich bin Adolf Eichmann.«

19. Kapitel Der ideale Gefangene

Isser hatte den ganzen Abend allein in einem Hotelzimmer gesessen. Jetzt ging Aharon leise hinaus, um ihm die Nachricht zu überbringen.

Dr. Klein wurde für eine erste Untersuchung hereingerufen. Er nahm Eichmanns Blutdruck und Puls. Beide waren höher als normal, aber unter den Umständen nicht alarmierend hoch. Dann untersuchte er Mund und Ohren und prüfte die Reflexe.

Inzwischen durchsuchte ich schweigend die Kleider. Er hatte keine Papiere und wenig sonst bei sich gehabt. Der einzige auffällige Gegenstand steckte in der Tasche, in die er gegriffen und Hans damit so erschreckt hatte. Sie enthielt eine kleine Taschenlampe.

Ich hatte befürchtet, sein Körper könnte dem Streß nicht gewachsen sein. Uzi ging es genauso.

»Keine Sorge«, beruhigte uns der Arzt auf englisch, »er ist so kräftig wie ein Pferd.«

Eichmann machte ein ausdrucksloses Gesicht und sagte kein Wort, stand auf oder setzte sich, wie es ihm gesagt wurde.

Mir fiel jetzt die Aufgabe zu, ihn ganz auszuziehen und bettfertig zu machen. Als die anderen gegangen waren, wusch ich ihm das Gesicht, band die Augenbinde noch einmal fest und zog die Motorradbrille darüber. Nachdem er es mit einem

Kopfschütteln abgelehnt hatte, die Toilette zu benutzen, ließ er es zu, daß ich ihm den Schlafanzug anzog, und legte sich gehorsam ins Bett. Seine einzige Reaktion war ein leichtes Zusammenzucken, als ich den Knöchel ankettete; er schien das aber erwartet zu haben. Das Licht in seinem Zimmer brannte weiter hell. Wir hatten den Befehl, es nie auszuschalten.

Die ganze Zeit ging mir etwas anderes durch den Kopf. Als kurz darauf Meir kam, um die Wache zu übernehmen, ging ich schnell auf den Hof hinaus, um den Mercedes gründlich zu durchsuchen. Die Brille war nicht da.

Der Gedanke war hartnäckiger als zuvor: Was ist, wenn die Familie die Brille im Graben findet?

Mit wachsender Panik klopfte ich an Uzis Tür und erzählte ihm alles. »Ich fahre noch einmal hin«, sagte ich.

Er dachte kurz darüber nach, so ruhig wie immer. »Ich bin mir nicht sicher, ob du das tun solltest.«

»Hör mal, erlaub mir, daß ich mich darum kümmere. Du weißt, daß ich nichts Gefährliches mache.«

Ich kehrte mit dem Bus 203 nach San Fernando zurück und ging die Garibaldi-Straße entlang. Es war jetzt fast Mitternacht und eiskalt. Alles war still. Mit einer winzigen Taschenlampe fand ich die Stelle, an der wir im Schlamm gekämpft hatten. Nachdem ich ein paar Minuten lang gesucht hatte, entdeckte ich ein paar Glassplitter, aber kein Gestell. Auch auf dem Weg, auf dem wir ihn zum Auto gebracht hatten, fand ich nichts.

Es reicht, beschloß ich schließlich. Mehr konnte ich nicht tun. Langsam ging ich zur Straße 202 zurück.

Auf dem Weg zur Bushaltestelle schaute ich ein letztes Mal über die Schulter zurück. Das Licht im Haus brannte. Sie warteten immer noch.

Vor Morgengrauen war ich wieder in Eichmanns Zimmer, saß auf dem Hocker am Fußende des Bettes. Er war wach, hatte überhaupt nur kurz geschlafen. Seit seiner Ankunft hatte er außerdem nichts essen wollen.

Wir redeten nicht miteinander – auch in dieser Hinsicht gab es einen strengen Befehl –, aber ich konnte den Blick nicht von dem Gesicht mit der Binde wenden. Ich konnte mir kaum jemanden vorstellen, der mehr Unruhe hätte erkennen lassen. Sein Ausdruck wechselte ständig, die Lippen, das Kinn und die Stirn bewegten sich dauernd, als hätte er keine Beherrschung über sie. Angst schien in Trotz umzuschlagen, dann in Wut, die sich genauso schnell in hilflose Unterwürfigkeit auflöste. Immer wieder schüttelten ihn Krämpfe; sein Bein zuckte und brachte die Kette zum Scheppern.

Ich hatte etwas ausgeruht, war wieder mehr ich selbst, als ich es die ganze Zeit seit der Ankunft in Argentinien gewesen war. Mich packten starke Gefühle, tiefer Abscheu und Verachtung. Ich hatte von diesem hochgeehrten Exemplar der Herrenrasse mehr erwartet, mindestens jedoch Haltung, Würde oder so etwas wie Stolz. Der Macht beraubt, wirkte Eichmann wie ein Schwächling, nicht in der Lage, sein Schicksal hinzunehmen.

Aber seltsamerweise weckte er aus demselben Grund meine Neugier weit stärker, als ich es erwartet hatte. Schließlich war Adolf Eichmann ein menschliches Wesen, jemand, der genau wie ich ging, sprach und atmete. Nachdem ich ihn mit seinem Kind gesehen hatte, hielt ich es sogar für wahrscheinlich, daß er in manchen Dingen genauso empfand wie ich. Es fiel mir sehr schwer, mich zusammenzunehmen und nicht mit ihm zu sprechen.

Dann wurde ich von Uzi abgelöst. Ich ging in mein Zimmer, schlief noch ein paar Stunden, war dann aber plötzlich hellwach: Hans sollte an diesem Morgen mit dem Verhör des Gefangenen beginnen. Das wollte ich nicht verpassen.

Zum ersten Mal wurde Eichmann die Binde abgenommen. Zu unserer Überraschung hielt er die Lider fest geschlossen, bis Hans ihm befahl, die Augen aufzumachen. Dann blinzelte er mit flatternden Lidern, während er sich an das Licht gewöhnte, und schaute uns schnell der Reihe nach an. Mir fiel auf, daß er unseren Blicken auswich. Er war jetzt ruhiger. Mir ging kurz durch den Kopf, daß es vielleicht auch ihn in einem gewissen Maß erleichterte, daß es endlich vorbei war.

»Ich habe zunächst ein paar einfache Fragen«, fing Hans an. »Wenn Sie antworten, gibt es keine Schwierigkeiten.« Er war offenbar in seinem Element, selbstsicher bis zur Arroganz, und seine Stimme, sonst eher ausdruckslos, war schneidend geworden.

Eichmann nickte schnell. »Jawohl, mein Herr.«

»Als erstes interessiert uns, wo Mengele lebt. Können Sie uns das sagen?«

Hier zog eindeutig der Alte die Register.

Er schüttelte den Kopf. »Nein, ich weiß es nicht.«

»Ich nehme an, Sie wissen nicht einmal, ob er in Argentinien ist?«

»Ich weiß es nicht«, kam sofort die Antwort.

»Und Martin Bormann? Wissen Sie etwas über seinen Aufenthaltsort?«

»Nein. Ich habe keine Ahnung.«

»Aber waren es nicht Ihre Freunde, die Ihnen zu falschen Papieren und zur Flucht nach Argentinien verholfen haben?«

Er zögerte. »Das ist lange her.«

»Möchten Sie etwas trinken?« Ein hübscher Wechsel der Gangart.

»Nein«, erwiderte er schnell.

»Wollen Sie, daß wir Ihrer Familie helfen?«

Er gab lange keine Antwort, nagte an der Oberlippe. »Haben Sie meiner Familie etwas getan?«

»Es geht allen gut.« Hans machte eine Pause. »Sprechen wir über Ihre Frau. Auf Ihre SS-Kameraden kommen wir später zurück. Was hat sie Ihrer Meinung nach gemacht, als Sie nicht nach Hause gekommen sind?«

»Nichts. Sie hat Angst. Sie begreift das nicht.«

»Was ist mit Ihren Söhnen Nicolas und Dieter?«

»Sie wissen bestimmt, daß etwas passiert ist. Vielleicht ein Unfall. Sie werden da nachfragen, wo ich arbeite, beim Busfahrer, vielleicht in den Krankenhäusern.«

»Werden sie zur Polizei gehen?«

»Ich weiß es nicht. Ich glaube, nein.«

»Was haben Sie für Verbindungen zu den Rechtsparteien in Argentinien?«

»Wir sind Deutsche. Wir verkehren mit Deutschen.«

»Wissen Sie, wer wir sind?«

Ein langes Schweigen.

»Wissen Sie, wer wir sind?« fragte er noch einmal.

»Sie sind Israelis. Das habe ich sofort gewußt.«

Für die meisten von uns in der Villa waren die Fragen nach der Reaktion von Eichmanns Familie auf sein Verschwinden zu diesem Zeitpunkt wichtiger als die Fragen nach Mengele. Waren die Behörden alarmiert worden? Selbst wenn das nicht der Fall war, würden Eichmanns Freunde – und wir zweifelten nicht daran, daß es viele davon gab – es riskieren, etwas zu seinen Gunsten zu unternehmen? Das war der Schlüssel zu dem, was als nächstes passierte. Oder nicht passierte, wie wir hofften.

In unserer kleinen Gruppe gab es zwei Meinungen. Einerseits wurde voller Hoffnung die Theorie vorgetragen, Eichmann sei so berüchtigt, daß ihm niemand helfen werde. Schließlich bestand der glühendste Wunsch derjenigen, die ihm sonst vielleicht hätten helfen wollen, darin, keine Aufmerksamkeit auf sich zu ziehen, und jeder Befreiungsversuch hätte auf der ganzen Welt Schlagzeilen gemacht. Die anderen jedoch waren überzeugt davon, daß wir jederzeit angegriffen werden könnten, vor allem Uzi. Als Vorsichtsmaßnahme postierte er rund um die Uhr eine Wache am Eingang. Im Verlauf jener ersten Woche weckte er mich mehr als einmal mitten in der Nacht, von einer Vorahnung geplagt, damit ich mit ihm das Grundstück abging.

Kurz gesagt, wir waren völlig isoliert und neigten deshalb noch stärker als sonst in V-Situationen zu abenteuerlichen Spekulationen. Wir lebten in der weitläufigen, für die Jahreszeit nicht geeigneten Villa hinter abgedunkelten Fenstern, und der Verstand spielte uns Streiche. Wer war da draußen und machte Jagd auf uns? Kamen sie näher? Wie zum Teufel sollten wir je wieder hier herauskommen? Vor allem machte uns das Gefühl der Hilflosigkeit stark zu schaffen, die Unmöglichkeit, etwas Konstruktives zu unternehmen.

Unser einziger Kontakt zur Außenwelt bestand in einem Kofferradio. Obwohl nur Jack Spanisch verstand, verbrachten wir einen großen Teil des Tages damit, auf die Nachrichten zu warten, die zwischen die Seifenopern und die seichte Musik hineingequetscht wurden, und angespannt darauf zu lauschen, ob der Name Eichmann fiel. Aber die bevorstehenden Nationalfeierlichkeiten und die wachsenden Gewerkschaftsunruhen beherrschten die Nachrichten. Gelegentlich kam ein Bericht über die amerikanischen Präsidentschaftsvorwahlen, in denen jemand namens John F. Kennedy überraschend gut abschnitt.

Natürlich hatte es nicht unbedingt etwas zu bedeuten, daß Eichmann in den Nachrichten nicht vorkam. Selbst die naivsten Optimisten unter uns begriffen, daß die Ermittlung, falls sein Verschwinden der Regierung gemeldet worden war, wahrscheinlich unter äußerster Geheimhaltung stattgefunden hätte und als Frage der Staatssicherheit gesehen worden wäre. Für die argentinischen Spitzenpolitiker war die Affäre doppelt peinlich, und ihre Ausmaße waren nicht abzuschätzen. Sie hatten nicht nur dem führenden Naziflüchtling über ein Jahrzehnt lang eine Zuflucht geboten, sie hatten jetzt auch noch zugelassen, daß ihn ausländische Agenten ihnen vor der Nase wegschnappten.

Immer wieder gingen wir die verschiedenen Möglichkeiten durch: Schiff oder Flugzeug, ein Zug oder ein Lastwagen oder ein Auto in ein benachbartes Land und von dort aus weiter. Sie schienen alle problematisch zu sein. Wir hatten ohnehin nicht darüber zu entscheiden. Wir konnten nur hoffen, daß Issers hochgelobter Plan tatsächlich existierte und ohne Schwierigkeiten vorankam.

Die vielen Ungewißheiten sorgten kaum dafür, daß die Stunden in der Villa schneller verstrichen. Ich blätterte endlos in meinem Reiseführer, las zum dritten Mal Beschreibungen von Museen und Sehenswürdigkeiten, die ich nie zu sehen bekommen würde, und machte schließlich am Rand Notizen darüber, wo wir im Fall von Schwierigkeiten Zuflucht suchen könnten. Ich kreuzte bestimmte Kirchen an, kreiste die Synagogen ein. Ich unterstrich die Adresse der amerikanischen Botschaft rot, die der kanadischen Botschaft ebenfalls. Die britische Botschaft überging ich. Falls sie die Gelegenheit dazu bekamen, würden sie eine Methode finden, uns hereinzulegen.

Die Tatsache, daß wir unter demselben Dach mit einem Mann eingesperrt waren, den wir alle verabscheuten – den etliche von uns liebend gern mit bloßen Händen umgebracht hätten –, machte das Klima nicht gerade erfreulicher. Meir, der einer seiner Wächter war, erging sich in den ersten Tagen in so vielen verunglückten Witzen, die seine wahren Gefühle schlecht tarnten, daß ich mich schließlich verpflichtet fühlte, ihm im selben Geist den Kopf zurechtzusetzen. »Das ist großartig. Isser sorgt auf alle Fälle dafür, daß in Jerusalem ein Schauprozeß stattfindet. Deiner.« Andere waren zwar etwas zurückhaltender, aber nicht weniger mißlaunig.

Unsere Stimmung hob sich, als wir erfuhren, die Ankunft des nächsten und letzten Mitglieds unserer Gruppe stehe bevor: die der Agentin, die laut Isser Davids Frau spielen sollte. Wir wußten alle aus Erfahrung, wie entscheidend die richtige Frau das Klima in einem Team ändern und selbst die ödeste Operation lebendiger machen konnte.

Deshalb waren wir am Abend jenes Tages so entsetzt, als die neue Agentin vor der Tür stand: Rosa.

»Das muß der Sinn des Alten für Humor sein«, murmelte Uzi halblaut und nahm die Krawatte ab, die er getragen hatte, seit er wußte, daß die Agentin kam.

Es lag nicht nur daran, daß Rosa nicht gerade die attraktivste Agentin Israels war. Mit den braunen Augen, die hinter den dicken Brillengläsern riesig wirkten, und ihrer etwas linkischen Art wirkte sie beinahe wie die weibliche Ausgabe von Uzi. Das Problem war, wer sie war. Sie war äußerst religiös – sie trug sogar ein weißes *Tichel*, ein Kopftuch im orthodoxen Stil –, war bekannt für eine Aura moralischer Rechtschaffenheit und selbst in normalen Zeiten manchmal schwer zu verkraften. Fast ihre ganze Familie war in Europa vernichtet worden. Sie war kaum die Frau, deren Anwesenheit in der Villa die Atmosphäre entkrampfen konnte.

Als sie ins Wohnzimmer trat, war sie rot vor Aufregung. Sie war erst vor wenigen Tagen nach Argentinien abkommandiert worden und hatte bei der Ankunft in Buenos Aires vom Zweck des Auftrags erfahren.

»Peter«, sprudelte es aus ihr heraus, als sie auf mich zulief, »ich weiß alles. Es ist so wunderbar. Ich bin so dankbar dafür, daß ich die Gelegenheit bekomme, dabei zu helfen.«

Aber niemand war überrascht, als sie nach einem Tag genauso finster war wie alle anderen im Haus. Nach einem kurzen Besuch im Zimmer des einst mächtigen Obersturmbannführers brachte sie sogar deutlich zum Ausdruck, es tue ihr leid, daß sie hineingezogen worden sei. »Mir wird bei dem Gedanken schlecht, daß ich für ihn kochen oder waschen soll. Mir schaudert allein bei dem Gedanken, daß ich etwas anfasse, das er angefaßt hat.«

So schlimm es um uns stand, Eichmanns emotionale Verfassung war eine Quelle noch größerer Sorge, mindestens für mich. Ich war verantwortlich für die Grundbedürfnisse des Gefangenen und meine Sorge wuchs, er könne die Strapazen der Gefangenschaft nicht überstehen.

Vor allem die Verhöre durch Hans trieben seinen Angstpegel in die Höhe. Kein Wunder. Die Art von Hans, sein abgehacktes, präzises Deutsch, seine offensichtliche Ungeduld mit vielem, was er hörte, seine nicht gerade leise, bedrohliche Art müssen Eichmann ein starkes Déjà-vu-Erlebnis vermittelt haben.

Das soll nicht heißen, die Technik sei wirkungslos gewesen. Eichmann war so kooperativ, wie irgend erwartet werden konnte, beantwortete mit großer Bescheidenheit alle Fragen, die ihm gestellt wurden, und schlüpfte so selbstverständlich in die Rolle des hilflosen Opfers wie Hans in die des eigenmächtigen Inquisitors.

Aber auf den wichtigsten Gebieten – dem Aufenthaltsort anderer Nazis, seiner Bereitschaft, offen über die eigenen Verbrechen zu sprechen – bewirkte die Einschüchterung möglicherweise das Gegenteil. Der Gefangene wußte so gut wie jeder, was aus dem Opfer solcher Verhöre werden konnte, wenn der Fragesteller mit ihm fertig war.

Gegen Ende der ersten langen Sitzung fragte Eichmann – das erste Mal von vielen –, ob wir ihn töten würden, und es war deutlich, daß er Hans die nachdrückliche Versicherung des Gegenteils nicht abnahm. Ich hätte es auch nicht getan.

Danach lag er einen vollen Tag angekettet auf dem Bett. Die linke Gesichtshälfte zuckte, und er verweigerte nicht nur Essen und Trinken, sondern wollte auch nicht auf die Toilette gehen. Von seinem Wohlbefinden abgesehen, bestand eindeutig die Gefahr, daß wir ein Stück Autorität einbüßten. Wir konnten dem Gefangenen nicht erlauben, daß er uns die Haftbedingungen diktierte.

Zu Beginn meiner ersten dreistündigen Schicht an jenem Tag setzte ich mich wieder schweigend auf den Hocker und beobachtete ihn. Aber dann ging ich über den Flur in mein Zimmer und holte Augenbrauenstifte aus meinem Schminkkasten. In Eichmanns Zimmer fing ich damit an, ihn auf dem einzigen griffbereiten Papier zu zeichnen, auf den Seiten meines Reiseführers.

Die erste Zeichnung, in Braun auf einer Karte von Argentinien, machte ich von seinem Gesicht. Ich arbeitete schnell, konzentrierte mich auf den dünnen Mund und die eingefallenen Wangen, zeichnete die durch die Binde verdeckten Augen nach dem Gedächtnis. Dann schlug ich die Seite um und zeichnete ihn in der SS-Uniform. Ich achtete auf Geräusche, ob jemand kam – denn das war bestimmt ein Verstoß gegen die Vorschriften –, und zeichnete wie besessen weiter. Jetzt ließ ich ihn einen Zug beobachten und die Waggons zählen; jetzt, auf einem abstrakten Bild, legte ich ihn ausgestreckt auf einen Güterzug, mit einer Maschinenpistole; jetzt, auf einer Doppelseite, tauchten Hitler und Mussolini auf; jetzt meine Eltern und, mit großen, traurigen Augen, meine Schwester Fruma. Als Uzi mich in der Abenddämmerung ablöste, hatte ich ein Dutzend Seiten gefüllt. Wie immer brannte das Licht in seinem Zimmer. Aber zum ersten Mal seit seiner Gefangennahme schien Eichmann friedlich zu schlafen.

Am nächsten Morgen beschloß ich, es mit etwas Neuem zu probieren. Als ich ihm sein Frühstück aus Orangensaft, einem hartgekochten Ei und Crackern auf einem Tablett brachte, befahl ich ihm zu essen. Ich drückte ihm den Becher mit Saft in die Hand. Er fügte sich sofort. Dann erlaubte er mir wortlos, ihm das Ei zu füttern und die Cracker Stück für Stück zwischen seine Lippen zu legen.

Als nächstes rasierte ich ihn. Dann zog ich ihm den Bademantel und die Hausschuhe an und führte ihn, immer noch mit der Blende, auf die Veranda hinaus.

»Jetzt«, kommandierte ich, »ist es Zeit für Ihre Gymnastik. Sie machen tiefe Kniebeugen. Haben Sie mich verstanden?«

»Jawohl.«

»Rauf. Runter. Rauf. Runter.«

Zunächst schien er zu zögern, war vielleicht befangen, weil die Schlafanzughose rutschte. Aber nach etwa einer Minute war er mit Begeisterung bei der Sache. Er zählte sogar mit. »Unten, oben. Unten, oben.« Jetzt erschien Uzi auf der Veranda und lächelte breit.

Ich befahl Eichmann, aufzuhören. Er gehorchte sofort. »Jetzt«, sagte ich, »will ich, daß Sie auf die Toilette gehen.«

Er nickte knapp. »Jawohl, mein Herr. Danke schön.«

Ich führte ihn in die etwa sechs Meter entfernte Toilette, zog die Schlafanzughose herunter und half ihm, sich zu setzen. Ich ließ die Tür angelehnt und ging ein paar Schritte weg.

Eine Minute verstrich. Dann noch eine.

»Darf ich anfangen?« rief Eichmann.

Ich fing Uzis Blick auf und mußte mich körperlich anstrengen, damit ich nicht herausplatzte.

»Jawohl!« kommandierte ich. »Sie können anfangen.«

Das Verdauungssystem des Mannes mußte in einer fürchterlichen Verfassung gewesen sein. Es folgten Geräusche, die der Phantasie Hohn sprachen. Und nach jedem Furz und jedem langwierigen Gurgeln, nach jedem Ächzer und jedem qualvollen Schnauben entschuldigte er sich. Die Entschuldigungen wurden immer lauter, genau wie die Geräusche, bis es klang, als wende er sich an ein ganzes Bataillon.

»Entschuldigen Sie.«

Als wir hörten, wie es eskalierte – Furz, »Entschuldigen Sie«; Furz, »Entschuldigen Sie«; Furz, »Entschuldigen Sie« –, konnte Uzi sich nicht mehr zurückhalten. Mein Freund hielt sich den Bauch und stolperte rückwärts ins Wohnzimmer, während ihm die Tränen über das Gesicht liefen. Ich versuchte, diskret zu sein, wenn ich schon nicht höflich sein konnte, und biß mir im vergeblichen Versuch, einen Lachanfall zu unterdrücken, auf die Unterlippe.

Aber falls Eichmann etwas davon merkte, falls er überhaupt verstand, daß irgend jemand die Szene komisch finden konnte, ließ er es sich nicht anmerken. Es dauerte weitere zehn Minuten, bis er endlich erklärte, er sei fertig, und um die Erlaubnis bat, sich abwischen zu dürfen.

In jener Nacht, während alle anderen schliefen, saß ich wieder schweigend auf dem Hocker und zeichnete in den Reiseführer.

Plötzlich, ganz unvermittelt, sprach er mich an.

»Sind Sie der Mann, der mich gefangengenommen hat?«

Ich zögerte einen langen Augenblick. »Ja. Woher wissen Sie das?«

»Ich habe Sie an der Stimme erkannt.«

Un momentito, señor.

Was hätte ich tun sollen, die Antwort verweigern? Was für eine Rolle spielte es überhaupt? Insgeheim war ich sogar dankbar dafür, daß er den Anfang gemacht hatte.

Vorschriften hin, Vorschriften her; das war etwas, das ich tun mußte.

»Ja«, wiederholte ich. »Das war ich. Ich heiße Maxim.«

Das war der Name in meinem Paß. Eichmann hatte seinen Namen zwar wieder, aber ich war weit davon entfernt, meinen zurückzubekommen.

20. Kapitel
Eichmann in meiner Gewalt

Nachdem wir erst einmal angefangen hatten, dauerte es nicht lange, bis wir zum Kern kamen.

»Wie ist es dazu gekommen?« fragte ich. »Wie kam es, daß Sie das getan haben?«

Eichmann schien nicht im mindesten überrascht zu sein. »Es war ein Auftrag«, sagte er gleichmütig. »Ich mußte den Auftrag erfüllen.«

»Nur ein Auftrag?«

Er zögerte, vielleicht irritierte ihn meine Reaktion. »Sie müssen mir glauben, es war nichts, was ich geplant hatte oder mir ausgesucht hätte.«

»Aber warum Sie? Sagen Sie mir genau, wie es dazu gekommen ist.«

So erzählte er mir die Geschichte seines frühen Aufstiegs in der SS, schilderte, wie er am Anfang todlangweilige Aufgaben bekam und deshalb begeistert die Gelegenheit ergriff, für das neue »Jüdische Museum« zu arbeiten, das im Hauptquartier aufgebaut wurde.

Ich merkte bald, daß Eichmann gern redete, vor allem über sich, und daß er einen scharfen Verstand hatte. Obwohl sein Ton respektvoll, manchmal geradezu servil war, ein gehorsames Kind, das einen guten Eindruck machen will, war er auch gerissen. Er wußte genau, wie er sich mir gegenüber verhalten mußte. Ich war vermutlich der erste Mensch, vor dem er sich rechtfertigen wollte – ganz bestimmt der erste Jude –, und doch ging er dabei mit kalter Gelassenheit vor. Er war scheinbar aufrichtig, frisierte aber manches zu seinem Vorteil und wies jede Verantwortung von sich, auch wenn er die Fakten in allen Einzelheiten bestätigte.

Die Dinge, meinte er, seien außer Kontrolle geraten. Aber das sei am Anfang nicht beabsichtigt gewesen, weder von seinen unmittelbaren Vorgesetzten noch von ihm. Er habe vom Büro aus gearbeitet und sich immer für Mäßigung ausgesprochen. Aber er sei Soldat gewesen – darauf war er ungeheuer stolz –, und ein Soldat sei nie auf sich allein gestellt. Wenn diejenigen an der Spitze Entscheidungen trafen und Befehle gaben, mußte gehorcht werden. Das war Pflicht. Nur das erkannte er als seine Verantwortung an.

Während ich ihm zuhörte, spürte ich, daß es nicht so leicht war, wie ich dachte, stichhaltige Antworten zu geben. Ich hatte geglaubt, er werde defensiv sein, er werde zumindest Reue vortäuschen. Statt dessen redete er, als ob er in jenen Jahren Buchhalter in einem Lebensmittelgeschäft gewesen wäre.

Mit seinen Worten: »Ich sagte mir: ›Warum nicht?‹ Ich hätte alles getan, um aus diesem Archiv wegzukommen.«

Als er ausgesprochen hatte, gab ich keine Antwort.

»Sie müssen mir glauben«, fügte er plötzlich hinzu. »Ich hatte nichts gegen die Juden.«

»Warum sind Sie dann überhaupt zur SS gegangen? Deren Ideologie war schließlich kein Geheimnis.«

»Aber ich stand damit nicht allein. Alle wußten, daß sich in Deutschland etwas ändern mußte; es war nur die Frage, in welcher Form. Die Zeiten waren schrecklich. Ich hatte Arbeit, habe in Oberösterreich Benzin verkauft, und für mich war die Lage nicht so schlimm. Es war eine der schönsten Gegenden der Erde. Die herrlichen Bergwälder hoben jeden Tag meine

Stimmung. Aber der Mensch lebt nicht für sich allein. Hitler war der einzige, der das Volk gegen die Kommunisten vereinigen konnte. Er brachte die Hoffnung auf Arbeit und Brot. Ich gebe es offen zu; ich war so mitgerissen wie alle anderen.«

Wir unterhielten uns schließlich mit überraschender Lockerheit. Wenn wir uns beispielsweise als Sitznachbarn auf einem langen Flug kennengelernt hätten, wären wir bestimmt auf so viele Gemeinsamkeiten gestoßen – die Liebe zur Natur und zur Wildnis, gemeinsame Vorlieben für bestimmte Musik, ein ähnliches Interesse an dem, was sich auf der Welt tat –, daß der Flug uns kürzer vorgekommen wäre. Wir waren beide von Natur aus gesellig und zugänglich.

Trotzdem entdeckte ich an ihm Eigenschaften, die mich auch bei jedem anderen Menschen bedrückt hätten: einen totalen Mangel an Humor und eine noch auffälligere geistige Unbeweglichkeit. Mit der Zeit wurde immer deutlicher, daß der Mann nicht nur unfähig dazu war, die Welt aus einem anderen Blickwinkel als dem seinen zu sehen, sondern daß ihn schon der Gedanke, ein vernünftiger Mensch könne das von ihm erwarten, unruhig machte.

Aber da war noch etwas anderes. Obwohl mir das ganze Ausmaß seines Doppelspiels noch nicht bekannt sein konnte (die Bänder, die er mit Sassen besprochen hatte, waren eben erst aufgetaucht, und Zeugen bei seinem Prozeß sollten seine außerordentliche Begabung für Täuschungsmanöver bestätigen), spürte ich, daß er alles andere als ehrlich war. Sogar der Anschein der Offenheit – seine scheinbare Verletzlichkeit, das taktische Eingeständnis von Fehlern, selbst seine Weigerung, sich von dem zu distanzieren, was er als Prinzip sah – konnte durchaus Teil einer berechneten Selbstdarstellung sein, die er mir vorspielte. Schließlich war das ein Mann, der dadurch, daß andere ihn unterschätzt hatten, zu ungeheurer Macht aufgestiegen war.

»Hat sich im Verlauf der Zeit«, fragte ich jetzt, »Ihre Meinung über den Führer geändert? Was haben Sie von ihm gehalten?«

»Der Führer war unfehlbar«, antwortete er sofort. »Ich hatte meinen Eid als SS-Offizier auf Hitler abgelegt. Und ich wurde von diesem Eid erst im Mai 1945 entbunden.«

»Sie stammen beide aus Österreich«, bemerkte ich. »Ich glaube, Sie sind sogar in dieselbe Schule gegangen.«

Er gestattete sich ein kleines Lächeln. »Ja. Das ist wahr.«

»Sie hatten sogar den Vornamen gemeinsam.«

»Ja.« Er machte eine Pause. »Aber er war der Führer des Reiches. Ich war nur ein Befehlsempfänger.«

»Sagen Sie, stammen Sie aus einer politisch interessierten Familie? Erzählen Sie mir von Ihrem Vater.«

Er schüttelte den Kopf. »Er war eine sehr starke Persönlichkeit. Aber er ging ganz in der Religion auf.«

»Und Sie?«

Ich hatte ihn nach der Stärke seiner religiösen Überzeugung fragen wollen (später erfuhr ich, daß er damit nicht viel im Sinn hatte), aber er mißverstand mich. »Ich war ein guter Sohn. Es stand mir nicht zu, ihn zu kritisieren.« Er kam darauf zu sprechen, daß er eine Zeitlang für seinen Vater in einem Bergwerk gearbeitet hatte. »Ich wurde nicht besser und nicht schlechter als die anderen behandelt.«

»Hat Sie das gestört?« fragte ich.

Die Frage schien ihn einen Augenblick lang völlig zu verblüffen. »Ich war ein junger Mann. Ich war daran gewöhnt, geführt zu werden.«

In den Jahren danach mußte ich mehr als einmal an diese Antwort zurückdenken, und im Zusammenhang damit an die übergeordnete Frage, was den Sinn eines Menschen für moralische Verantwortung wohl formt. Wie kommt es, daß der eine zutiefst menschlich ist, wenn er erwachsen wird, während ein anderer, aus derselben Kultur und demselben gesellschaftlichen Hintergrund, scheinbar unberührt von den Bedürfnissen anderer bleibt?

Die Schlußfolgerung, zu der ich kam, ist zwar wenig originell, aber sie scheint mir trotzdem noch immer viel zu wenig anerkannt zu sein. Wer als Kind geschätzt und umsorgt wird, wer Liebe erfährt, an die sich keine Erwartungen knüpfen, wem Aufmerksamkeit geschenkt wird, entwickelt sich aller Wahrscheinlichkeit nach zu einem Erwachsenen, der selbständig denkt und selbständig moralische Entscheidungen trifft. Den vielen anderen, bei denen Reglementierung die Norm ist und unkonventionelles Verhalten als anomal gilt, wird bald klargemacht – von Eltern, von Lehrern, von fast allen in ihrer Welt –, daß sie nur als Teil des großen Ganzen etwas wert sind. Nicht ihr eigenes Gewissen, sondern Passivität und Gehorsam werden ihnen zur zweiten Natur.

Diese Einsicht sollte sich für meine Arbeit als nützlich erweisen und mir dabei helfen, diejenigen zu verstehen, deren Verhalten manchmal unergründlich wirkte. Später, als ich Vater wurde, sollte sie mir im eigenen Leben noch stärker zugute kommen.

Der erste Mensch, dem ich meine neue Beziehung zu Eichmann anvertraute, war seltsamerweise Rosa. Aber eigentlich war das gar nicht so seltsam. Sie teilte das Zimmer mit mir, schlief im zweiten Einzelbett. Anfangs hatte ich mich zwar darüber geärgert (der Grund war die Nähe des Zimmers zur Küche; als einzige Frau im Haus hatte es Rosa freiwillig übernommen, uns alle zu verköstigen), aber in der angespannten Atmosphäre geschah etwas Merkwürdiges: ich entdeckte an ihr eine Herzlichkeit und einen liebevollen Humor, die mir in den Jahren der flüchtigen Bekanntschaft nie aufgefallen waren. Ich fand sie jetzt sogar attraktiv.

Es war spät in der Nacht, zwei Tage nach dem ersten Gespräch mit Eichmann, und wir konnten beide nicht schlafen. Wir lagen in den Betten und unterhielten uns leise, als es mir herausrutschte.

Ich brauchte ihr Gesicht nicht zu sehen; ich wußte auch so, daß ich einen Fehler gemacht hatte. Sie war entsetzt.

»Du sprichst mit ihm? Du freundest dich mit ihm an? Was ist bloß in dich gefahren!«

»Hör mal, das ist nicht der Grund. Wie oft bekommt man eine solche Gelegenheit?«

»Es ist gegen die Vorschriften. Peter, wie kannst du das nur tun?«

»Ja, es ist gegen die Vorschriften. Das kann ich nicht ändern.«

»Aber das hat doch keinen Sinn. Worüber mußt du denn mit ihm reden?« Sie machte eine Pause. »Das ist kriminell. Ich sollte dich melden!«

Ich wurde gereizt. »Du willst mich melden? Tu's doch! Was hat denn hier Sinn? Hat es Sinn, daß du für Adolf Eichmann koscher kochst?« Ich brach ab. »Weißt du, du solltest wirklich nicht so hart zu ihm sein. Er ist der einzige, der sich nie über das Essen beschwert.«

Ein langes Schweigen entstand. Ich hörte, wie sie atmete.

»Sag mir«, sagte sie schließlich, »wie ist er?«

»Interessiert dich das wirklich?«

»Deshalb frage ich dich ja.«

Ich antwortete ihr, daß das alles für mich ziemlich verwirrend sei. Er war ein Paradox, im einen Augenblick anscheinend vernünftig, ein Mann, der zum normalen Austausch fähig war, aber im nächsten eine Steinmauer. Er war erbarmungslos, schien sich nicht bewußt zu sein, daß überhaupt Unrecht geschehen war, und war auf keinen Fall bereit, die Verantwortung dafür zu übernehmen. Ich hatte nie etwas erlebt, das mich stärker erbittert, wütender gemacht hatte...

»Wie bringst du das bloß fertig?« unterbrach sie mich. »So ein Ungeheuer!«

»Hör mal, das liegt doch sowieso alles bei Gott.«

»Wag es bloß nicht, Eichmann und Gott im selben Atem zu nennen! Du widerst mich an!«

»Wenn Gott es nicht zugelassen hätte, wäre es nicht geschehen.«

Ich sagte das nicht nur, um sie zu reizen, auch nicht, um das letzte Wort zu behalten. Mehr oder weniger glaubte ich das auch. Der Holocaust hatte viel dazu beigetragen, daß ich mich, wie so viele andere, von der Religion entfernt hatte.

»Aber dann glaubst du an Gott«, bemerkte sie. »Du glaubst, daß er existiert.«

»Wenn ich in der Klemme stecke, glaube ich an ihn. Aber falls er existiert, hat er eine eigene Logik. Hast du dich nie gefragt, wie er es geschehen lassen konnte?«

»Gott ist nicht wie wir, aus Fleisch und Blut. So kannst du ihn dir nicht vorstellen. Er hat uns als Volk geprüft, wie er Abraham und Hiob geprüft hat.«

Ich schwieg. »Ich möchte dir eine Frage stellen«, sagte ich schließlich. »Was hast du beim Mossad verloren?«

»Das ist nicht schwierig. Am Anfang bin ich zu meinem Rabbi gegangen und habe ihn gefragt, ob ich dort arbeiten darf. Er hat es mir erlaubt. Er hat gesagt: ›Was aus Liebe geschieht, ist wohlgefällig.‹«

»Würdest du Schweinefleisch essen, wenn es für den Auftrag nötig wäre?« fragte ich.

»Nein. Selbstverständlich nicht. Juden haben sich lieber lebendig verbrennen lassen, als daß sie Schweinefleisch gegessen hätten.«

»Würdest du mit einem Fremden schlafen?«

Wieder entstand ein Schweigen. »Ich weiß es nicht. Es hinge davon ab...«

»Du würdest es tun?«

Sie lachte. »Ich kann mich nicht daran erinnern, daß deshalb je ein Jude auf dem Scheiterhaufen verbrannt worden wäre.« Dann hörte ich, wie sie sich im Bett umdrehte, ein Zeichen, daß das Gespräch zu Ende war. »Gute Nacht, Peter.«

Das mit Rosas Kocherei war nicht übertrieben. Die Frau war in der Küche ungeschickter, als man sich das überhaupt vorstellen kann. Nicht einmal ein Ei konnte sie braten. Wenn sie es versuchte, kam sie mit einem Teller aus der Küche, auf dem ein großer gelber Klecks lag. Aber weil nur sie sich streng an die orthodoxen Speiseregeln hielt, weigerte sie sich, ihren Platz in der Küche zu räumen, nicht einmal für eine einzige Mahlzeit.

Langeweile, gepaart mit der paranoiden Vorstellung, wir würden dauernd verfolgt, ohnehin schon eine üble Mischung, wird durch so etwas nur noch verstärkt. Selbst Isser wurde klar, daß die seelische Verfassung der Gruppe im abgeschirmten Haus ein ernstes Problem wurde. Vier Tage nach Eichmanns Einkerkerung ordnete er an, daß wir Urlaub von der Villa bekamen, einzeln oder paarweise.

Ich durfte als erster gehen und war begeistert. Bloß hatte ich wie ein Lebenslänglicher, der plötzlich aus dem Gefängnis entkommen ist, keine Ahnung, was ich mit der Freiheit anfangen sollte. Wohin sollte ich gehen? Sollte ich eine der Sehenswürdigkeiten besuchen, über die ich etwa zwölfmal in meinem Reiseführer gelesen hatte? Den berühmten Hafen besichtigen? Ins Kino gehen?

Ich überlegte, wog die Prioritäten ab und landete in einem Restaurant in der Innenstadt. Ich bestellte auf englisch das teuerste Steak. Als es der Kellner brachte, war ich mir trotzdem sicher, es sei ein Irrtum. »Tut mir leid«, sagte ich und zeigte auf das riesige Fleischstück vor mir, »ich habe für eine Person bestellt.«

Er nickte und lächelte. »*Sí, sí.*« Dann, auf englisch: »Essen Sie.«

Als ich eine Stunde später ging, hinterließ ich zwei Drittel einer Kuh auf meinem Teller. Ich machte mich auf den Weg zu Danny. Er war wie immer bei der Arbeit, fälschte Papiere auf den Namen Zichroni. Das war der Falschname, unter dem Eichmann die Reise nach Israel antreten sollte.

Zusätzlich zu den üblichen Papieren – Paß, Visum, Gesundheitsbescheinigung, Führerschein – brauchte Zichroni eine beglaubigte Krankengeschichte. Ganz gleich, ob wir ihn schließlich an Bord der El-Al-Maschine brachten oder ihn, was als Alternative erwogen wurde, in einem Krankenwagen außer Landes brachten, wir mußten ihn vorübergehend außer Gefecht setzen. Dafür brauchten wir Gründe. Im Moment lag einer unserer Agenten in einem hiesigen Krankenhaus, dem eine leichte Gehirnerschütterung abgenommen wurde, die er sich angeblich bei einem Autounfall zugezogen hatte. Dr. Klein war mit ihm die Symptome durchgegangen. Der Mann war unter dem Namen Zichroni eingeliefert worden. Danny würde die Entlassungspapiere mit dem richtigen Alter, der Größe und dem Gewicht versehen. Falls eine mißtrauische Behörde später im Krankenhaus anrief, würden die Ärzte in aller Unschuld alles bestätigen.

Ich wurde es nie leid, Danny bei der Arbeit zuzuschauen. Einmal hatte ich gesehen, wie er in einem fahrenden Bus ein fast vollkommenes Duplikat einer Geburtsurkunde anfertigte. In einer Situation, in der er, über seinen Arbeitstisch gebeugt, den Stift in der einen Hand, die Lupe in der anderen, Zeit hatte, sich um das winzigste Detail zu kümmern, war seine Arbeit genial. Es war unmöglich, seine Dokumente von echten Papieren zu unterscheiden. Der Mann konnte sogar längere Schriftstücke und komplizierte Siegel in Sprachen wie Arabisch, Japanisch und Urdu fälschen, deren Alphabete ihm völlig unbekannt waren.

Danny wußte die Störung offensichtlich zu schätzen. Während wir anderen zu lange miteinander eingeschlossen gewesen waren, hatte er seine Tage völlig auf sich selbst gestellt verbracht, allein mit Gedanken, die offenbar pausenlos an ihm nagten.

Nach ein paar Minuten Konversation brach es aus ihm heraus.

»Warum durfte ich nicht bei der Gefangennahme dabeisein? Ich habe keine andere Aufgabe, als dazusitzen und vor mich hinzukritzeln.«

»Danny«, sagte ich leise, erstaunt darüber, daß ausgesprochen werden mußte, was auf der Hand lag, »ohne dich wäre die ganze Operation unmöglich gewesen. Von uns allen bist du der einzige, der unersetzlich ist.«

Er schüttelte den Kopf. »Ich muß eine Rechnung begleichen, deshalb bin ich hergekommen. Ich will ihm gegenüberstehen. Ich will ihm sagen, was ich von ihm halte!«

»Weißt du denn nicht, was du hier tust? Du ermöglichst es, daß wir ihn aus dem Land schaffen. Du sitzt hier und schreibst sein Todesurteil.«

»Ich weiß, Peter. Ich weiß es. Danke. Es ist nur ...« Plötzlich weinte er. Er nahm die Brille ab und vergrub den Kopf in den Armen auf dem Tisch. Ein Schluchzen schüttelte seinen Körper, während ich verlegen daneben stand.

»Bitte, Danny«, sagte ich und legte ihm die Hand auf die knochige Schulter, »Danny, verzeih mir. Aber wenn du schon weinen mußt, dann bitte nicht auf die Papiere.«

Er schaute mit nassen, roten Augen auf und mußte lächeln.

»Keine Sorge, ich habe sie mit den Armen zugedeckt. Schließlich bin ich derjenige, der sie noch mal machen müßte.«

Anfangs war Hans jeden Nachmittag zum Verhör gekommen. Jedes dauerte etwa eine Stunde. Nachdem er die wichtigsten

Informationen bekommen hatte, ging es ihm vor allem um zwei Dinge: um alles, was er über den Aufenthaltsort anderer Kriegsverbrecher erfahren konnte, in erster Linie den von Mengele, und darum, Eichmann dazu zu überreden, daß er eine von Isser vorbereitete Erklärung unterschrieb, er komme freiwillig mit nach Jerusalem. Aber Hans machte wenig Fortschritte. In dem unterwürfigen und korrekten Ton, von dem er Hans gegenüber niemals abwich, ein deutscher Gefangener zu einem deutschen Wärter, blieb Eichmann in beiden Punkten stur. Er versprach, er schwor, er wisse nichts über andere. Er sei die ganzen Jahre in Argentinien auf sich gestellt gewesen, habe sich mit Mühe allein durchgebracht. Was die Unterschrift unter die Erklärung anlangte, hatte Eichmann schon vor dem Klang des Wortes Jerusalem Angst. Er sei bereit, in Argentinien vor Gericht zu stehen, bot er an, oder noch lieber in Deutschland. Aber welche Chance konnte es für ihn in Israel geben?

Schließlich, nach vier, fünf Tagen, war Hans es leid, die Fragen zu stellen. Er kam nicht mehr regelmäßig in die Villa, die Verhöre wurden Formsache.

Inzwischen waren meine Gespräche mit Eichmann zu einer allnächtlichen Gewohnheit geworden. Obwohl sie für mich immer quälender wurden, freute er sich bald darauf, weil es seine einzige Gelegenheit war, sich relativ normal zu unterhalten. Weil wir ihm jetzt beim Essen und beim Gang auf die Toilette die Augenbinde abnahmen – Eichmann hielt die Augen danach zunächst immer fest geschlossen, bis jemandem einfiel, ihm den Befehl zu geben, er solle sie aufmachen –, sah ich keinen Sinn darin, daß er sie tragen sollte, wenn wir zusammen waren.

Kurz gesagt, wir waren in gewisser Hinsicht Komplizen. Er wußte genausogut wie ich, daß er still sein mußte, wenn sich Schritte näherten.

Am häufigsten sprach Eichmann über seine Kinder. Seine

größte Angst, die ihn immer wieder überfiel, war die, wir könnten ihnen etwas tun. Er konnte einfach nicht glauben, daß unsere wiederholten Versicherungen der Wahrheit entsprachen, hielt es für unvorstellbar, daß jemand, der die Macht dazu hatte, eine solche Möglichkeit ungenutzt ließ.

Besonders stark empfand er für seinen kleinen Jungen, den einzigen seiner Söhne, dessen Kinderjahre er miterlebt hatte, und durch dessen Gegenwart das Exil erträglicher für ihn geworden war.

»Ich liebe Kinder«, bekannte er in einem unserer ersten nächtlichen Gespräche und lächelte dabei fast träumerisch.

»Sie lieben Kinder?« explodierte ich wider Willen. »Sie meinen wohl, manche Kinder.«

»Nein, ich liebe alle Kinder.«

»Ach ja?« Ich mußte in seiner Gegenwart wieder einmal um Selbstbeherrschung kämpfen.

»Hören Sie«, sagte er ruhig und wagte es, das Thema von sich aus zu erweitern, »vielleicht kommt es Ihnen so vor, als ob ich die Juden hasse. Das tue ich aber nicht. Ich war nie ein Antisemit. Streicher und die Kerle vom *Stürmer* haben mich immer angewidert.«

Er meinte den primitivsten Rassisten der Nazis und dessen Hetzblatt.

Er fuhr fort: »Ich war den Juden immer zugetan. Ich hatte jüdische Freunde. Als ich durch Haifa fuhr, legte ich Wert darauf, jüdische Taxifahrer zu finden. Ich habe die Juden immer lieber gemocht als die Araber.«

Ich sagte nichts, starrte ihn nur an. Er sprach weiter, nahm mein Schweigen offenbar als Zustimmung.

»Vielleicht glauben Sie das nicht, aber ich habe Theodor Herzls Buch *Der Judenstaat* gelesen, über den Traum von einem jüdischen Heimatland. Im Zusammenhang mit meiner Arbeit habe ich viele jüdische Zeitungen und Zeitschriften gelesen. Ich habe die Ziele der Juden immer völlig verstanden. Ich kann Ihnen gar nicht sagen, mit welcher Begeisterung ich mich mit dem Zionismus beschäftigt habe.«

»Was hatten Sie eigentlich in Palästina zu schaffen?« unterbrach ich, um das Thema zu wechseln.

»Es war eine Studienreise, damit ich die Juden in Palästina zu sehen bekam. Das gehörte zu meiner Arbeit.« Er machte eine Pause. »Haifa. Ach, wie schön ist der Blick vom Karmel aus.« Er brach wieder ab. »Sie müssen es mir glauben, ich war immer ein Idealist. Wenn ich als Jude auf die Welt gekommen wäre, dann wäre ich ein glühender Zionist geworden!«

»Ich habe damals dort gelebt«, bemerkte ich, »als polnischer Flüchtling. Sonst wäre ich jetzt nicht hier.«

Er fing den Ton der Zwischenbemerkung auf. »Sie müssen das verstehen«, sagte er, »damals war das nicht so wie heute. Ich war Soldat. Ich mußte Befehle befolgen, genau wie Sie.« Er machte eine Pause. »Wissen Sie, ich habe sogar bei einem Rabbi in Berlin Hebräisch gelernt. Leider habe ich das meiste vergessen.«

»Warum? Die meisten europäischen Juden sprachen Jiddisch.«

»Ja. Aber wissen Sie, die Sprache hat etwas mit der Mentalität zu tun. Man begreift die Probleme des jüdischen Volks nicht, wenn man die ursprüngliche Sprache nicht versteht.« Er machte eine Pause und lächelte schwach. Ihm war etwas eingefallen. »Ich erinnere mich an ein Gebet, das mich der Rabbi gelehrt hat.« Und er legte den Kopf zurück und intonierte: *»Schma Israel, adonai elohenu, adonai echad.«*

Das heiligste Gebet unseres Volkes, das Glaubensbekenntnis, das jeder fromme Jude auf dem Sterbebett spricht: »Höre, Israel, der Herr, unser Gott, ist ein einiger Herr.«

Ich spürte, wie ich vor Wut zitterte. »Eichmann, wissen Sie, was diese Worte bedeuten?«

»Ja«, erwiderte er liebenswürdig und übersetzte die Worte korrekt ins Deutsche.

»Vielleicht sind Ihnen auch noch andere Worte vertraut«, sagte ich. »*Aba. Ima.* Kommen die Ihnen bekannt vor?«

»*Aba, Ima*«, überlegte er und gab sich große Mühe, sich zu erinnern. »Ich weiß es wirklich nicht mehr. Was heißt das?«

»Vati, Mutti. Das schreien jüdische Kinder, wenn man sie aus den Armen ihrer Eltern reißt.« Ich machte eine Pause, war kaum mehr fähig, mich zu beherrschen. »Der Sohn meiner Schwester, mein liebster Spielkamerad, er war im selben Alter wie Ihr Sohn. Genauso blond und blauäugig wie Ihr Sohn. Und Sie haben ihn umgebracht.«

Meine Sätze verwirrten ihn, und er wartete einen Augenblick lang, ob ich deutlicher werden würde. »Ja«, meinte er schließlich, »aber er war doch ein Jude, oder nicht?«

21. Kapitel Der Kopf eines Mörders

Ich wußte, daß ich es früher oder später Uzi sagen mußte, nicht nur, weil er mein Vorgesetzter war, sondern weil er, und das war viel wichtiger, mein Freund war.

Als ich das erst einmal getan hatte, wußte ich nicht mehr, warum ich so lange gezögert hatte. Uzi war nun einmal Uzi und regte sich über meine Verletzung der Vorschriften überhaupt nicht auf. Er meinte, solange es die Aussicht darauf, den Gefangenen nach Jerusalem zu bringen, nicht störe, sei es ihm piepegal, ob ich dem Gefangenen zwei Nutten besorgte, die seine Nächte fröhlicher gestalteten.

Er paffte eine Zigarre, die er sich bei einem Ausflug in die Außenwelt gekauft hatte, und wollte wissen: »Was sagt er denn so?« Uzi hielt in der anderen Hand eine rohe Karotte – typisch für ihn. Mich belustigte es sehr, ihm zuzusehen, wie er geistesabwesend von der Zigarre zur Karotte wechselte.

»Er sagt, er kann die Juden gut leiden.«

Uzis ungläubiger Blick schlug fast sofort in Gelächter um. Gleich darauf lachte ich auch.

»Wie kann er denn so was sagen?« fragte er schließlich. »Wie meint er das?«

Ich zuckte die Achseln. »Hast du je was von der Haßliebe gehört?«

Trotzdem war es nicht möglich, die Last wirklich zu teilen.

Selbst Uzi gegenüber konnte ich nicht ausdrücken, was ich empfand; wie ich nach jedem Gespräch mit Eichmann, wenn ich gehört hatte, wie er über das, was er getan hatte, ohne das leiseste Gefühl des Entsetzens sprach, schlaflos dalag, wie sich mir der Magen zusammenkrampfte und mir der Kopf schier zersprang.

Ich hatte in meinem Erwachsenenleben viel mit Verbrechern zu tun gehabt, auch mit solchen, deren Taten schockierend, brutal gewesen waren, mit Mafia-Lohnkillern und Terroristen, die seelenruhig kleine Kinder erschossen hatten. Aber ich hatte immer einen gemeinsamen menschlichen Nenner finden können. Bei Eichmann schien er nicht vorhanden zu sein. Oft wirkte er so vernünftig, daß ich das Gefühl hatte, wir kämen einer Verständigungsbasis näher. Und dann ragte unvermittelt wieder diese undurchdringliche Mauer zwischen uns auf.

Worauf hoffte ich eigentlich? Was wollte ich hören? Ich wußte es selbst nicht. Vielleicht auf eine Spur echten Leids, das Gefühl, daß er außer dem Bedauern darüber, gefaßt worden zu sein, noch etwas anderes empfand. Vielleicht auf etwas so Schlichtes wie das Eingeständnis, der Führer sei möglicherweise doch nicht unfehlbar gewesen.

Aber niemals, kein einziges Mal, vermittelte mir der Mann etwas anderes als die Überzeugung, alles, was er getan hatte, sei völlig richtig gewesen. Nicht unbedingt schön, nicht einmal vernünftig, aber im Zusammenhang völlig korrekt. Er hatte einen Auftrag, und er führte ihn aus.

»Sind Sie denn kein Soldat?« fragte er mich in einer Nacht wieder. »Befolgen Sie denn keine Befehle? Wer hat Ihnen gesagt, daß Sie hierherkommen und mich fassen sollen? Wo liegt denn da der Unterschied?«

Wie soll man auch nur damit anfangen, das jemandem zu erklären, der danach fragen muß? »Was wir tun, ist nicht dasselbe«, sagte ich. »Die Gründe, aus denen wir es tun, sind andere. Wir sind nicht hergekommen, um Sie umzubringen. Wir sind hergekommen, um Sie der Gerechtigkeit zu überführen.«

Er hörte gleichmütig zu; ein kaum wahrnehmbares Lächeln schien auf seinen Lippen zu liegen. Ich spürte, wie plötzlich die Wut in mir hochstieg. »Sie haben niemandem je eine Chance gegeben. Und Sie haben Ihren Opfern nie auch nur die Achtung erwiesen, ihnen die Wahrheit zu sagen. Vermutlich hatte meine Schwester nicht einmal die Chance, sich von ihren Kindern zu verabschieden.«

Das wischte sein Lächeln weg. Sobald ich mir auch nur eine Spur von Zorn anmerken ließ, schwieg er. Dann entblößte er seine Kehle vor mir wie ein Hund in äußerster Bedrängnis.

Fünf Minuten lang herrschte Schweigen.

»Werden Sie mich töten?« fragte er schließlich mit zittriger Stimme.

»Nein, ich werde Sie nicht töten. Wenn ich das gewollt hätte, dann hätte ich Sie an jenem Abend durch das Fenster Ihres Hauses erschießen können, als ich Sie und Ihren kleinen Jungen beobachtet habe.«

Er erstarrte. »Sie werden dem Kind etwas antun!«

»Ich habe es Ihnen schon oft gesagt, wir haben nichts gegen Ihre Familie. Wir wollen Sie nur nach Jerusalem bringen.« Ich machte eine Pause. »Hören Sie, ich verstehe, wie Ihnen zumute ist. Er scheint ein hübsches Kind zu sein.« Ich machte wieder eine Pause. »Ich habe Ihnen gesagt, wie sehr er mich an den kleinen Jungen meiner Schwester erinnert.«

Es war nicht so, daß Eichmann sich keine Mühe gegeben hätte, sein Verhalten zu erklären. Im Gegenteil, er vertrat seinen Standpunkt – daß es ihm persönlich lieber gewesen wäre, die Juden umzusiedeln, statt sie zu vernichten – genauso nachhaltig wie ich den meinen. »Der Gedanke«, erklärte er mir in einer Nacht mit unverhohlenem Stolz, »war ein judenreines Reich. Madagaskar war im Gespräch, außerdem andere abgelegene Orte. Vor dem Krieg bestand unsere Politik sogar darin, daß wir die Juden zur Emigration ermutigten. Aber es gab kein Land, das sie alle aufnehmen wollte.« Er machte eine Pause. »Ich frage Sie, wer war daran schuld, Deutschland oder der Rest der Welt?«

Ich wußte, hinter dieser Unterstellung steckte mehr als nur ein Körnchen Wahrheit. Viele Juden, die schon lange vor dem Krieg ahnten, was kommen würde, hatten nicht auswandern können. Aber es war völlig überzogen, die Politik anderer Staaten mit der des Dritten Reiches gleichzusetzen.

Genauer gesagt, seine Erklärungen strotzten von Halbwahrheiten und Erfindungen. Entweder war Eichmann nicht bewußt, daß wir Zugang zu internen SS-Akten hatten, die beispielsweise bewiesen, das Madagaskar nur ein Trick war, die Opfer zur späteren Vernichtung zu sammeln, und daß Eichmann selbst eine äußerst aktive Rolle beim Bau der Todesmaschinerie spielte, oder er glaubte tatsächlich, was er sich zurechtgelegt hatte. Das letztere war mir lieber. Wenigstens ließ es die Möglichkeit offen, daß er ein Gewissen hatte.

»Ich möchte Ihnen eine Frage stellen«, sagte ich. »Als feststand, daß es nicht um eine Umsiedlung ging, sondern um Tod, wie haben Sie sich da gefühlt?«

»Da war nichts zu machen«, erwiderte er gleichmütig. »Der Befehl kam vom Führer.«

»Aber wie haben Sie sich gefühlt?«

»Da war nichts zu machen.«

»Ich verstehe. So sind Sie also zum Mörder geworden.«

»Nein, das ist nicht wahr. Ich habe niemanden umgebracht. Wenn ich an einen dieser Orte fahren mußte, habe ich immer dafür gesorgt, daß mir das Schlimmste erspart blieb.« Er machte eine Pause. »Ich muß Sie außerdem daran erinnern, daß wir das mit den eigenen Leuten auch gemacht haben. Das erste Konzentrationslager –« es fiel mir auf, wie leicht ihm das

Wort über die Lippen kam – »war Dachau. Die meisten dort waren Deutsche.«

»Sie geben zu, daß Sie wußten, was in den Lagern vor sich ging?«

»Ja. Aber das war nicht mein Zuständigkeitsgebiet. Ich hatte mit dem Sammeln und mit dem Transport zu tun.«

Seine Antwort lief darauf hinaus, daß es keine Schuld gab, keine Verantwortung. Das Geschehene war irgendwie unvermeidlich gewesen, eigentlich gar nicht das Werk von Menschen, sondern das von Umständen.

Weil ich keine Antwort gab, hatte er wohl das Gefühl, er mache sich allmählich verständlich, denn er redete eine Zeitlang in diesem Sinne weiter. Ich sah ihm die Enttäuschung an, als ich ihn endlich unterbrach: »Ist Ihnen klar, daß wir über unschuldige Menschen sprechen? Kleine Kinder. Alte Männer und Frauen...«

Eine gewisse Ironie lag darin, daß Eichmann genauso enttäuscht war wie ich. Er begriff einfach nicht, warum ich, eine Art Berufskollege, ihm die Anerkennung dafür verweigern wollte, daß er seine Aufgabe so hervorragend erledigt hatte.

Mehr als einmal war es, als ob er völlig vergessen hätte, mit wem er sprach. Stolz schilderte er, wie er der Wehrmacht manchmal zusetzen mußte, damit sein Auftrag ordentlich erledigt wurde – sie forderten seine Züge für Truppenbewegungen an –, und wie er gelegentlich sogar Möglichkeiten gefunden hatte, die Wünsche seiner Vorgesetzten zu umgehen. Andere mochten halbherzig sein, er jedenfalls sorgte dafür, daß die Güterwagen voll waren und planmäßig in die Lager fuhren, egal, was dem entgegenstand. »Gegen Ende«, erzählte er mir in einer Nacht, »wollte sogar Himmler, daß ich Schluß mache. Er glaubte, wir könnten unsere Haut retten. Aber ich habe weitergemacht. Wenn ein Mann einen Auftrag hat, macht er nicht eher Schluß, als bis er ihn erledigt hat.«

Und er saß strahlend da, wußte, daß Mitglieder meiner Familie ermordet worden waren, und erwartete, daß ich ausrief: »Bei Gott, Sie sind wirklich zu bewundern!« Ich schwöre, wenn ich mich umgebracht hätte und als Geist zurückgekommen wäre, hätte er sogar dann noch Lob von mir erwartet. Er bedauerte nur, daß er nicht die Zeit gehabt hatte, seinen Auftrag ganz zu Ende zu bringen.

Trotzdem weigerte ich mich, das hinzunehmen. Das ist ein menschliches Wesen, sagte ich mir immer wieder. Ich kann ihn erreichen. Ich kann ihn sehend machen.

Nach jedem solchen Gespräch wiederholte ich den Dialog in meinem Kopf, wütend auf ihn und auf mich; ich wiederholte besessen, was ich gesagt hatte, suchte verzweifelt nach Möglichkeiten, es beim nächsten Mal besser zu formulieren.

Und am nächsten Tag versuchte ich es von neuem.

Wenn ich darüber nachdachte, war ich mir ziemlich sicher, daß Eichmann tatsächlich meinte, was er sagte: Er hatte die Juden nie gehaßt, jedenfalls nicht so wie seine Nazikollegen. Eigentlich haßte er uns erst nach seiner Gefangennahme, weil wir sein Recht in Frage stellten, das zu tun, was er getan hatte. Das stellte die Welt auf den Kopf. Wie konnten wir es wagen, seine Autorität in Frage zu stellen? Er hatte seine Befehle gehabt, alles war legal gewesen. Wie konnten wir uns anmaßen, über ihn zu urteilen?

Schließlich war es nicht Eichmann, den diese Gespräche veränderten, ich war es. Nie wieder würde ich so optimistisch über die Menschheit denken wie bisher. Ich mußte mich der Tatsache stellen, daß völlig normal wirkende Menschen, Produkte normaler Elternhäuser, emotional so tot sein können, daß sie unzugänglich sind für menschliche Gefühle. Es war für mich eine erschütternde, eine tieftraurige Erkenntnis.

Aber diese Gespräche brachten mich auch dazu, über mein eigenes Handeln in einer Weise nachzudenken, wie ich das nie zuvor getan hatte. Mir wurde bewußt, daß ich im Verlauf meiner Karriere an Taten mitgewirkt hatte, die ungerecht, vielleicht sogar kriminell waren. Eigentlich hatte auch ich die Befehle meiner Vorgesetzten immer bedingungslos verfolgt, meistens aus Gründen, die edel wirkten – weil wir alle Israel liebten, weil ich ehrlich glaubte, daß sie die Menschlichkeit und die Gerechtigkeit liebten –, aber es war zur selbstverständlichen Gewohnheit geworden. Ich würde mich nie wieder so unbefangen sehen können, nie wieder so leicht Ausreden finden können, mit denen ich abstritt, was meine Augen, meine Ohren und mein Herz mir sagten. Denn die Tatsache ist so einfach wie unausweichlich: Wenn das Gewissen nicht mehr funktioniert, sei es auch nur gelegentlich, ist man nahe daran, sich selbst zu verlieren.

Endlich bekamen wir die Nachricht, daß der Fluchtplan in die Wege geleitet worden war. Zum ersten Mal sollte ein Flugzeug der El Al auf argentinischem Boden landen, mit der israelischen Delegation für die Feierlichkeiten zum hundertfünfzigsten Jahrestag. Isser hatte mit dem Management der El Al abgesprochen, daß für den Flug eine Sonderbesatzung und eigene Mechaniker verpflichtet wurden. Zahlreiche Sondergenehmigungen und Abfertigungspapiere waren eingeholt worden. El Al hatte die Erlaubnis bekommen, das Flugzeug auf einem entlegenen Teil des Flughafens zu parken, zur Startbahn zu rollen, statt dorthin geschleppt zu werden, und daß die Besatzung im Wartungsbereich an Bord gehen durfte statt vom Terminal aus. Vor allem mußte die Flughafensicherung durch unsere Leute verstärkt werden. Falls sich Eichmanns Verschwinden tatsächlich unter seinen Freunden herumgesprochen hatte, war es durchaus möglich, daß jemand zwei und zwei zusammenzählte und versuchte, den Flug zu sabotieren.

Nachdem wir so lange in dem zwiespältigen Bewußtsein gelebt hatten, einerseits jeden Augenblick entdeckt zu werden, andererseits ewig hier festzusitzen, nahmen wir in der Villa die Nachricht mit ungeheurer Erleichterung auf. Sofort begann ich mich auf meinen Part bei der Flucht vorzubereiten, auf Eichmanns Verkleidung.

Ich hatte schon vier Versuche mit ihm gemacht, mit verschiedenen Brillen, Kleidern und diversen falschen Bärten. Er ließ sich das bereitwillig gefallen, sah darin eine Art Gesellschaftsspiel, und schon Tage zuvor war ich zu zwei Schlußfolgerungen gekommen. Falls wir mit dem Krankenwagen fliehen würden, würde ich aus ihm einen älteren Amerikaner machen, ihn vermutlich für die Fahrt in einen weiten, bis zum Kinn zugeknöpften Mantel packen und das hohlwangige Gesicht und den zottigen Schnurrbart mit einem dicken Schal verhüllen. Falls wir das Flugzeug nahmen, würde er zur El-Al-Besatzung gehören, vermutlich als Steward.

Aber jetzt war es Zeit, die Einzelheiten auszuarbeiten. An dem Tag, an dem wir die Nachricht bekamen, setzte ich Eichmann nach dem Mittagessen auf einen Stuhl, rasierte ihn gründlich, damit die Schminke hielt, und fing damit an, ihn zwanzig Jahre jünger zu machen. Ich überschminkte die Falten auf der Stirn und die Schatten unter den Augen, dann modellierte ich die Backenknochen, machte das Haar voller und übertönte das Grau.

Schon bei der Arbeit merkte ich, daß die Verwandlung meine Erwartungen übertraf. Ich arbeitete nach dem Foto, das Eichmann auf dem Höhepunkt seiner SS-Karriere zeigte. Ich mußte ihm nur noch die El-Al-Uniform anziehen, die an jenem Morgen gebracht worden war. Nachdem ich die Abzeichen entfernt hatte, zog ich ihm zur Abrundung auf Hochglanz polierte Stiefel an.

Die Wirkung war atemberaubend.

»Schauen Sie in den Spiegel«, sagte ich.

Er ging langsam darauf zu, dann erstarrte er. Und dann geschah etwas Erstaunliches. Er straffte sich, nahm die Schultern zurück und schien größer zu werden.

»Gut!« rief er. »Schöne Uniform!«

Er rückte die Mütze zurecht, in denselben Winkel wie auf dem Foto. »Wunderbar!«

Ohne ein Kommando von mir drehte er sich um und ging im Zimmer auf und ab, gewann mit jedem Schritt ein Stück mehr von der alten Arroganz zurück, bis er geradezu stolzierte, mit durchgedrücktem Rücken, gerecktem Kinn und fast zu Schlitzen verengten Augen. Ihm fehlte nur die Reitgerte, dann hätte er zur Inspektion in Auschwitz sein können.

Wenn ich noch eine Spur von Zweifel gehabt hatte, was diesen Mann anlangte, jetzt war er verschwunden. Ich hatte den wahren Eichmann vor mir.

Er stand wieder vor dem Spiegel, bewunderte die Tressen und die Messingknöpfe, als es klopfte. Ich befahl Eichmann, sich aufs Bett zu setzen und die Augen zu schließen. Als gehorsamer Soldat tat er das sofort.

Ich öffnete, und da stand Hans, begleitet von David.

»Meine Herren«, intonierte ich, »erlauben Sie mir, Ihnen Obersturmbannführer Adolf Eichmann vorzustellen.«

Als Eichmann aufstand, starrten sie ihn voll Entsetzen an.

»Peter«, sagte Hans schließlich in einem Ton, den ich noch nie von ihm gehört hatte, »du bist ein Künstler.«

Aber sobald er sich gefaßt hatte, war er wieder er selbst. Der jugendliche Eichmann, teilte er mir eine halbe Stunde später mit, sei interessant, aber für unseren Zweck ungeeignet. Die Identität des Mannes werde so nicht vertuscht, sondern im Gegenteil unverkennbar für jeden, der ihn in den Jahren gesehen habe, als er im Blickpunkt der Öffentlichkeit stand. Wer weiß – vielleicht stolperten wir sogar über eines seiner ehemaligen Opfer.

So sehr mich die vertraute Überheblichkeit reizte, ich mußte zugeben, daß er nicht unrecht hatte. Zweifellos war es sicherer, wenn auch weniger dramatisch, sein Gesicht älter zu machen.

Vom technischen Standpunkt aus war das sogar viel einfacher. Als ich am nächsten Morgen damit anfing, hatte ich nach einer Dreiviertelstunde einen müden alten Mann vor mir.

Für Eichmann war es ein Dämpfer. Aber er äußerte die recht erstaunliche Überzeugung, diese Tarnung sei perfekt.

Ich zog ihm wieder die Uniform an, dieses Mal, ohne daß Eichmann es merkte, mit dem El-Al-Abzeichen auf der Mütze. Danny war gekommen, um Fotos für Zichronis Paß zu machen. Endlich hatte der Fälscher die Gelegenheit, dem Mörder gegenüberzutreten.

Aber als er ins Zimmer kam, brachte Danny es kaum fertig, ihn auch nur anzuschauen. Geisterbleich tat er seine Arbeit, schnell und schweigend, bis auf ein gelegentliches knappes Kommando – »Kopf hoch«, »nach links schauen« –, auf das Eichmann sofort reagierte. Nach einer Viertelstunde war er fertig und wieder draußen.

Aber natürlich war das im Grunde keine Überraschung. »Ich war nicht darauf gefaßt, daß es ein so überwältigendes Gefühl ist«, sagte er später zu mir, immer noch erschüttert von dem Erlebnis. »Damit ich es aushielt, im selben Zimmer wie er zu sein, mußte ich mich dazu zwingen, gar nichts zu empfinden.« Er machte eine Pause. »Das ist eine besondere Art von Wahnsinn.«

Er hatte keine Ahnung, wie gut ich ihn verstand. Am selben Abend saßen Uzi und ich in einem belebten Café in Buenos Aires namens Pallo Borracho, wörtlich: Zum betrunkenen Matrosen, und versuchten wieder einmal, Distanz zu gewinnen zu dem Tag, der hinter uns lag. Es gelang uns recht gut. Das Essen war ausgezeichnet und reichlich, die Menge um uns herum in hervorragender Stimmung. Auf dem Podium trug ein

Gitarrentrio zum Getöse bei. Sie spielten einen feurigen Tango und stampften dazu mit den Gauchostiefeln. Wir schlossen uns begeistert dem Beifall der Einheimischen an.

Als die Gitarristen eine Pause machten, war es einen Augenblick lang ruhig. Dann grölte plötzlich eine Gruppe von Männern an einem Nebentisch ein deutsches Lied. Sie sangen immer lauter, stießen mit schäumenden Bierkrügen an, schunkelten einträchtig, ohne Rücksicht auf ihre Umgebung, auf die andere Kultur, und veränderten innerhalb von Sekunden die Atmosphäre im Raum.

»Kein Wunder, daß er sich hier wie zu Hause gefühlt hat«, bemerkte Uzi ruhig.

Einen Augenblick lang erwiderte ich nichts. Dann kamen die Worte wie von selbst aus mir heraus und überraschten sogar mich. »Ich hätte ihn umbringen sollen.«

22. Kapitel Die Erklärung

Am Spätnachmittag des 19. Mai verließen Uzi und ich die Villa mit dem erfreulichsten Auftrag, den wir beide je bekommen hatten. Offiziell sollten wir die Strecke von unserem Versteck zum Flughafen observieren; aber der wahre Grund war die für 17.00 Uhr geplante Ankunft der Bristol Britannia der El Al mit der israelischen Delegation.

Als wir durch Buenos Aires fuhren, konnten wir nichts Ungewöhnliches feststellen. Ausnahmsweise war die Sonne durch die dicken, tiefhängenden Wolken gebrochen. Die mit Wimpeln und argentinischen Fahnen geschmückten Häuser verliehen der Stadt ein festliches Aussehen. Von den öffentlichen Plätzen wehten die Klänge von Musikkapellen herüber.

Erst als wir auf die Autobahn kamen, und vor allem, als wir uns dem Flughafen näherten, fiel uns auf, wie streng die Sicherheitsmaßnahmen geworden waren. Ausländische Würdenträger aus aller Welt wurden erwartet, und deshalb stand an fast jeder Kreuzung ein Panzerwagen, verstärkt durch schwerbewaffnete Soldaten.

Für uns war das nicht besonders alarmierend. Unsere Gruppe, mit Eichmann in ihrer Mitte, hatte offiziellen Status, mit Papieren, die das bewiesen. Die verstärkten Sicherheitsmaßnahmen konnten uns sogar von Nutzen sein, wenn man bedenkt, nach welchen Prinzipien der militärische Verstand funktioniert. Falls es zu Schwierigkeiten kam – einem Problem mit dem Flughafenpersonal oder einem Angriff im letzten Augenblick von Eichmanns möglichen Verbündeten –, reichte wahrscheinlich ein scharfer Hinweis auf unseren Diplomatenstatus aus, damit uns ein Offizier und seine Männer zu Hilfe kamen.

Obwohl ich es nie zugegeben hätte, war ich so aufgeregt wie ein kleines Kind. Zum ersten Mal landete ein israelisches Verkehrsflugzeug auf argentinischem Boden! Wieder ein Beweis dafür, daß unser junges Land seinen Platz unter den Nationen der Welt einnahm! So abgebrüht wir alle oft taten, jetzt war ich bis ins Innerste aufgewühlt. Ich konnte sogar vergessen, daß es, dank unserer Aktion, durchaus das letzte israelische Flugzeug sein konnte, das hier willkommen war.

Als wir auf die Aussichtsterrasse traten, fielen uns mehrere unserer Sicherheitsleute auf, die in der Menge postiert waren. Auch viele andere Israelis waren da, die vermutlich zu unserer Botschaft gehörten. Um uns herum unterhielten sich die Leute lebhaft auf hebräisch. Uzi stieß mich an. Unter uns auf der linken Seite, an einem Restauranttisch mit Blick auf das Rollfeld, saßen Aharon und Hans mit dem Alten. Er wollte sich das auch nicht entgehen lassen.

Wir warteten. Bald kam die Durchsage, der Start in Recife habe sich verzögert. Was war los? Gab es ein Problem? Nein, das war unmöglich. Es war ein völlig legaler Flug.

Endlich, kurz nach 18.00 Uhr, kamen die vertrauten blauweißen Landesfarben in Sicht. Das große Flugzeug landete perfekt und rollte auf uns zu.

Später erfuhren wir, daß ein übereifriger brasilianischer Fluglotse den Start verzögert hatte, vermutlich ein gewöhnlicher Antisemit, der Ärger machen wollte. Er hatte behauptet, das Flugzeug habe zwar eine Landeerlaubnis in Brasilien, aber keine Genehmigung, wieder abzuheben.

Als jetzt die Tür aufging, brachen die Menschen um mich herum in Jubel und heftigen Beifall aus. Der Lärm wurde noch lauter, als die große, korpulente Gestalt von Abba Eban, dem früheren Botschafter in den Vereinigten Staaten, in einem eleganten dunklen Mantel erschien und die Gangway heruntersteig. Eban, der leidenschaftliche Diplomat, lange Zeit ein Gegner des unverblümten Egomanen Isser, hatte nie würdevoller ausgesehen. Nach ihm stieg der winzige Generalmajor Meir Zorea aus, einer der berühmtesten Militärs in Israel.

Auf dem roten Teppich am Fuß der Gangway umarmten sie ihre argentinischen Gastgeber, dann nahmen sie Haltung an, als eine Militärkapelle die Nationalhymnen anstimmte.

Wir auf der Aussichtsterrasse taten es ihnen im selben Augenblick nach. Als die Klänge der »Hatikva« den argentinischen Abend erfüllten, schaute ich zu Uzi hinüber. Auch er kämpfte mit den Tränen.

Jetzt trat Eban ans Mikrophon. In seiner Brille spiegelten sich die Scheinwerfer. Zu unserer Überraschung sprach er nicht hebräisch oder sein vertrautes Oxfordenglisch, sondern ein makellos wirkendes Spanisch. Obwohl wir natürlich wenig verstanden, war uns das Wesentliche klar. Wir seien, erklärte er, Augenzeugen einer strahlenden neuen Ära in den israelisch-argentinischen Beziehungen.

Ich schaute zu Isser hinüber, der es mit Gleichmut aufnahm, dann zu Uzi. »Mein Gott«, flüsterte ich, »er weiß es nicht!«

Um 21.00 Uhr waren wir wieder in der Villa. Zwei Stunden später saß ich wieder bei dem Gefangenen. Wir sprachen über Dr. Rudolf Kastner, einen Mann mit einem in Israel berüchtigten Namen. Kastner, der während des Kriegs ein führendes Mitglied der jüdischen Gemeinde in Ungarn gewesen war, hatte in großem Stil mit Eichmann zusammengearbeitet, um etlichen Juden (darunter sich selbst, was nicht nebensächlich war) das Leben zu retten, und dafür die Vernichtung von Hunderttausenden in Kauf genommen. Für mich war er das Böse in Person; für Eichmann war er einer der guten Juden, ein Mann, der, wenn er noch am Leben wäre, bereitwillig ausgesagt hätte, daß sich Eichmann an die Vorschriften gehalten hatte. Obwohl Eichmann genau wußte, wie Kastner gestorben war – er war 1955 in Tel Aviv auf der Straße erschossen worden, nachdem herausgekommen war, was er im Krieg getan hatte –, und außerdem wußte, daß es nach den Enthüllungen über Kastner eine Reihe von Prozessen gegen andere Juden gegeben hatte, die Kollaborateure geworden waren, um sich selbst zu retten, schien das bei seiner Einschätzung, der Mann sei glaubwürdig, keine Rolle zu spielen.

Zum Teil aus Selbstschutz hatte ich die ganze Zeit gezeichnet. Inzwischen hatte ich gelernt, wie ich mir die Worte anhören mußte und mich gleichzeitig dagegen wehren konnte, ihre ganze Bdeutung in mich aufzunehmen.

»Hören Sie«, sagte ich schließlich, schärfer als sonst, »Sie können glauben, was Sie wollen. Ich bin nicht Ihr Richter.«

Das folgende Schweigen wurde nur vom Kratzen meiner Feder unterbrochen.

»Ich habe nur gedacht, das ist etwas, das Sie vielleicht wissen möchten«, sagte er schließlich. »Wir haben doch so viel Zeit gemeinsam verbracht.«

Ich erwiderte nichts.

»Bitte, darf ich sehen, was Sie zeichnen?«

Es war ein weiteres Porträt von ihm, dieses Mal mit besonderer Betonung seiner langen, knochigen Hände. Ich hielt ihm den Reiseführer hin. Er war immer noch der einzige im Haus, der das Buch gesehen hatte.

Er musterte die Zeichnung kurz und reagierte dann wie immer. »Schön, sehr schön.«

Plötzlich schien er das Wortgefecht, das keiner von uns gewinnen konnte, auch leid zu sein. Bald hatte er Kastner vergessen und schwelgte in Erinnerungen an eine Kultur, die er hinter sich gelassen hatte.

»Waren Sie mal in Deutschland?« fragte er fast träumerisch.

»Ja. Oft.«

»Erzählen Sie mir etwas darüber.«

»Was gibt es da zu erzählen? Die Landschaft ist immer noch schön. Sie trinken immer noch dasselbe Bier.«

»Oh, unser deutsches Bier ist herrlich, meinen Sie nicht auch?«

»Doch. Es ist das beste der Welt.«

»Aber ich gestehe etwas, was ich wahrscheinlich gar nicht sagen dürfte. Ich bin Weintrinker.«

»Ach ja? Mir ist Wein auch lieber.«

»Guter Rotwein. Es gibt nichts Besseres auf der ganzen Welt.«

Plötzlich hatte ich eine Inspiration. »Wissen Sie was, ich hole Ihnen welchen.«

»Was?«

»Jetzt gleich.«

Ich schlich mich rasch in den ersten Stock und fand im Flurschrank die Flasche teuren französischen Rotwein, den David für den Sabbat gekauft hatte. Dann ging ich leise in Davids Zimmer gleich nebenan und griff mir das alte Aufziehgrammophon neben der Tür und die nächste Schallplatte.

Als ich zurückkam, saß Eichmann im Bett, mit vor Erwartung funkelnden Augen. Ich öffnete den Wein, dann holte ich ein Päckchen Zigaretten heraus.

»Hier«, bot ich an, »nehmen Sie eine.«

Er zögerte. »Wirklich?«

»Klar. Nehmen Sie sie schon.«

Ich zündete sie für ihn an und steckte sie ihm zwischen die Lippen. Er sog dankbar den Rauch ein.

»So, hier«, sagte ich und schenkte ein Glas Wein ein, »nehmen Sie das.«

Er hielt das Glas vorsichtig mit den Fingerspitzen, als ob er Angst hätte, er könnte es zerdrücken.

»Prost«, sagte er schließlich und trank einen langen Schluck. »Ahh. Das ist so gut. Danke. Danke, daß Sie das für mich getan haben.« Er wollte mir den Wein und die Zigarette zurückgeben.

»Nein, trinken Sie aus und rauchen Sie zu Ende.«

»Wirklich?«

»Was haben Sie denn? Selbstverständlich.«

Er schien sich sichtlich zu entspannen. »Warum tun Sie das für mich?«

»Das ist nur eine Kleinigkeit. Sie haben mir gesagt, daß Sie Wein mögen.«

Einen langen Augenblick lang herrschte Schweigen.

»Eichmann«, sagte ich, »ich glaube, es wird Zeit, daß Sie das Papier unterschreiben.«

Er versteifte sich. »Ich will nicht nach Jerusalem«, wiederholte er. »Warum kann es nicht in Deutschland sein?«

»Ich will nicht versuchen, Sie zu zwingen, aber ich möchte, daß Sie ernsthaft darüber nachdenken. Wenn Sie unterschreiben, erklären Sie damit der Welt, daß Sie bereit sind, sich für Ihr Verhalten zu verteidigen, wie Sie sich mir gegenüber verteidigt haben.«

»Aber das ist unmöglich. Was hätte ich da für eine Chance?«

Der alte Gedanke ging mir durch den Kopf – welche Chance hatten Ihre Opfer? –, aber ich hielt meine Zunge im Zaum. »Ich kann Ihnen nur garantieren, daß Sie einen fairen, öffentlichen Prozeß bekommen. Sie können sich den Anwalt aussuchen. Ihre Familie darf Sie besuchen.«

Er schüttelte den Kopf. »Nein. Darüber muß ich erst nachdenken.«

»Schön. Wie ich gesagt habe, ich will Sie nicht zwingen.«

Wir rauchten und tranken ein paar Minuten lang. Dann stand ich auf und legte die Platte auf das Grammophon. Es war ein Flamenco, der selbst bei niedriger Lautstärke aufreizend wirkte.

Er lächelte. »Oh, wie hübsch. Danke.«

»Es tut mir leid, daß ich keinen Wiener Walzer finden konnte.«

»Waren Sie in letzter Zeit mal in Wien?«

»Ja.«

»Wird dort immer noch Walzer getanzt?«

»Selbstverständlich. In Wien ändert sich nie etwas.«

Er ließ ein wehmütiges Lächeln sehen. »Wissen Sie was – bringen Sie mir das Papier.«

»Ich weiß nicht, wo es ist.«

Er deutete darauf. »Es ist dort, neben dem Spiegel.«

Ich gab es ihm. Sorgfältig las er durch, was Isser diktiert hatte.

»Ich, der Unterzeichnete, Adolf Eichmann, sehe ein, daß es keinen Sinn hat zu versuchen, mich weiterhin der Gerechtigkeit zu entziehen. Ich erkläre mich bereit, nach Israel zu fahren, um dort vor ein zuständiges Gericht gestellt zu werden. Es versteht sich, daß ich einen Rechtsbeistand bekomme, und ich werde mich bemühen, die Tatsachen meiner letzten Amtsjahre in Deutschland ungeschmückt zu Protokoll zu bringen. Ich will, daß der Welt ein wahres Bild überliefert wird. Ich gebe diese Erklärung aus freiem Willen ab, weder wurde mir etwas versprochen, noch bin ich bedroht worden. Ich will endlich meine innere Ruhe erlangen.«

Er schaute fragend auf. »Darf ich einen Zusatz machen?«

»Selbstverständlich.«

»Darf ich Ihren Stift benutzen?«

Ich gab ihn ihm und kettete dann seinen Fuß los.

Er rutschte an den Bettrand, legte das Papier auf den Nachttisch und schrieb mit sauberer Handschrift: »Nachdem ich mich nicht an alle Einzelheiten mehr erinnern kann und auch manche verwechsle oder durcheinanderbringe, bitte ich, mir dabei behilflich zu sein, durch Zurverfügungstellung, durch Unterlagen und Aussagen, die meinen Bemühungen, die Wahrheit zu suchen, behilflich sein zu wollen.«

Er schaute auf. »Gut, jetzt unterschreibe ich.« Er machte eine Pause. »Was da steht, ist richtig. Es wird gut sein, wenn ich mich erklären kann.«

Ich stand vor ihm, und mein Herz machte Sprünge, als ich zuschaute, wie er schrieb: »Adolf Eichmann, Mai 1960.«

Ich glaube, daß Eichmann schließlich das, was in dem Dokument stand, in einem bestimmten Maß wirklich akzeptierte. Ihm war klar, daß er das nicht überleben würde. Ein Schauprozeß in Jerusalem bot ihm die Gelegenheit, noch einmal im Rampenlicht zu stehen, und er hoffte wohl sogar auf eine gewisse Anerkennung für das, was er getan hatte, wie er ja auch immer versucht hatte, Anerkennung von mir zu bekommen. Wenn er sterben mußte, warum dann nicht als Märtyrer für die Sache, der so ein öffentliches Erbe für seine Kinder und die Nazisympathisanten überall auf der Welt hinterließ?

»Sie sind in Israel doch auch bei mir?« fragte er jetzt.

»Nein. Aber ich komme zu Besuch.«

»Wirklich? Das ist Ihr Ernst?«

»Ja.«

Ich stand auf und drehte die Platte um. Ein Tango.

Er nickte beifällig. »Ahh, wunderbar. Könnte ich vielleicht noch etwas Wein bekommen?«

Es war das erste Mal, daß er mich um etwas bat. Leicht überrascht goß ich ihm noch ein Glas ein.

»Sie wissen«, sagte ich einen Augenblick später, »daß wir über eine zweite Sache reden müssen.«

Sofort war die Anspannung wieder in seinem Gesicht.

»Nein«, sagte er und schüttelte den Kopf. »Es tut mir leid. Dabei kann ich Ihnen nicht helfen.«

»Aber Sie hatten doch bestimmt Kontakt mit anderen in Buenos Aires. Es fällt mir schwer, etwas anderes zu glauben.«

»Nein.« Er schüttelte heftig den Kopf. »Ich habe es doch schon erklärt; für die war ich ein Aussätziger. Die sind mir alle aus dem Weg gegangen.«

»Wir haben Informationen darüber, daß Dr. Mengele hier lebt.«

»Ich weiß es nicht, ich weiß nichts darüber.«

Ich glaube immer noch, daß das in erster Linie eine Frage der Loyalität war; selbst am Ende, wollte er dennoch die Sache nicht verraten. Aber außerdem sorgte er sich wie immer um seine Familie.

Ich machte eine lange Pause und schaute ihn gelassen an. Vielleicht konnte ich das ausspielen. »Ich weiß, daß Sie kein Lügner sind, Eichmann. Aber was Sie mir sagen, ergibt einfach keinen Sinn. Ihre Söhne sind bei der hiesigen Nazipartei. Wollen Sie mir erzählen, daß Ihre Söhne auch nichts darüber wissen? Oder daß Sie es Ihnen nie erzählt haben?«

Vielleicht lag es am Wein, aber bei der Erwähnung seiner Söhne zitterte seine Unterlippe, und ihm stiegen Tränen in die Augen. »Sie haben mir nie etwas darüber gesagt!« insistierte er.

»Sie sagen, Sie verabscheuen den Anblick von Blut. Josef Mengele hat ihn genossen. Warum sollte ein solcher Mann nicht der Gerechtigkeit überantwortet werden?«

»Ich weiß nichts über ihn!«

»Wir wollen Ihre Kinder eigentlich nicht danach fragen, aber wenn es nötig wird, tun wir es.«

»Sie wissen nichts! Keiner hat je auch nur einer Fliege etwas zuleide getan.« Jetzt weinte er richtig. »Bitte, warum wollen Sie sie mit hineinziehen?«

Ich beobachtete ihn und empfand nichts als Verachtung. Wenn das keine Verstellung war, wenn er wirklich so stark empfand, wie es jetzt schien, dann war der Abstand, den er als Nazi im Hitlerreich von seinem besseren Selbst gewonnen hatte, noch größer, als ich es mir vorgestellt hatte.

Ich schwieg und trank einen Schluck Wein. Eichmann hatte wohl das Gefühl, das Schlimmste sei vorbei, und entspannte sich etwas. Einen Augenblick später trank er auch einen Schluck. Ich drehte die Platte um und spielte die erste Seite noch einmal ab.

Plötzlich hörte ich zu meinem Schrecken Schritte die Treppe herunterkommen. Ich hatte kaum noch die Zeit, Eichmann die Augenbinde wieder anzulegen, ehe die Tür aufflog. Da stand David, barfuß, in einem grauen Schlafanzug, und riß die Augen auf, als er die Szene sah.

»Was zum Teufel machst du da«, sagte er ungläubig, »gibst du ein Fest für diesen Mörder? Hast du den Verstand verloren?«

»Das ist kein Fest«, wollte ich erklären. »Ich habe nur...«

»Und mit meiner Musik?!« unterbrach er. Er ging hinüber zum Grammophon und riß die Nadel von der Platte. Sein Gesicht war jetzt rot, er brüllte. »Du unterhältst ihn mit meiner Musik? Diesen Schlächter meiner Familie?!«

Eichmann, der nichts sah, konnte nicht genau wissen, wer sprach, aber es war nicht schwer zu erraten, was gesagt wurde. Er zuckte zurück, als wolle er sich im Bett eingraben.

Jetzt stand Uzi in der Tür, mit verschlafenen Augen, die sich hinter den dicken Brillengläsern an das Licht zu gewöhnen versuchten. Gleich hinter ihm kamen Meir, Rosa und Jack. »Schon gut«, sagte Uzi ruhig und legte David die Hände auf die Schultern, um ihn zu beruhigen. »Was ist hier los?«

»Er« – er zeigte auf mich – »dieser Mensch gibt ein Konzert für Eichmann!«

Beim Klang seines Namens schien der Gefangene noch kleiner zu werden.

»Schau«, wollte ich David besänftigen, »ich habe mir etwas dabei gedacht. Ich ...«

»Mein Gott, der Sabbatwein! Er hat ihm den Sabbatwein gegeben!« ächzte David und zeigte darauf. Er griff nach der Flasche und wiegte sie in den Armen.

»Mein Gott!« echote Rosa. »Wie kann man nur so tief sinken?«

»Dafür wirst du bezahlen«, sagte David vor Zorn zitternd. »Ich sorge dafür, daß es eine offizielle Untersuchung gibt.«

»Willst du mir denn nicht zuhören?« Ich hielt die Erklärung hoch. »Er hat sie unterschrieben. Er hat sich bereit erklärt, nach Jerusalem zu kommen.«

Die Ankündigung machte weniger Eindruck, als ich angenommen hatte.

»Was hattest du denn überhaupt damit zu tun?« Das war Jack, so wütend wie die anderen. »Wir haben Befehl, nicht einmal mit ihm zu sprechen. Wer bist du denn, daß du nicht gehorchst?«

Uzi nahm mir das Papier aus der Hand und musterte es.

»Gut«, gab ich zu, »vielleicht war es ein Fehler. Aber es war kein Fest. Es kam mir nur sinnvoll vor.«

»Mach dir nichts draus«, sagte Meir. Er legte mir beschützend den Arm um die Schulter. »Geh zu Bett. Es ist sowieso gleich Zeit, daß ich dich ablöse.«

Ich schaute auf die Uhr und sah, daß er recht hatte. Es war kurz vor drei Uhr morgens.

»In Ordnung«, stimmte Uzi zu, »es ist für alle Zeit, wieder schlafen zu gehen. Wir kümmern uns morgen früh darum.«

Er scheuchte uns alle aus dem Zimmer, packte mich aber kurz am Ellbogen: »Gute Arbeit«, flüsterte er. »Ich hätte es genauso gemacht.«

Als ich in mein Zimmer kam, lag Rosa im Bett, der Wand zugekehrt, und weigerte sich, auch nur meine Anwesenheit zur Kenntnis zu nehmen. Langsam machte ich mich im Licht einer kleinen Nachttischlampe bettfertig.

»Was habe ich denn getan?« fragte ich. »Sind ein bißchen Wein und Musik so wichtig?«

»Ich will nicht mit dir reden«, zischte sie. »Der Wein war für den Sabbat!«

»Wenn er mir gesagt hätte, wo Mengele ist, würdest du dich dann aufregen?«

Sie drehte sich zu mir um. »Mit dir stimmt etwas nicht. Du bist verrückt. Du benimmst dich, als ob du in ihn verliebt wärst.«

»Es ist kalt«, sagte ich und stieg ins Bett. »Ich habe auch keine Lust, mit dir zu reden. Gute Nacht.«

Sie sagte nichts. Ich lag zehn Minuten lang da. Tausende von Kilometern von meinen Lieben entfernt, von jeder menschlichen Beziehung, war ich mir noch nie so entsetzlich einsam vorgekommen.

Schließlich stand ich auf und ging durchs Zimmer. »Kannst du ein Stück hinüberrutschen?« fragte ich leise.

Einander umarmend schliefen wir ein, hielten uns fest, als gälte es das liebe Leben.

Isser kam am nächsten Tag genau wie geplant, um 10.00 Uhr, begleitet von Aharon. Die Atmosphäre in der Villa blieb gespannt. David und ich hatten den ganzen Morgen kein Wort gewechselt.

»Werfen wir einen Blick auf den Gefangenen«, befahl der Alte.

Uzi und ich führten ihn in Eichmanns Zimmer. Jack, der Wache hatte, stand bei seinem Anblick auf. Der Alte starrte die Gestalt mit den verbundenen Augen an, die unruhig auf dem

Bett döste, dann drehte er sich um und ging ins Wohnzimmer zurück.

Jetzt gab ihm Uzi die unterschriebene Erklärung. Als er sie musterte, machte er große Augen, angenehm überrascht. »Wie ist es dazu gekommen?«

»Peter hat sie bekommen.«

Er wandte sich mir zu und lächelte. »Gut. Ausgezeichnete Arbeit. Das ist entscheidend wichtig.«

Keiner der anderen, die im Zimmer versammelt waren, sagte ein Wort.

»Was ist mit Mengele? Hast du ihn noch einmal nach Mengele gefragt?«

Ich nickte. »Er wollte kein Wort sagen. Ich glaube ehrlich, daß er sich lieber umbringen ließe.«

Isser gab dann einen kurzen Bericht über den Stand der Vorbereitungen für die Flucht. Auf dem Flughafen entwickelte sich alles bestens. Das Flugzeug war in einem ausgezeichneten Zustand. Obwohl der größte Teil der Besatzung keine Ahnung hatte, was geplant war, folgten sie den ausgegebenen Anweisungen bis aufs I-Tüpfelchen, gingen zu jeder Tages- und Nachtzeit an den Argentiniern, die das Flugzeug bewachten, so vorbei, als hätten sie in der Stadt zuviel gefeiert, oft heiser grölend.

Wider Willen mußte ich grinsen. Niemand, den ich in Israel kannte, wäre auf einen solchen Trick auch nur einen Augenblick lang hereingefallen. Im allgemeinen sind Juden mäßige Trinker. In manchen Familien bleibt eine Flasche Likör zur Abrundung des Essens, die für Gäste gekauft worden ist, jahrzehntelang unberührt. Der Gedanke, daß die gesamte Besatzung eines wichtigen El-Al-Flugs beduselt herumtaumelte, kam mir komisch vor.

Gott sei Dank wußten die Argentinier über uns genauso wenig wie wir über sie.

Jetzt schaute Isser sich im Zimmer um, musterte der Reihe

nach unsere Gesichter. »Ich weiß, was ihr alle durchgemacht habt. Jetzt müßt ihr nur noch zwei Tage länger aushalten.« Er nahm Uzi ins Visier. »Ich möchte, daß die Sicherheitsvorkehrungen verstärkt werden. Das wird der nervenaufreibendste Teil, der letzte Akt. Ich habe das Gefühl, daß sie uns auf der Spur sind.«

Er stand auf, zog seinen Mantel an.

»Was ist mit Eichmanns Familie?« meldete sich Uzi plötzlich zu Wort.

»Was meinst du damit?«

»Was wird aus ihnen?«

»Wenn die Zeit kommt, bekommen sie bestimmt die Erlaubnis, ihn in Jerusalem zu besuchen.«

»Ich meine, wer wird für sie sorgen?« Er stand ebenfalls auf. Obwohl er auch klein war, überragte er Isser. »Sie haben keine andere Einkommensquelle. Ich meine, der Staat Israel müßte ihnen helfen.«

Das Gesicht des Alten lief rot an. »Das ist ungeheuerlich. Es gibt kein einziges Gesetz, das so etwas vorsieht. Niemand sorgt für die Familie eines gewöhnlichen Kriminellen, der ins Gefängnis kommt. Das Familienoberhaupt sollte darüber nachdenken, ehe es ein Verbrechen begeht.« Er machte eine Pause, dachte darüber nach und wurde mit jeder Sekunde zorniger. »Glaub ja nicht, daß Eichmanns Familie keine Ahnung von dem hatte, was er getan hat!«

Das Thema war abgeschlossen. Er ging zur Tür und warf sie hinter sich zu.

Isser hatte natürlich recht. Wir schuldeten Eichmann nichts, gaben ihm sogar schon mehr, als er verdient hatte.

Trotzdem hat Uzi mich nie stärker beeindruckt. Er verstand besser als wir alle, worum es in dieser Angelegenheit ging: das Bedürfnis, an der eigenen Menschlichkeit auch dann festzuhalten, wenn überall auf der Welt andere die ihre fahrenlassen.

23. Kapitel Die Flucht

Mindestens einen Tag lang wußte Eichmann schon, daß etwas im Gange war. Selbst wenn er nichts sehen konnte, spürte er Umschwünge in der Atmosphäre, und es war nicht schwer, etwas von der verstärkten Aktivität in der Villa mitzubekommen.

Die Vordertür ging viel häufiger auf und zu, als je nach seiner Ankunft, weil David und Rosa, einzeln oder als Paar, immer wieder durch die Nachbarschaft gingen und nach verdächtigen Anzeichen Ausschau hielten. Einer seiner Wächter, Meir, war wieder mit dem Zustand der Autos beschäftigt und ganz verschwunden. Wir anderen waren spürbar nervös, sogar der unerschütterliche Dr. Klein.

Als Klein in Eichmanns Zimmer kam, um die allabendliche Untersuchung durchzuführen, war es Eichmanns Aufmerksamkeit nicht entgangen, daß der gesprächige Arzt dieses Mal seiner Arbeit wortlos nachging.

Ich verstand, wie Klein zumute war. Jetzt war sein Augenblick gekommen, sein Können stand im Mittelpunkt. Er sollte den Gefangenen so lange außer Gefecht setzen, bis er im Flugzeug war, offenbar eine heikle Prozedur. Eine zu niedrige Dosis von dem Betäubungsmittel, und Eichmann hätte zweifellos vor den Augen des Sicherheitspersonals Alarm geschlagen. Zuviel, und sein Gesundheitszustand hätte so bedenklich gewirkt, daß jemand Zweifel daran hätte äußern können, er sei einer derart anstrengenden Reise gewachsen, trotz der Bescheinigung vom hiesigen Krankenhaus.

Als ich Uzi in der Morgendämmerung des 20. Mai ablöste, war Eichman hellwach. Er hatte sogar noch weniger geschlafen als wir anderen. Ich tat das übliche, führte ihn zur Toilette, rasierte ihn vor dem Spiegel, führte ihn zur Gymnastik auf die Veranda. Ich half ihm bei den tiefen Kniebeugen, hielt seine ausgestreckten Hände, als er mitten in der Bewegung anhielt. »Werden Sie mich heute töten?«

»Nein, wir werden Sie nicht töten.« Ich machte eine Pause. »Heute werden Sie nach Jerusalem gebracht.«

Ich spürte den Schauder förmlich, der ihn durchlief. Aber fast sofort riß er sich zusammen, ganz der gute Soldat. »Ja«, sagte er mit einem knappen Nicken.

Dann: »Kommen Sie mit?«

»Nein. Nachher schminke ich Ihnen das Gesicht.«

Es war nicht unbedingt nötig; er sollte erst um neun Uhr abends zum Flughafen gebracht werden. Aber ich hatte nichts anderes zu tun, und weil ich wie alle anderen von der Möglichkeit besessen war, im letzten Augenblick könne etwas schiefgehen, hatte ich das Gefühl, daß wir eine Kostümprobe brauchten. Adolf Eichmann wurde in die Welt hinaus geschickt. Keine Vorbereitung war da übertrieben.

Eine Stunde später hatte er ein Handtuch um den Hals, und ich war bei der Arbeit: ich tönte das Haar grauer, betonte die Gesichtsfalten und die Tränensäcke unter den Augen, klebte den zottigen Schnurrbart fest. Dann kam die Uniform, das gestärkte weiße Hemd und die Krawatte, die blaue Jacke und die Hosen, die frisch geputzten Schuhe und schließlich die Mütze.

Nur trug sie dieses Mal, als ich ihn zum Spiegel führte, das Abzeichen der El Al mit dem blauen Davidsstern in der Mitte.

Als er ihn sah, zuckte er zurück. »Oh«, sagte er leise, »ich verstehe.«

»Sie gehören zur El-Al-Besatzung.«

Er starrte immer noch in den Spiegel, deutlich erschüttert. »Sie haben schöne Uniformen.«

»Sie erkennen den Stern?« provozierte ich ihn, unfähig, mich zurückzuhalten.

»Ja.« Er nickte. »Selbstverständlich.«

Ich führte ihn zum Bett zurück, zog ihm die Uniform aus und entfernte die Schminke. »Ich möchte, daß Sie sich ausruhen«, sagte ich. »Es wird ein langer Tag.«

Selbst nach den Maßstäben, an die wir uns gewöhnt hatten, schleppten sich die folgenden Stunden endlos hin. Wir spielten eine Partie Schach nach der anderen. Wir lasen Zeitschriften, die wir schon fünf-, sechsmal gelesen hatten. Als David mich am Nachmittag bat, in sein Zimmer zu kommen, und sich entschuldigte, mir sogar die Flamencoplatte als Andenken schenkte, war meine Dankbarkeit echt, aber noch dankbarer war ich für die Ablenkung. David blieb sich bis zum Schluß treu. In seinem Zimmer servierte er den besten Cognac, der hier zu kriegen war. In den Koffern, die offen auf seinem Bett lagen, sah ich Seidenhemden und maßgeschneiderte Anzüge. Das Gefühl drängte sich mir auf, er sei über das bevorstehende Ende des Auftrags so wehmütig wie wir anderen dankbar.

Nur Eichmann schien diese Stunden gut zu nutzen. Als ich am späten Nachmittag in sein Zimmer zurückkam, um ihn nun endgültig auf die Reise vorzubereiten, verblüffte mich die Änderung in seinem Verhalten. Er war ruhiger, als ich ihn je gesehen hatte, schien offenbar seinen Frieden mit dem gemacht zu haben, was ihm bevorstand.

Um 19.30 Uhr war er wieder geschminkt. Ich setzte ihm die Sonnenbrille auf – selbst nachts hätte ein alter Mann, der versuchte, sich von einer letzten Sauftour in der Stadt zu erholen, wenig Wert auf helles Licht gelegt – und erlaubte ihm einen letzten Blick in den Spiegel. Er rückte die Mütze leicht zurecht, dann wandte er sich mir zu.

»Danke. Sie haben sich mir gegenüber äußerst korrekt verhalten. Ich danke Ihnen.«

Ich antwortete nur mit einem Nicken.

Jetzt war es Zeit für Dr. Klein. Er kam mit seiner Tasche herein und sagte Eichmann, er solle die Jacke ausziehen und den rechten Ärmel hochrollen. Er rieb ihm den Arm mit einem alkoholgetränkten Wattebausch ab.

Nun packte Eichmann doch die Panik. »Es ist nicht nötig, mir eine Spritze zu geben«, bettelte er. »Ich gebe keinen Laut von mir, das verspreche ich!«»

»Keine Sorge«, beruhigte ihn der Arzt, »das ist gar nichts, bloß etwas gegen Ihre Aufregung.«

»Nein, nein, nein. Ich bin nicht aufgeregt.«

»Bitte«, sagte ich. »Es muß sein. Wir haben Befehle.«

Das verstand er, und er schwieg.

Schnell führte der Arzt die Nadel ein, klebte sie fest und legte einen Verbindungsschlauch den Arm entlang. Klein, der den Kolben in der Hand hatte, konnte jetzt je nach Bedarf kleine Dosen des Betäubungsmittels verabreichen.

Zur Probe drückte er einmal darauf. Fast sofort nickte Eichmann ein. Dann, nicht einmal eine Sekunde später, kam er wieder zu sich. »Nein, nein«, sagte er mit schwerer Zunge. »Das ist nicht nötig.«

»Gut«, äußerte der Arzt und zog die eigene El-Al-Jacke an. »Bringen wir ihn zum Auto.«

Ich holte Uzi. Wir packten Eichmann unter den Achselhöhlen, stellten ihn mit vereinten Kräften auf die Beine und legten seine Arme um unsere Schultern. Er schlurfte vorwärts, leicht schwankend, aber im großen und ganzen aus eigener Kraft.

»Nein«, stammelte er mit dumpfer und schwerer Stimme, »ich bin in Ordnung. Ich kann selber gehen.«

Als wir ihn auf den Hof brachten, kam ihm zu Bewußtsein, daß er nicht recht zu dem Arzt und Jack paßte, der ebenfalls Uniform trug. »Ich sehe nicht richtig aus«, sagte er beunruhigt. »Ich muß die Jacke anziehen!«

Es war tatsächlich so, als ob er ein tiefsitzendes Interesse daran hätte, daß die Operation erfolgreich war.

Natürlich hatte er recht, was die Jacke anlangte. Sobald er zusammengesackt zwischen den anderen beiden auf dem Rücksitz saß, legte ihm Klein die Jacke sorgfältig um die Schultern.

Jetzt setzte sich Aharon hinter das Lenkrad, und Uzi stieg neben ihm ein.

»Keine Sorge«, sagte Eichmann mit schwerer Zunge, als ich die Hintertür zuwarf, »Sie können sich auf mich verlassen. Ich brauche keine Spritzen mehr.«

Der Motor wurde angelassen. Ich lief zum Tor, öffnete es, und einen Augenblick später bog das Auto in die ruhige Straße ein. Gleich darauf folgte ein zweiter Wagen, gefahren von Hans, neben dem Meir saß.

Rosa und ich waren jetzt allein und gingen ins Haus zurück. Plötzlich war alles still. Die Villa wirkte überraschend leer. Es gab viel zu tun – das Haus mußte in denselben Zustand versetzt werden, in dem es vor zehn Tagen gewesen war –, aber darum würden wir uns später kümmern.

Jetzt saßen wir nur da und warteten und machten uns nur selten die Mühe, etwas Konversation zu machen. Wir fragten uns beide das gleiche, stellten schweigend die gleichen Berechnungen an. Jetzt ist es 21.15 Uhr, sie sollten auf der Autobahn sein. Es ist 21.45 Uhr; sie sind fast da. Waren sie auf Straßensperren gestoßen? Was tat sich auf dem Flughafen? Zehn! Was spielte sich jetzt ab?

»Möchtest du etwas Sabbatwein?« fragte ich.

»Ja. Danke.«

Also schenkte ich ein, was Eichmann und ich in der Flasche übriggelassen hatten. Es war tatsächlich ein Freitagabend. Mit verzweifelter Munterkeit fingen wir an, Sabbatlieder zu singen.

Uzi und Aharon kamen erst um zwei Uhr morgens zurück. Ich brauchte nur einen Blick in Uzis Gesicht zu werfen, als er aus dem Auto stieg. »Sie sind gestartet?« fragte ich.

»Sie sind gestartet! Er ist unterwegs nach Israel!«

Sie waren nicht nur bester Dinge, sondern auch halb erfroren (auf dem Rückweg hatte die Autoheizung den Geist aufgegeben), aber sie konnten die Geschichte nicht schnell genug loswerden. Eichmann hatte überhaupt keine Schwierigkeiten gemacht. Entspannt durch das Medikament, hatte er sich auch weiterhin wie ein äußerst friedlicher Betrunkener benommen. Als sie am Flughafen ankamen, hatten die Wachen am Kontrollpunkt, als sie sahen, daß alle drei Fahrgäste auf dem Rücksitz offenbar einen Rausch ausschliefen, das Auto lachend durchgewinkt, ohne die Papiere zu überprüfen. Wieder mal ein paar betrunkene Juden. Das Auto fuhr so nahe wie möglich an das Flugzeug heran. Als es Zeit war, an Bord zu gehen, umringten die echten Besatzungsmitglieder die falschen und halfen dem Arzt und Jack, Eichmann ins Flugzeug zu bringen.

Eichmann, nur halb bei Bewußtsein, wurde auf den vordersten Fensterplatz auf der linken Seite der Ersten Klasse gesetzt. Der Arzt saß auf dem Platz am Gang neben ihm. Die anderen sechs Erster-Klasse-Plätze wurden sofort von uniformierten, echten Besatzungsmitgliedern eingenommen, die Befehl hatten, sich schlafend zu stellen. Die Lichter in der Ersten Klasse wurden gelöscht und erst wieder eingeschaltet, als das Flugzeug in der Luft war.

Vorsichtshalber wurde Recife dieses Mal nicht angeflogen. Das Flugzeug steuerte einen schwierigeren Kurs, direkt über den Südatlantik nach Dakar in Senegal. Darüber hinaus war die Startzeit mit zwei Uhr morgens angegeben worden, zwei Stunden nach dem tatsächlichen Abheben.

Es stellte sich heraus, daß das von entscheidender Wichtigkeit gewesen war. Eichmanns Sohn Nicolas äußerte später, die Familie habe sich nach erschöpfenden Nachfragen in den Leichenschauhäusern und Krankenhäusern am Ort die Wahrheit zusammengereimt, und dreihundert einheimische Faschisten hätten sich an der verzweifelten Suche nach Eichmann beteiligt. Schließlich sei jemandem das Flugzeug eingefallen, das die israelische Delegation nach Buenos Aires gebracht hatte. »Wir sind etwa eine halbe Stunde zu spät darauf gekommen«, sagte Eichmann junior. »Wenn wir es etwas früher gewußt hätten, dann hätten wir den Start des Flugzeugs verhindern können.«

Vielleicht war das um der dramatischen Wirkung willen übertrieben oder völlig frei erfunden. Aber als ich es hörte, lange danach, erschauerte ich. Genau das hatten wir die ganze Zeit befürchtet!

»Wissen die anderen an Bord, wer er ist?« fragte ich.

Uzi schaute auf die Uhr. »Inzwischen ja. Sie sollten es erfahren, sobald das Flugzeug den argentinischen Luftraum verlassen hatte.«

Wir sollten bald erfahren, daß diese Enthüllung zu einer tief bewegenden Szene geführt hatte. In der Aufregung nach der Bekanntgabe sonderte sich ein Besatzungsmitglied, der Chefmechaniker der El Al, von den anderen ab und erlitt einen stummen Nervenzusammenbruch. Er war in Polen geboren, hatte die Lager überlebt und die Erfahrung nie verwunden. Vor allem quälte ihn die Erinnerung daran, daß er hilflos dabeigestanden hatte, als ein SS-Mann seinen geliebten sechsjährigen Bruder, der schrie und weinte, in den Tod schleppte. Als er endlich die Selbstbeherrschung zurückgewann, bekam er die Erlaubnis, sich den Gefangenen aus der Nähe anzuschauen. Eichmann, der jetzt wach war, aber hinter der dunklen Brille nichts sehen konnte, spürte den Umschwung in der Atmosphäre. Während er nun unruhig auf dem Sitz herumrutschte, wurde der andere, anderthalb Meter von ihm entfernt, sichtlich ruhiger, ein Opfer, das plötzlich zum Ankläger geworden war und zum ersten Mal in seinem Erwachsenenleben ein gewisses Maß an Frieden fand.

Isser, Jack, der Arzt, Hans, David und Meir saßen im Flugzeug. Wir restlichen fünf Mitglieder des Teams waren noch auf argentinischem Boden. Unsere Anweisung war jetzt, aufzuräumen und das Land so schnell wie möglich zu verlassen.

Früh am nächsten Morgen machten wir uns an die Arbeit. Ein halbes Dutzend Autos mußten zurückgegeben, das Haus in Ordnung gebracht, die Verstecke abgebaut, die Decken von den Fenstern entfernt und Nagellöcher zugegipst werden. Wir fünf brauchten fast den ganzen Tag dazu.

Danny und Rosa fuhren am frühen Abend ab. Sie nahmen ein Flugzeug nach Montevideo in Uruguay. Wie sie von dort aus nach Hause kamen, war ihre Sache. Aber sie hatten noch Glück gehabt. Für Uzi, Aharon und mich waren keine Vorkehrungen für die Ausreise getroffen worden. Wegen der Jahrestagsfeierlichkeiten bekamen wir keinen Flug. Statt dessen saßen wir schließlich in einem Zug nach Santiago in Chile; es war eine strapaziöse, dreißigstündige Fahrt durch die Anden. Als wir mitten in der Nacht ankamen, fanden wir mit Glück ein schäbiges Hotelzimmer. Aber am nächsten Morgen stellten wir fest, daß wir auch von Santiago aus mindestens eine Woche lang keinen Flug bekamen.

Wir kannten die Stadt nicht und wußten nicht, was wir machen sollten; deshalb nahmen wir Kontakt mit dem einzigen

Menschen auf, den einer von uns in dieser Gegend kannte, einer jungen Israeli, in die Uzi einmal verliebt gewesen war, und die in Santiago als Übersetzerin arbeitete. Sie war fast genauso glücklich wie wir über das Treffen und machte sich sofort daran, uns die Stadt zu zeigen. Weil wir uns als Touristen ausgaben, konnten wir sie schlecht abwimmeln.

Den ganzen Tag und einen großen Teil des nächsten schleppte sie uns zu Sehenswürdigkeiten, Kirchen und Plätzen und spanischen Haciendas, Museen und Ruinen und noch mehr Kirchen. Die Frau war so versessen darauf, uns alles zu zeigen, daß Aharon eine verwickelte Geschichte erfinden mußte, damit er eine Stunde entkommen und ein verschlüsseltes Telegramm über unseren Verbleib nach Hause schicken konnte.

Als wir am Ende des zweiten Tages mit dem Bus zum Hotel zurückfuhren, fiel mein Blick auf einen Mann am Gang gegenüber, der die Abendzeitung las. Sie trug die fetteste, schwärzeste Schlagzeile, die ich je gesehen hatte. Ein Wort sprang mir entgegen: **EICHMANN**.

Gleich nach dem Aussteigen kauften wir alle Zeitungen, die wir auftreiben konnten. Uzis Freundin, die vor Aufregung außer sich war, las uns die ungeheure Nachricht vor: Israelische Agenten hatten Adolf Eichmann gefangengenommen und heimlich nach Israel gebracht! Ministerpräsident David Ben Gurion hatte es vor einer fassungslosen Knesset verkündet. In Israel herrschte Jubel auf den Straßen.

Wir standen dabei und lächelten blöd. Unsere geheuchelte Freude kam der unserer Begleiterin nicht gleich. Wir hatten gemischte Gefühle. Uns war versichert worden, die Erklärung werde erst abgegeben, wenn alle Mitglieder des Teams in Sicherheit seien.

»Wo?« fragte ich. »Steht drin, wo sie ihn gefaßt haben?«

»Nein. Es gibt Spekulationen über Kuwait. Und über Argentinien.« Sie grinste. »Wer weiß? Vielleicht habt ihr ihn geschnappt.«

Wir hatten vage Pläne gemacht, am nächsten Morgen nach Valparaiso zu fahren. Zum Teufel, dachten wir uns, wenn wir schon festsitzen, dann möchten wir auch etwas von Südamerika sehen. Aber am selben Abend verwüstete ein Erdbeben den größten Teil von Südchile. Wir mußten also noch etliche Tage in Santiago verbringen, bevor wir endlich drei Flugtickets bekamen, zwei nach Montevideo, eins nach Rio.

Aharon und ich nahmen die nach Montevideo. Wir hatten aber nicht gewußt, daß dieses Flugzeug in Buenos Aires zwischenlanden würde. Der sonst so gelassene Aharon, der an dem Abend, an dem Eichmann hinausgeschmuggelt wurde, mit der israelischen Delegation gesehen worden war, blieb die ganzen Eineinviertelstunden, die wir am Boden verbrachten, ein Wrack, weigerte sich nicht nur, seinen Platz zu verlassen, sondern senkte keinen Augenblick lang die Zeitung, die er zu lesen vorgab. Aber das Flugzeug startete ohne Zwischenfall.

In Montevideo bekamen wir einen Flug nach Rio, wo wir zwei Tage später einen Flug nach Paris buchen konnten. Von dort aus ging es endlich mit der Air France nach Hause. Seit dem Abschluß des Auftrags waren fast drei Wochen vergangen.

24. Kapitel Nach der Rückkehr

Bei unserer Rückkehr war Israel immer noch aufgewühlt. Die Reaktion auf die Gefangennahme hatte selbst meine wildesten Phantasien bei weitem übertroffen. Sie beherrschte die Schlagzeilen, den Rundfunk, die Gespräche. Überall hingen Fahnen. Wir haben zurückgeschlagen! lautete das unausgesprochene Leitmotiv. Zum ersten Mal seit den Tagen des Alten Testaments sind wir in gerechtem Zorn aufgestanden!

Als ich am ersten Sabbat nach meiner Rückkehr in der Wohnung meiner Mutter mit ihr und meinem Bruder feierte, erklärte Yechiel kategorisch, das sei das Beste, was den Juden je widerfahren sei. »Wenn ich nur dabeigewesen wäre«, sagte er. »Ich würde meinen rechten Arm dafür geben, wenn ich einer dieser Männer gewesen wäre.«

Ich stellte mich natürlich dumm. Weil ich die ganze Zeit in Paris gewesen sei, wisse ich nicht alle Einzelheiten.

»Was«, sagte meine Mutter und musterte mich gründlich, »sie haben keine Zeitungen in Paris?«

»Mama, dort ist das keine ganz so große Geschichte.«

Sie beugte sich vor. »Wo warst du wirklich?«

»Hör mal, hast du denn meine Briefe nicht bekommen?«

»Doch. Sie waren wie alle deine Briefe. Sie hätten letztes Jahr oder morgen geschrieben sein können.« Sie machte eine Pause. »Sag mir die Wahrheit, hattest du etwas damit zu tun?«

Einen Sekundenbruchteil lang hatte ich das überwältigende Verlangen, es ihnen zu sagen.

Aber nein, es kam nicht in Frage.

»Bitte, Mama«, sagte ich. »Es reicht. Ich war in Paris.«

Sie nickte. »Wenn du dort nicht dabei warst, ist es ein Jammer, daß du nicht hier warst.« Und gemeinsam redeten sie endlos über alles, was sich in Israel seit der Gefangennahme abgespielt und was ich verpaßt hatte, staunten vor allem über die Tüchtigkeit von Isser Harel, der zusammen mit Ben Gurion einen seiner seltenen öffentlichen Auftritte in der Knesset gehabt und die Dankbarkeit der Nation entgegengenommen hatte.

Als ich Gila erreichte, war ihr Verdacht noch schärfer. »Wie war's in Südamerika?« fragte sie, sobald sie meine Stimme hörte.

»Ich war in Paris«, wehrte ich ab. »Ich erzähle dir beim Abendessen alles darüber.«

»Nein«, sagte sie befangen, »nein. Das ist keine gute Idee.« Sie sagte, sie habe ihr Leben eben erst wieder in den Griff bekommen; das letzte, was sie brauchen könne, sei, in ein emotionales Wechselbad zurückgeworfen zu werden.

Sie sagte nichts darüber, aber ich hatte den Eindruck, daß sie sich mit einem anderen traf.

Ich diskutierte nicht mit ihr; das war nie meine Art gewesen. Aber sie wußte nicht, wie sehr ich mich in der Zeit, in der wir getrennt gewesen waren, verändert hatte. Wenn sie bereit gewesen wäre, sich mit mir zu treffen, hätte ich sie vermutlich gefragt, ob sie mich heiraten wolle.

Die Gefangennahme löste ein noch heftigeres diplomatisches Gewitter aus, als wir erwartet hatten. Die anfängliche israelische Einstellung, aus Gründen der nationalen Sicherheit würden keinerlei Einzelheiten über den Fall veröffentlicht, hatte zu erstaunlichen Spekulationen geführt. Presseberichte ließen die Operation überall stattfinden, von Deutschland bis Kuwait. Eine Wiener Zeitung meldete, Eichmann sei in einem U-Boot nach Israel gebracht worden; eine Kairoer Tageszeitung verfügte über Informationen, Kommunisten hätten ihn im Irak aufgespürt. Die vielgerühmte *New York Times* berichtete, »eine seiner vielen Geliebten soll isarelische Agenten auf seine Spur gebracht haben«.

Zweiundsiebzig Stunden nach Ben Gurions Auftritt vor der Knesset meldete jedoch eine argentinische Mittagszeitung, die sich auf Informationen aus Kreisen der argentinischen Regierung und des Militärs berief, denen Eichmanns Anwesenheit im Land bekannt gewesen war, er sei in Buenos Aires entführt worden.

In einem Land, in dem Emotionen und Machogehabe seit langem den öffentlichen Diskussionen ihren Stempel aufdrükken, war die Enthüllung ein nationaler Skandal. Die Zeitungen wetteiferten miteinander in der Schärfe, mit der sie verurteilten, was nach Meinung aller ein eindeutiger Verstoß gegen das Völkerrecht und die argentinische Souveränität war. Politiker aus dem gesamten politischen Spektrum Argentiniens forderten die Aufklärung der Tatsachen und sprachen unheilverkündend von Sanktionen gegen Israel.

Eine Zeitlang hielt Israel das diskrete Schweigen aufrecht, in der Hoffnung, den Schaden in den Beziehungen zu einer befreundeten Regierung zu begrenzen. Aber in der ersten Juniwoche, als der argentinische Außenminister Diogenes Taboada den israelischen Botschafter Aryeh Levavi öffentlich aufforderte, zu allen Vorwürfen Stellung zu nehmen, war Israel zu einer Kursänderung gezwungen. Levavi legte bald darauf eine sorgfältig formulierte und alles andere als überzeugende Stellungnahme vor: Der Verbrecher sei von »Freiwilligen« in Argentinien aufgespürt worden und habe sich bereit erklärt, in

Israel vor Gericht gestellt zu werden. Als Beweis wurde Eichmanns handschriftliche Erklärung herangezogen.

Statt die Krise zu entschärfen, spitzte diese israelische Reaktion sie nur noch mehr zu. Am 8. Juni forderte die argentinische Regierung unter dem wachsenden Druck der Rechten Eichmanns sofortige Rückkehr und die Bestrafung derjenigen, die für die Entführung verantwortlich waren. Ministerpräsident Ben Gurion war schockiert über die Forderungen und schrieb dem argentinischen Präsidenten Arturo Frondizi einen langen persönlichen Brief, in dem er zu erklären versuchte, was er für offensichtlich hielt: daß Eichmann für Israel ein Sonderfall sei. Es sei nicht die Absicht gewesen, Argentinien zu schaden, schrieb er, und falls das doch der Fall gewesen sei, bedauere er es zutiefst. Aber »sechs Millionen unseres Volks sind ermordet worden... und es war Eichmann, der diesen Massenmord organisierte, in einem gigantischen und in ganz Europa noch nie dagewesenen Rahmen«.

Die argentinische Reaktion war eisig: der israelische Botschafter wurde ausgewiesen und im Sicherheitsrat der Vereinten Nationen eine Resolution zur Verurteilung Israels eingebracht. In ihr wurde festgestellt, daß »die widerrechtliche Überstellung Adolf Eichmanns von Argentinien nach Israel eine Atmosphäre der Unsicherheit und des Mißtrauens geschaffen hat, die unvereinbar mit der Wahrung des Völkerrechts ist«.

Die meisten anderen Nationen waren dieser Meinung, zumindest offiziell. Zwei Tage lang wurde heftig über die Resolution debattiert. Israel war vertreten durch Außenministerin Golda Meir, Argentinien unter anderen durch Dr. Mario Amadeo, der, wie kurz darauf herauskam, vom amerikanischen Außenministerium als früherer »bewährter SS-Kollaborateur« eingestuft worden war. Schließlich wurde die Resolution mit 8:0 verabschiedet; die Vereinigten Staaten, Großbritannien und Frankreich stimmten dafür, die Sowjetunion enthielt sich der Stimme.

Aber die UN-Resolution wurde weithin als das Mittel zur Wahrung des Gesichts gesehen, das sie war. Am 3. August veröffentlichten Israel und Argentinien eine gemeinsame Erklärung, in der festgestellt wurde, die Sache sei abgeschlossen.

In Wahrheit war den israelischen Vertretern in den Hauptstädten der Welt gleich nach der Bekanntgabe der Gefangennahme im privaten Kreis gratuliert worden. In einer von Realpolitik beherrschten Welt verkannten nur wenige, daß die israelische Aktion von zwingendem nationalen und moralischen Interesse gewesen war. Viele schauten jetzt sogar zu uns als dem Gewissen der Welt auf.

Was Österreich und Deutschland anlangte, die durch die wiederbelebte Aufmerksamkeit auf die Nazivergangenheit am meisten zu verlieren hatten, gaben sie sich alle Mühe, nicht einmal den Anschein von Kritik an der israelischen Aktion zu zeigen. Der österreichische Innenminister gab bekannt, Eichmanns Vater habe zwar die österreichische Staatsangehörigkeit erlangt, aber sie sei nie auf den Sohn übertragen worden. Bundeskanzler Konrad Adenauer behauptete im Fernsehen, es gebe keinerlei nationalsozialistische Ideen mehr, sie »existieren nicht mehr im deutschen Volk«.

Selbst die erwartete weltweite Welle von Antisemitismus – Gerüchte über Pläne von Neonazis, sich an den jüdischen Gemeinden in Lateinamerika zu rächen, die Zeitungsberichte über mögliche Vergeltungsmaßnahmen gegen Israel – war ganz anders als alles, was wir je zuvor erlebt hatten. Sie war vorsichtiger, mit viel mehr Respekt. Nicolas Eichmann gab später in einem Artikel in der Illustrierten *Quick* zu, nach der Gefangennahme seien »Nazifreunde meines Vaters einfach verschwunden. Die meisten gingen sicherheitshalber nach Uruguay. Wir haben nie wieder etwas von ihnen gehört.« Es hatte sich gezeigt, daß kein Exnazi irgendwo auf der Welt sicher war. Fünfzehn Jahre nach dem Krieg hatten sie vor uns Angst.

Das war eine unerwartete und hochwillkommene Nachwirkung der Gefangennahme. An zu vielen Orten überall auf der Welt nahmen die Juden, was auch heute noch gilt, den Antisemitismus in ihrer Umgebung schweigend hin, nach Generationen der Fügsamkeit daran gewöhnt, daß ihr Status kein normaler ist. Ich habe bei Aufträgen im Ausland zahllose Menschen erlebt, die in derselben Angst lebten wie meine Eltern vor dem Krieg in Polen, oft nicht einmal wollten, daß man sie jiddisch oder hebräisch sprechen hörte. Daß die Operation diesen Menschen mehr Mut und Selbstachtung gab, bleibt eine Quelle ungeheuren Stolzes.

Aber während ich früher nach einem solchen Auftrag nichts als Stolz empfunden hätte, erfüllten mich die Lektionen, die ich diesmal gelernt hatte, mit Sorge; die wichtigste war, daß Selbstsicherheit, die sich nur aus Stärke speist, außerordentlich gefährlich ist; daß die Ausübung von Macht ohne eine klare Vorstellung der übergeordneten Ideale immer die Gefahr mit sich bringt, das zu werden, was man angeblich verabscheut. Diese Erkenntnis hat in den Jahren seither mein Weltbild geprägt. Charakter ist in erster Linie eine Frage der Wachsamkeit. Auf kleine Weise werden wir alle ständig auf die Probe gestellt, und wir haben es verdient, daran gemessen zu werden, wie wir reagieren.

Danach kam es mehr als einmal vor, daß ich im Verlauf eines normalen Tages – in einem Büro, einem Laden, einem Restaurant – jemanden beobachtete und plötzlich dachte: Dieser Kerl ist ein kleiner Eichmann, er genießt dasselbe Gefühl absoluter Macht über andere.

Nicht lange nach meiner Rückkehr bekam ich den Auftrag, den größten Teil eines Nachmittags mit einem solchen Mann zu verbringen, dem Leiter einer großen Firma. Mir wurde eiskalt dabei, wie er Leute vor seinem Büro warten ließ, auch wenn er nichts zu tun hatte, wie er seine Angestellten demütigte, offenbar nur um der Befriedigung willen, zu sehen, wie sie sich duckten.

Anfangs störte es mich nicht, daß diejenigen von uns, die an der Operation Eichmann tatsächlich mitgearbeitet hatten, keine Anerkennung ernteten, nicht einmal, daß die israelischen Zeitungen ständig »Exklusivberichte« und »Geheimtagebücher« brachten, angeblich verfaßt von den Agenten, die ihn gefangengenommen hatten. Es reichte, daß wir bei der Arbeit voll anerkannt wurden, Sterne an einem verborgenen Firmament. Keiner von uns hatte es wegen des persönlichem Ruhms getan. Ich war der Meinung, daß Isser als Chef der Geheimdienste das Lob verdient hatte. Und, wie er selbst so überzeugend darlegte, jede Aufmerksamkeit, die wir auf uns zogen, gefährdete unsere Effektivität in der Zukunft.

Trotzdem kam es mir seltsam vor, als ich erfuhr, daß der Alte versucht hatte, einen Empfang hinter den Kulissen beim Ministerpräsidenten zu verhindern, bei dem unserem Team auf höchster Ebene dafür gedankt werden sollte, daß wir etwas Besonderes für unser Volk und unser Land geleistet hatten. Das Treffen kam schließlich nur durch die Intervention von Amos Manor, unserem internen Sicherheitschef, zustande.

Inzwischen, während die Vorbereitungen auf den Prozeß liefen, Ermittler in die Welt reisten, um mit Hunderten von Überlebenden der Nazigreuel zu sprechen, die mögliche Zeugen waren, und in den Archiven der Welt nach Dokumenten suchten, die ihre Aussagen in Verbindung mit dem Angeklagten brachten, wuchs die Neugier auf Eichmann noch. Überall hörte man Variationen der Fragen: Was für ein Mensch ist er? Wird er versuchen, das zu rechtfertigen, was er getan hat?

»Mein Gott«, meldete sich ein Angeber eines Abends bei einer Einladung zu Wort, »ich kann die Leute nicht verstehen, die so viele Tage mit ihm verbrachten. Die müssen doch aus Stein sein.«

»Das sind Profis«, erklärte ich. »Sie sind für solche Situationen ausgebildet.«

»Ich sage, wenn die Feuer im Leib hätten, dann wären sie nicht dazu fähig gewesen, sich davon abzuhalten, ihn umzubringen.«

»Ach, wirklich? Das glauben Sie tatsächlich?«

»Ich kenne etliche von diesen Leuten. Die sind Roboter.«

Es fiel mir schwer, ihm nicht zu beweisen, daß es Ausnahmen von seiner Regel gab. »Vielleicht sind die ein bißchen heller als Sie. Vielleicht war ihnen klar, daß die beste Rache darin besteht, ihn hierherzuschaffen.« Ich machte eine Pause. »Vielleicht haben sie begriffen, daß es dabei nicht nur um eine Gerechtigkeit à la Auge um Auge ging.«

Er schaute die Tischnachbarn mit einem dünnen Lächeln an. »Plötzlich«, sagte er sarkastisch, »ist jeder ein Fachmann.«

Der Prozeß dauerte über vier Monate. Dann folgten fast vier Monate, in denen sich das dreiköpfige Richtergremium beriet. Das Urteil wurde schließlich am 10. Dezember 1961 verkündet: schuldig in allen Anklagepunkten der Verbrechen gegen die Menschheit und das jüdische Volk. Eichmann saß steif da, während das Urteil verlesen wurde, und ließ sich nichts anmerken.

Nach meinem kurzen Besuch im Gerichtssaal hatte ich nie wieder versucht, Eichmann wiederzusehen. Vielleicht war das ein Charaktermangel meinerseits, ein Verrat an der Beziehung, die wir eingegangen waren. Uzi besuchte ihn nicht nur mehrmals im Ramle-Gefängnis, sondern war auch als Zeuge in der Todeskammer am 31. Mai 1962 dabei, als Eichmann gehängt wurde, der einzige Mensch im Staat Israel, der je hingerichtet wurde.

Er blieb bis zum Ende unbeugsam und wies einen protestantischen Pfarrer ab, der ihn zur Buße auffordern wollte. Er lehnte eine schwarze Binde ab und sprach seine letzten Worte auf deutsch: »... Es lebe Deutschland. Es lebe Argentinien. Es lebe Österreich. Das sind die drei Länder, mit denen ich am engsten verbunden war. Ich werde sie nicht vergessen.

Ich grüße meine Frau, meine Familie und meine Freunde. Ich mußte den Regeln des Kriegs und der Fahne gehorchen. Ich bin bereit.«

Eichmanns Überreste wurden zwei Stunden später an Bord eines israelischen Polizeischiffs verbrannt, und die Asche wurde außerhalb der israelischen Gewässer im Mittelmeer verstreut. Es sollte kein Grab geben, das Nazis zu einem Tempel machen konnten.

In der Nacht, in der Eichmann starb, schlief ich genauso gut wie sonst auch. Ich wollte mich nicht mehr mit ihm befassen. Ich war mit meinem eigenen Leben beschäftigt. Vier Monate nach meiner Rückkehr nach Israel hatte ich eine Frau wiedergesehen, die ich als junger Mann in Haifa flüchtig gekannt hatte. Bald war es uns ernst, auf eine Weise, die für mich neu und erstaunlich war. Als Eichmann starb, waren wir verheiratet.

Im Laufe der Zeit dachte ich noch gelegentlich an meine Rolle bei der Gefangennahme; es war etwas, worauf ich im beruflichen Sinn stolz war. Aber aus meinem täglichen Bewußtsein verschwand das alles bald. Es war nicht mehr als eine weitere Seite in einem dicken Sammelalbum. Trotzdem konnten Erinnerungen an diese Zeit schlagartig wiederkommen, wenn bestimmte Ereignisse das auslösten.

An einem Nachmittag bei der Arbeit, genau drei Jahre nach

dem Auftrag, bekam ich die niederschmetternde Nachricht, daß Danny an Herzversagen gestorben war. Er war erst fünfunddreißig. Keiner von uns hatte gewußt – er hatte es sorgfältig hinter seiner Fälscherwerkstatt versteckt, hatte sogar selbst die medizinischen Unterlagen darüber gefälscht –, daß er seit Jahren ein krankes Herz hatte. Plötzlich gab es eine Antwort auf das, was mir an der Operation ein Rätsel geblieben war: Dannys Verhalten an jenem Tag auf dem Flughafen.

Vier Jahre danach, im Frühling 1967, hatte ich einen Auftrag in Athen, als mich um Mitternacht ein Anruf von Aharon weckte.

»Deine Mutter ist krank«, sagte er mir. »Sie hat sich die Hüfte gebrochen und ist im Krankenhaus.«

Ich war alles, was ihr geblieben war. Yechiel war im Jahr davor gestorben.

»Ist es ernst?« fragte ich.

»Peter, in diesem Alter weiß man das nie.«

Ich raste zum Flughafen. Um diese Zeit gab es keine Linienflüge, aber ich entdeckte ein Frachtflugzeug von British Airways, das bald nach Jerusalem starten sollte, und erklärte dem Kapitän hastig die Lage. Er entschuldigte sich, war aber strikt: es war streng verboten, einen Passagier mitzunehmen, der keine Genehmigung hatte.

Ich war verzweifelt.

»Bitte«, sagte er, »versuchen Sie, mich zu verstehen. Ich könnte meine Zulassung verlieren.«

»Ich verspreche Ihnen, daß Sie keine Schwierigkeiten bekommen. Rufen Sie den Chef der El Al in Tel Aviv an. Rufen Sie den Assistenten des Ministerpräsidenten an. Sie bekommen alle Genehmigungen, die Sie brauchen.«

Er musterte mich mit offener Neugier, dann verschwand er und suchte nach einem Telefon. »Wer sind Sie?« fragte er, als er zurückkam.

»Jemand, der diese Leute kennt.«

Er nickte. »Steigen Sie ein.«

Auf dem Flughafen Lod wartete meine Frau auf mich, und wir rasten zum Krankenhaus. Es war kurz nach Tagesanbruch, Stunden vor der Besuchszeit, und sie wollten mich nicht hineinlassen. Ich zog mich nach draußen zurück, kletterte zum ersten Stock hinauf, stieg durch ein Flurfenster ein und machte ihr Zimmer ausfindig.

Ich wußte sofort, daß Aharon recht gehabt hatte. Sie lag im Sterben. Ihre Haut war verfärbt, und sie atmete schwer.

Ich kniete neben ihrem Bett und nahm ihre Hand. »Mama«, flüsterte ich. »Mama, ich bin's. Peter.«

Die alte Frau im Bett daneben wandte sich mir zu. »Sie sagt nichts«, sagte sie laut auf jiddisch.

»Mama, ich möchte dir etwas sagen. Ich habe gehalten, was ich versprochen habe. Ich habe Eichmann gefangengenommen.«

Keine Reaktion.

»Mama, Fruma ist gerächt worden. Es war ihr Bruder, der Adolf Eichmann gefangengenommen hat.«

Ich wiederholte es.

»Ruhe«, sagte die alte Frau. »Sie kann nichts hören.«

Aber plötzlich drückte ihre Hand die meine.

»Hast du verstanden, Mama? Ich habe Eichmann gefangengenommen.«

Jetzt waren ihre Augen offen. »Ja«, brachte sie flüsternd heraus. »Ich habe es verstanden.«

Fünfzehn Jahre lang war das das einzige Mal, daß ich gegen Issers Schweigegebot verstieß. Mein Sohn und meine Tochter, die Mitte der sechziger Jahre geboren wurden, hörten zu Hause nie den Namen Eichmann. Weil sie glaubten, daß ich als Regierungsangestellter arbeitete, waren sie verblüfft, als ihnen ein Schulkamerad in der Grundschule erzählte, ihr Vater habe dabei geholfen, den berüchtigtsten Nazi in der Nachkriegszeit zu entführen. Ich konnte nichts tun, als ihre Enttäuschung zur Kenntnis zu nehmen, als ich ihnen sagte, der Klassenkamerad habe sich geirrt.

Damals war es keine totale Überraschung, daß ein gescheiter Zehnjähriger die Wahrheit erraten hatte. Artikel waren erschienen, alle Beteiligten waren gewürdigt worden. Aber in diesem Punkt hatte meine Ausbildung glänzend funktioniert. Wenn die nationale Sicherheit auf dem Spiel stand, hielt man den Mund, verflucht noch mal.

Selbst als ich mich 1976 aus dem Geheimdienst zurückzog, blieb ich diesem Glaubensbekenntnis treu. Inzwischen wußten alle meine Freunde über meine Beteiligung Bescheid, und Isser hatte ein Buch über das Thema geschrieben. Aber der Befehl, den wir bekommen hatten, war offiziell nie aufgehoben worden.

Ironischerweise machte es dieses Festhalten an dem Befehl unendlich viel schwerer für mich, neue Arbeit zu finden. Nachdem ich meine Laufbahn beim Geheimdienst als Leiter der Abteilung für Operationen beendet hatte, mußte ich möglichen Arbeitgebern eine Lücke von siebenundzwanzig Jahren in meinem Lebenslauf erklären. Ich war in einem äußerst realen Sinn ein Opfer des eigenen Erfolgs. In meinem Geschäft werden nur die Fehlschläge bekannt.

Ich fühlte mich immer noch jung, merkte aber immer stärker, daß ich anderen nicht mehr so vorkam. Manchmal fiel es mir wider Willen schwer, die Fragen in Schach zu halten. War es das im Endeffekt wert gewesen?

Schließlich zog ich nach New York. Ich hatte die Stadt immer gemocht und es gab keinen Grund, es nicht zu tun. Ich wollte malen und schreiben.

So kam es, daß ich und ein israelischer Freund an einem eisigen Wintermorgen im Jahr 1981 dick eingepackt an der Third Avenue standen und nach einem Taxi Ausschau hielten. Wir hatten es eilig, auf den Flughafen La Guardia zu kommen. Wir wurden in Washington zu einer Konferenz über Flugsicherheit erwartet.

Endlich bekamen wir ein Taxi. Ich starrte mit leerem Kopf auf die Straßen von Manhattan hinaus. Mein Freund unterhielt sich mit dem Taxifahrer. Ich hörte einen vertrauten Akzent und warf einen Blick auf die Zulassung.

»Sind Sie Pole?« fragte ich auf englisch.

»Ja.«

»Jude?«

»Ja.«

»Woher sind Sie?« fragte ich und ging ins Jiddische über.

Er antwortete ebenso. »Aus einem kleinen Nest, von dem Sie noch nie etwas gehört haben.«

»Wie heißt es?«

»Ich hab's Ihnen doch gesagt, Sie haben noch nie etwas davon gehört.«

Ganz eindeutig ein polnischer Jude.

»Wie heißt es?«

Er wedelte entnervt mit der Hand. »Zolkiewka. Zufrieden?«

Ich war vom Donner gerührt. So etwas gibt es einfach nicht.

»Haben Sie«, fragte ich so ruhig, wie ich konnte, »zufällig eine Familie namens Milchman gekannt?« So hatten wir früher geheißen.

Eine lange Pause. »Wer sind Sie?«

»Das ist meine Familie. Ich heiße Peter.«

Er schaute mich im Spiegel an. »Klar, ich habe die Milchmans gekannt.«

Und dann sagte er der Reihe nach die Namen auf. Duorale, Chava, Reuven, Yilchak. Meine Eltern, meine Tanten und Onkel, alle. Er wußte sogar vage über mich Bescheid, einen der wenigen im Dorf, die entkommen waren.

Es war keine lange Fahrt; wir kamen schon in die Nähe der Triboro-Brücke. »Wissen Sie, was aus Fruma geworden ist?« fragte ich.

Er wußte es, und ausführlicher, als ich es wissen wollte.

An einem sonnigen Frühlingsmorgen 1941, anderthalb Jahre nach der Besetzung Polens durch die Deutschen, waren die Juden im Dorf von SS-Männern aus dem Bett geholt und auf dem Dorfplatz versammelt worden.

»Ich kenne den Platz«, sagte ich. »Bei der Pumpe.« Zu meinen frühesten Erinnerungen gehörte es, daß meine Mutter mir erlaubt hatte, ihr beim Bedienen des Schwengels zu helfen. Dort war Piatnik gestorben.

Er wandte den Kopf und schaute mich an. »Ja. Bei der Pumpe.«

Er sagte, die Kinder seien an jenem ersten Morgen mitgenommen worden. Sie wurden in ein kleines Lager außerhalb von Lublin gebracht. Später kam heraus, daß sie bei der Ankunft erschossen und in Massengräber geworfen worden waren. Die Frauen folgten ein paar Tage später und wurden ebenfalls sofort umgebracht. Er konnte sich nicht daran erinnern, daß er Fruma und ihre Kinder gesehen hatte, aber es gab keinen Zweifel daran, wann und wie sie gestorben waren. Seine Mutter und drei jüngere Geschwister waren zur selben Zeit gestorben.

Aus dem ganzen Stetl war nur eine Handvoll Männer vorübergehend verschont geblieben, darunter er. Sie wurden aus dem letzten Transport herausgeholt und statt dessen zur Zwangsarbeit nach Auschwitz gebracht.

Jetzt redete er wie automatisch gesteuert. Wie so viele Überlebende hatte er die Geschichte so oft erzählt, daß er sie fast ausdruckslos vortrug. Er sprach darüber, wie er von einem Lager ins andere verlegt worden war, was er gesehen und gehört hatte, über die unterschiedlichen Stadien des Leidens und der Erniedrigung. Einmal, sagte er, habe er Eichmann bei einer Inspektionsreise nach Auschwitz gesehen. Er erinnerte sich an seine Haltung, seine Arroganz, seine Ausstrahlung absoluter Macht.

»Sie haben vier Jahre in den Lagern überlebt?« fragte ich.

»Nein. Ich bin 1944 geflohen. Ich wurde in das Vernichtungslager Treblinka transportiert, und im Güterwagen war ein Brett locker. Ein paar von uns sind entkommen, und ich konnte mich den Partisanen anschließen.«

»Waren Sie je wieder in Zolkiewka?«

»Im Dorf selber nicht. Das habe ich nicht gewollt.« Er machte eine Pause. »Aber gegen Kriegsende kamen wir in das Lager, in dem meine Familie gestorben war. Es war verlassen, nur noch ein paar kleine Gebäude hinter Stacheldraht. In einem davon fand ich unter einem Bodenbrett eine Nachricht auf jiddisch, mit Holzkohle geschrieben: ›Wir wissen, daß wir sterben müssen. Wir legen unser Testament in Eure Hände. Rächt uns.‹ Drei Mädchen hatten es unterschrieben, mit ihrem Alter. Zwei waren elf, eine war zehn.«

Der Fahrer sagte eine Weile lang nichts mehr. Wir waren auf dem Grand Central Parkway und näherten uns dem Flughafen. »Jahrelang hat mich das belastet. Ich habe mich verantwortlich gefühlt. Aber was konnte ich tun? Ich war doch nur einer.« Er machte wieder eine Pause. »Erst als die Israelis Eichmann gefaßt haben, habe ich mich besser gefühlt. Ich hatte das Gefühl, daß diese Mädchen endlich doch noch gerächt worden sind. Die Opfer konnten nicht über ihn zu Gericht sitzen!«

Ich merkte, daß mein Freund mich scharf musterte. »Sag's ihm!« flüsterte er.

Ich schaute geradeaus und sagte nichts.

Als wir vor dem Eastern Shuttle am Straßenrand hielten, gab

ich meinem Freund einen Zwanzigdollarschein, stieg aus dem Taxi und ging auf den Terminal zu. Wir waren spät dran. Als ich mich umdrehte, saß er zu meiner Überraschung noch im Taxi und unterhielt sich angeregt mit dem Fahrer. Plötzlich zeigte er in meine Richtung.

Jetzt stieg er aus und winkte. »Peter, komm zurück. Er will mit dir reden.«

Ich schüttelte den Kopf. »Komm schon, wir verpassen das Flugzeug.«

»Er will das Geld nicht nehmen!«

»Ich will nicht mit ihm reden. Sag ihm, es tut mir leid.« Ich drehte mich um und ging weiter auf die Sperre zu.

»Bitte, Sir!«

Das war der Taxifahrer. Er stand jetzt am Straßenrand und winkte heftig, mit glitzernden Augen. »Bitte. Ist das wahr?«

»Ja«, rief ich zurück.

Einen Augenblick später, als ich innehielt, um auf meinen Freund zu warten, sah ich den Taxifahrer noch einmal. Er hatte sich nicht vom Fleck gerührt. Er stand am Straßenrand und starrte mir nach.

Nachwort

Ich werde oft gefragt: Könnte das wieder geschehen?

Fast immer möchte der Fragesteller beruhigt werden. Viele sind der Ansicht, daß diese Ereignisse so tief in das Gewissen der Menschheit eingegraben sind, daß etwas Derartiges nie wieder geschehen kann.

Aber schauen Sie sich um. Schauen Sie sich Kambodscha an. Schauen Sie sich Uganda an. Schauen sie sich auch Dinge an, die Ihrem Zuhause näher sind. Seit Jahrzehnten haben zahllose Nazis – nicht nur die Mengeles und Müllers, sondern ehemalige Lagerwochen und Mitglieder der Einsatzgruppen – in ihren Gemeinden gelebt, umgeben von Männern und Frauen, die genau wußten, wer sie waren und was sie getan hatten. Es ist schmerzlich, wie wenige von ihnen an die Öffentlichkeit gegangen sind, um sie der Gerechtigkeit zu überantworten. Daß heute der Holocaust auch schon mit Gleichgültigkeit betrachtet wird, man ihn als einen Teil der Geschichte zu den Akten legt, beweist, daß es den Nazis trotz ihrer Niederlage gelungen ist, die Menschheit abzustumpfen, was den Wert des menschlichen Lebens anlangt.

Das Böse existiert nicht in der Isolation. Es ist ein Produkt der mehrheitlichen Unmoral.

Könnte es wieder geschehen? Wer kann das sagen?

Ich weiß nur, daß das eine Frage ist, die zu stellen wir nie aufhören dürfen.

Danksagung

Viele Hände und Herzen waren an der Entstehung dieses Buches beteiligt. So standen uns Roni, Priscilla, Omer, Tamar und Adi immer zur Seite, und Saul und Robert Steinberg möchten wir für ihre ganz besondere Freundschaft danken. Auf die Großzügigkeit und das Verständnis von Uri Dan, Steve und Marina Kaufman, Professor Wolf Kirsh und Marie Kirsh konnten wir immer vertrauen, ebenso wie Howard und Judith Steinberg ständig für uns da waren.

Larry Kirshbaum und Jay Acton haben von Anfang an an dieses Projekt geglaubt, und bei Jamie Raab und Ellen Herrick konnten wir uns jederzeit Rat holen. Susan Suffes war eine außergewöhnlich aufmerksame, einfühlsame Lektorin, und Joshua Morgenthau, Sadie und Charlie Stein und Adam Zion verdanken wir zahlreiche Anregungen. Die Hilfe all dieser Personen ist für uns der lebende Beweis dafür, daß es trotz der Schrecken der Vergangenheit eine Zukunft gibt, an die wir glauben können.

Bibliographie

Arendt, Hannah: Eichmann in Jerusalem, New York 1963 (dt.: Eichmann in Jerusalem, München 1964).

Ashman, Charles/Wagman, Robert J.: The Nazi Hunters, New York 1988.

Conot, Robert E.: Justice at Nuremberg, New York 1947.

Dawidowicz, Lucy S.: The War against the Jews, New York 1975 (dt.: Der Krieg gegen die Juden 1933–1945, München 1979).

Eisenberg, Dennis/Dan, Uri/Landau, Eli: The Mossad – Inside Stories: Israel's Secret Intelligence Service, New York 1978.

Elon, Amos: The Israelis. Founders and Sons, New York 1971 (dt.: Die Israelis. Gründer und Söhne, Wien/München 1972).

Gilbert, Martin: Atlas of the Holocaust, London 1982 (dt.: Endlösung. Die Vertreibung und Vernichtung der Juden. Ein Atlas, Reinbek 1982).

Harel, Isser: The Holocaust on Garibaldi Street. The Capture of Adolf Eichmann, New York 1975 (dt.: Das Haus in der Garibaldistraße, Frankfurt a. M. 1976).

Hausner, Gideon: Justice in Jerusalem, New York 1966 (dt.:

– Gerechtigkeit in Jerusalem, München 1967).

– Die Vernichtung der Juden. Das größte Verbrechen der Geschichte, München 1979).

Heydecker, Joe J./Leetb, Johannes: The Nuremberg Trial, Winter Park 1961 (dt.: Der Nürnberger Prozeß, Köln 1985).

Infield, Glenn B.: Secrets of the SS, Briarcliff Manor (N. Y.) 1981.

Katz, Samuel: Days of Fire, London 1968 (dt.: Tage des Feuers. Das Geheimnis des Irgun, Königstein/Ts. 1981).
Klarsfeld, Serge (ed.): The Holocaust and the Neo-Nazi Mythomania. The Lounching of the »Final Solution«, New York 1978.
Lang, Jochen von: (ed.) Eichmann Interrogated, New York 1983 (dt.: Das Eichmann Protokoll. Tonbandaufzeichnungen der israelischen Verhöre, Wien 1991).
Musmanno, Michael A.: The Eichmann Kommandos, Philadelphia 1961.
Reitlinger, Gerald: The Final Solution: The Attempt to Exterminate the Jews of Europa, 1939–45, Northvale (N.Y.) 1987 (Reprint of 1953 edition) (dt.: Die Endlösung. Hitlers Versuch der Ausrottung der Juden 1939–1945, Berlin 1983 (6. Auflage)).
Samuel, Maurice: Light on Israel, New York 1968.
Schleunes, Karl A.: The Twisted Road to Auschwitz. Nazy Policy toward German Jews 1933–1939, Champaign (Ill.) 1970.
Smolen, Kazimierz: Auschwitz, Krakow 1981.
Steven, Stewart: the Spymasters of Israel, New York 1980.
Stevenson, William: The Bormann Brotherhood, Orlando (Fla.) 1973.
Wyman, David S.: Abandonment of the Jews, New York 1984 (dt.: Das unerwünschte Volk. Amerika und die Vernichtung der europäischen Juden, Ismaning 1986).

Serie Piper

SP 1060

Ziel dieser Dokumentation ist es, den nationalsozialistischen Judenmord in seiner Gesamtheit darzustellen. In einer Auswahl von rund 220 Schlüsseldokumenten werden Land für Land die Mechanismen des ganz Hitler-Europa umfassenden Vernichtungsprozesses veranschaulicht.

SP 1066

Vor fünfzig Jahren trat mit der »Reichskristallnacht« die Judenverfolgung in ihre mörderische Phase – Anlaß genug, heute das gesamte System der Verfolgung, Beraubung und Ermordung der Juden in Deutschland zu diskutieren.

SP 954

Persönliche Leidensberichte über die grausame Haft in Konzentrationslagern überall in der Welt empören fast täglich das Gewissen der Menschen. Dennoch ist bisher noch nie der Versuch unternommen worden, die verschiedenen Strukturen und Funktionen von Lagern wissenschaftlich, systematisch und vergleichend zu untersuchen. Der Autor, als polnischer Widerstandskämpfer in nationalsozialistischen Konzentrationslagern inhaftiert, 1973 aus Polen emigriert, erarbeitet in diesem Buch eine erste Typologie von Lagern seit Ende des 19. Jahrhunderts nach ihren Funktionen.